Entscheidungsverfahren für komplexe Probleme

Rudolf Grünig • Richard Kühn

Entscheidungsverfahren für komplexe Probleme

Ein heuristischer Ansatz

Vierte, korrigierte und überarbeitete Auflage

 Springer Gabler

Univ.-Professor Dr. rer. pol. Rudolf Grünig
Lehrstuhl für Unternehmensführung
Universität Freiburg
Freiburg, Schweiz

Univ.-Professor Dr. rer. pol. Richard Kühn
Institut für Marketing und Unternehmensführung
Universität Bern
Bern, Schweiz

ISBN 978-3-642-31459-9   ISBN 978-3-642-31460-5 (eBook)
DOI 10.1007/978-3-642-31460-5

Die Deutsche Nationalbibliothek verzeichnet diese Publikation in der Deutschen Nationalbibliografie;
detaillierte bibliografische Daten sind im Internet über http://dnb.d-nb.de abrufbar.

Springer Gabler

Springer Gabler ist eine Marke von Springer DE.
Springer DE ist Teil der Fachverlagsgruppe Springer Science+Business Media
www.springer-gabler.de

Vorwort zur vierten Auflage

Im Hinblick auf die vierte Auflage wurde der Teil II völlig überarbeitet: Die Schritte des heuristischen Verfahrens sind mit Ausnahme des ersten Schrittes alle in Unterschritte unterteilt. Der Schritt 2 „Problemanalyse" beginnt zudem neu damit, dass das Entscheidungsproblem in einem Frame zu erfassen ist. Beide Massnahmen sollen es einfacher machen, das Entscheidungsverfahren erfolgreich anzuwenden.

Die Autoren danken Frau T. Schulthess ganz herzlich für die grosse und ausgezeichnete Arbeit im Rahmen der Vorbereitung der neuen Auflage.

Mai 2012, Rudolf Grünig und Richard Kühn

Vorwort zur dritten Auflage

Gegenüber der zweiten Auflage wurde die Schrittfolge des allgemeinen heuristischen Verfahrens von Teil II verändert. Die Anpassung ergibt eine klarere Abgrenzung der Schritte 5 und 6 und damit ein plausibleres Vorgehen.

Zudem enthält die dritte Auflage zahlreiche kleine Änderungen, die Lesbarkeit und Verständnis des Textes erleichtern. Die Verfasser möchten den Praktikern und Studierenden danken, die mit ihren Hinweisen die vorgenommenen Verbesserungen ermöglicht haben.

Die Autoren danken Frau T. Schulthess herzlich für ihr Engagement und die ausgezeichnete Arbeit bei der Erstellung der Druckvorlage. Grosser Dank gebührt auch Frau K. Militzer für die Aktualisierung der Verzeichnisse.

September 2009, Rudolf Grünig und Richard Kühn

Vorwort zur zweiten Auflage

Die Verwendung der ersten Auflage als Lehrbuch in verschiedenen Studiengängen zeigte, dass der Text z.T. schwer zu lesen und zu verstehen war. Diese Feststellung wurde durch Reaktionen von Führungskräften bestätigt, die das Buch im Rahmen der Bewältigung von Entscheidungsproblemen einsetzten. Der Text wurde deshalb im Hinblick auf die zweite Auflage vollständig überarbeitet. Dabei wurden einfachere und damit besser lesbare Formulierungen gewählt. Zudem wurden einzelne, nicht praxisrelevante Textpassagen ganz weggelassen.

Die zweite Auflage enthält jedoch auch zwei wichtige Erweiterungen: Im dritten Teil wurde ein neues Kapitel zu den Entscheidungssequenzen beigefügt. Es zeigt, was Entscheidungssequenzen sind und wie sie dargestellt und bearbeitet werden können. Die Ausführungen werden an einem Fallbeispiel exemplifiziert. Die zweite Auflage des Buches enthält zudem neu ein Glossar mit den wichtigen Begriffen aus dem Bereich der Entscheidungsmethodik. Dadurch wird die Lesbarkeit des Buches und seine Verwendung in Entscheidungssituationen zusätzlich erleichtert.

Die Verfasser möchten sich bei Frau T. Schulthess für ihre grosse und sehr gute Arbeit bei der Erstellung der Druckvorlage bedanken. Grossen Dank gebührt auch Frau T. Le für die Erstellung der Grafiken und Frau E. Thahabi für die Erarbeitung des Glossars und der Verzeichnisse.

Juli 2005, Rudolf Grünig und Richard Kühn

Vorwort

Die wichtigsten betriebswirtschaftlichen Entscheidungsprobleme sind häufig in hohem Masse komplex. Oft hängt das Überleben oder der langfristige Erfolg des Unternehmens davon ab, dass das Management fähig ist, komplexe Probleme zu analysieren und zu lösen.

Die erfolgreiche Bearbeitung komplexer Probleme steht im Zentrum des vorliegenden Buches: Der Problemlösungsprozess wird in Teilaufgaben zerlegt und es wird gezeigt, wie diese Teilaufgaben zu bewältigen sind. Die Ausführungen orientieren sich am hohen Schwierigkeitsgrad solcher Entscheidungsprozesse und verzichten damit auf unzulässige Vereinfachungen. Gleichzeitig wird jedoch alles daran gesetzt, um verständliche Aussagen zu machen, die beim Lösen komplexer Probleme hilfreich sind.

Die Verfasser möchten sich bei Frau C. Bauch für ihre grosse und kompetente Arbeit bedanken: Sie hat nicht nur die Reinschrift des Textes übernommen, sondern auch die Mehrzahl der Grafiken gestaltet und die Arbeiten koordiniert. Dank gebührt auch Frau T. Le für die Erstellung der restlichen Grafiken und Frau Ch. Roth für die Erarbeitung des Sachwort- und des Literaturverzeichnisses.

August 2003, Rudolf Grünig und Richard Kühn

Inhaltsübersicht

Inhaltsverzeichnis

Abbildungsverzeichnis

Verzeichnis der Vertiefungsfenster

1   Einleitung

"Decision making is only one of the tasks of an executive. It usually takes but a small fraction of his or her time. But to make the important decisions is the specific executive task. Only an executive makes such decisions" (Drucker, 2001, S. 19).

Entscheidungen treffen ist zwar nicht die Haupttätigkeit einer Führungskraft. Aber sie ist eine sehr bedeutungsvolle Tätigkeit. Oft hängen der langfristige Erfolg oder sogar das Überleben davon ab, dass die richtigen Entscheidungen getroffen werden.

Die Bedeutung richtiger Entscheidungen wird auch durch eine Studie von Capgemini in Grossbritannien bestätigt: Die in **Abbildung 1.1** zusammengefasste Studie zeigt, dass Senior Executives pro Jahr etwas mehr als zwanzig wichtige Entscheidungen treffen. Bei einem durchschnittlichen finanziellen Impact jeder Entscheidung von ca. £ 167'000 und einer Fehlerrate von 24% verspielt jeder Senior Executive ca. £ 814'000 pro Jahr (vgl. Capgemini, 2004). Eine Reduktion der Fehlerquote führt somit zu einer erheblichen Verbesserung der Resultate der entsprechenden Unternehmen.

Die Entscheidungen, in denen es um den langfristigen Erfolg und das Überleben des Unternehmens geht, sind meist komplex. Dies bedeutet, dass zum psychischen Druck, der mit solchen Entscheidungen verbunden ist, noch ein hoher Schwierigkeitsgrad dazukommt.

Solche wichtige und gleichzeitig komplexe Entscheidungsprobleme stehen im Zentrum des vorliegenden Buches. Es besteht aus drei Teilen:

- Teil I enthält eine Einführung in die Entscheidungsmethodik. Es wird gezeigt, was Entscheidungsprobleme sind, wie sie entdeckt werden und was es bedeutet, sie rational zu lösen. Es wird zudem erklärt, was ein Entscheidungsverfahren ist und es werden vier Arten von Entscheidungsverfahren unterschieden.
- Im Teil II wird ein Entscheidungsverfahren vorgestellt, das zur Lösung von irgendwelchen komplexen Problemstellungen geeignet er-

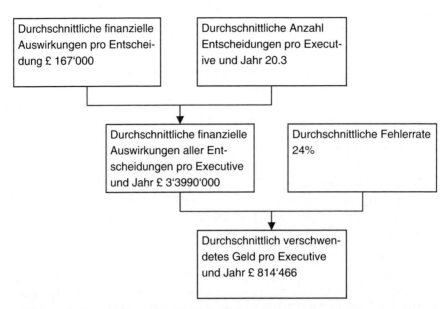

Abbildung 1.1: Zusammenfassung der Resultate einer Studie über Entscheidungen
(Abbildung basiert auf Capgemini, 2004)

scheint. Nach einem Überblick über das Verfahren werden die einzelnen Teilaufgaben detailliert erläutert. Der Teil schliesst mit einer umfassenden Fallstudie, welche die Anwendung des Verfahrens in der Praxis illustriert.

- Der Teil III ist schliesslich der Behandlung von drei Sonderproblemen gewidmet. Erstens handelt es sich um das Problem des Umgangs mit Entscheidungssequenzen. Zweitens geht es um die Frage, ob im Rahmen der Problemlösung zusätzliche Informationen beschafft werden sollen oder ob aufgrund der vorliegenden Informationen entschieden werden soll. Schliesslich werden die Probleme von Kollektiventscheidungen diskutiert und Ansätze zu ihrer Lösung präsentiert.

Der Zielsetzung entsprechend beschäftigt sich das vorliegende Buch in umfassender Weise mit allen Teilfragen, die mit der Lösung von komplexen Entscheidungsproblemen verbunden sind. Behandelt wird deshalb nicht nur die abschliessende Bewertung der Varianten, die den Inhalt vieler bekannter Lehrbücher zur Entscheidungsmethodik dominiert. Ebenso grosses Gewicht wird auf die für eine erfolgreiche Problembewältigung wichtigen Fragen der Problementdeckung, der Problemanalyse, der Erarbeitung von Lösungsvarianten und der Ermittlung der Konsequenzen der Varianten gelegt. Aus der Zielsetzung des Buches ergibt sich zudem ein geringerer Stellenwert der mathematisch-analytischen Ansätze: Die Komplexität eines Entscheidungsproblems liegt zu einem wesentlichen Teil in seiner zu Beginn unbekannten Struktur. Die mathematisch-analytischen Modelle verlangen jedoch strukturierte Problemstellungen und sind deshalb erst einsetzbar, nachdem die Strukturierung erfolgt und damit ein wesentlicher Teil der Komplexität bewältigt ist.

Das Buch richtet sich in erster Linie an Führungskräfte von Unternehmen, Non-Profit-Organisationen und Verwaltungen. Es soll ihnen bei der Lösung komplexer Probleme als Arbeitsinstrument dienen. Das Buch soll jedoch auch Studierenden eine Grundlage bieten, um in systematischer Weise das erfolgreiche Bewältigen komplexer Probleme zu erlernen. Es eignet sich dementsprechend als praxisorientiertes Lehrmittel zur Einführung in die Entscheidungsmethodik an Universitäten, Fachhochschulen und Executive-Lehrgängen.

Das Buch ist für die Praxis nur hilfreich, wenn es die "Komplexität der komplexen Entscheidungsprobleme" ernst nimmt und sie nicht durch eine vereinfachende Sicht und eine gefällige Schreibweise zum Verschwinden bringt. Dies hat zur Folge, dass der Text nicht immer leicht verständlich sein kann. Um das Studium des Buches zu erleichtern, wurden folgende Massnahmen ergriffen:

- Jeder der drei Teile enthält einen kurzen einführenden Text, der den Inhalt erklärt und damit dem Leser einen Überblick verschafft.
- Die Begriffe werden bei ihrer ersten Verwendung erklärt und konsequent auch dann gebraucht, wenn Ideen von Autoren erläutert werden, die im Original eine andere Terminologie verwenden. Die wichtigsten Begriffe finden sich zudem im Glossar.
- Ein Stichwortverzeichnis erleichtert das Auffinden besonders interessierender Themen.
- Grafiken unterstützen das Verstehen von Zusammenhängen.
- Der Text enthält viele Beispiele, welche die Ausführungen verständlicher machen. Das Kapitel 11 zeigt die Anwendung des in Teil II vorgestellten Entscheidungsverfahrens in einer realen Entscheidungssituation und illustriert damit die methodischen Empfehlungen.

- Schliesslich wurde darauf verzichtet, wissenschaftlich interessante, aber für das Verständnis der empfohlenen Entscheidungsmethodik weniger wichtige Überlegungen in den "normalen" Text einzubauen. Diese werden stattdessen in Vertiefungsfenstern vorgestellt, die interessierten Leserinnen und Lesern einen Einstieg ermöglichen und auf Spezialliteratur hinweisen.

Die Autoren hoffen, dass die Ausführungen dank dieser Massnahmen der anspruchsvollen Thematik zum Trotz verständlich sind und dass sie sich in der praktischen Anwendung als nützlich erweisen.

Teil I

Entscheidungsprobleme und Entscheidungsverfahren

Im Teil I des Buches wird in den Gegenstand der Entscheidungsmethodik eingeführt. Nach dem Studium des Teils wissen die Leserinnen und Leser

- was ein Entscheidungsproblem ist und welche Arten es gibt,
- was Zielsysteme und Problemdeckungssysteme sind und welche Funktionen sie bei der Lösung von Entscheidungsproblemen erfüllen,
- welche Merkmale eine rationale Entscheidung kennzeichnen,
- was man unter einem Entscheidungsverfahren versteht und welche Arten zu unterscheiden sind.

Der Teil I besteht aus vier Kapiteln:

- Kapitel 2 beschäftigt sich mit den Entscheidungsproblemen. Zunächst wird erläutert, was überhaupt unter einem Entscheidungsproblem zu verstehen ist. Darauf wird ein Überblick über die vielfältigen Arten von Entscheidungsproblemen vermittelt. Dann werden fünf grundsätzliche Wege zur Bewältigung von Entscheidungsproblemen vorgestellt und es wird begründet, wieso in der Folge nur der systematisch rationale Weg betrachtet werden soll.
- Kapitel 3 behandelt Zielsysteme und Problemdeckungssysteme. Zuerst wird gezeigt, welche Bedeutung diesen Systemen zukommt. Sodann werden mögliche Inhalte von Zielsystemen erläutert. Zuletzt wird gezeigt, was ein Problemdeckungssystem ist und welche Arten es gibt. Es werden zudem Beispiele vorgestellt.
- Kapitel 4 setzt sich mit den Merkmalen rationaler Entscheidungen auseinander. Dazu wird zuerst als Grundlage der Ablauf einer Entscheidung beschrieben. Darauf werden die Anforderungen dargelegt, die erfüllt sein müssen, damit ein Entscheidungsprozess als rational bezeichnet werden kann. Der letzte Abschnitt behandelt schliesslich die Frage, wie die Betriebswirtschaftslehre die Praxis beim Treffen rationaler Entscheidungen unterstützen kann.
- Das abschliessende Kapitel 5 behandelt Entscheidungsverfahren. Zuerst wird der Begriff des Entscheidungsverfahrens geklärt. Darauf

werden verschiedene Arten von Entscheidungsverfahren unterschieden und anhand von Beispielen erläutert.

2 Entscheidungsprobleme

2.1 Begriff des Entscheidungsproblems

Im Paradies gibt es keine Entscheidungsprobleme! Dies, weil die Menschen in einem ziellosen Glückszustand leben. Entscheidungsprobleme entstehen erst, wenn ein Mensch oder eine Menschengruppe – in der Entscheidungsmethodik nennen wir ihn resp. sie Aktor – eine bewusste Vorstellung über einen erstrebenswerten Zustand besitzt. Mit diesem Sollzustand ist fast unweigerlich verbunden, dass der Istzustand davon abweicht oder in Zukunft davon abweichen kann. Damit entsteht für den Aktor Handlungsbedarf: Er muss versuchen, die Differenz zwischen Ist- und Sollzustand möglichst gering zu machen resp. zu halten (vgl. Sanders, 1999, S. 7 ff.).

Die Abweichung zwischen Soll- und Istzustand allein schafft jedoch noch kein Entscheidungsproblem. Ein Entscheidungsproblem ergibt sich erst, wenn die identifizierte Soll-Ist-Differenz auf verschiedene Weise reduziert werden kann. Damit steht der Aktor vor dem Problem, Handlungsvarianten zu entwerfen und zu bewerten. Obschon bei einer ersten Betrachtung einer Soll-Ist-Abweichung häufig nur eine Handlungsmöglichkeit erkannt wird, existieren in fast allen Situationen Varianten. Es lohnt sich auch, sich nicht mit der ersten erkannten Handlungsmöglichkeit zufrieden zu geben, sondern systematisch nach Varianten zu suchen und anschliessend die Beste von ihnen zu wählen. Die Qualität der Problemlösung wird dadurch in der Regel deutlich besser.

Aufgrund der dargelegten Merkmale wird unter einem Entscheidungsproblem
- eine Abweichung zwischen einer Sollvorstellung und dem Istzustand verstanden,
- zu deren Bewältigung mindestens zwei Varianten offenstehen.

2.2   Arten von Entscheidungsproblemen

Es gibt zahlreiche Kriterien, um verschiedene Arten von Entscheidungsproblemen auseinander zu halten (vgl. Rühli, 1988, S. 186 ff.). In der Folge werden nur diejenigen Kriterien und Ausprägungen dargestellt, auf die im Buch an irgendeiner Stelle zurückgekommen wird.

Einen Überblick über die wichtigsten Dimensionen und ihre Ausprägungen verschafft **Abbildung 2.1**

Nach dem Schwierigkeitsgrad der Problemstellung – Dimension (1) – wird zwischen einfachen und komplexen Entscheidungsproblemen unterschieden. Ein komplexes Entscheidungsproblem liegt nach dem Verständnis der Verfasser vor, wenn mindestens zwei der nachfolgenden Merkmale erfüllt sind:

▪ Der Aktor verfolgt mehrere Ziele gleichzeitig. Sie sind teilweise nur vage umschrieben und können sogar im Widerspruch zueinander stehen. Wie Morieux (2011, S. 78) zeigt, verfolgten CEOs 1955 vier bis sieben Ziele. 2010 sind es fünfundzwanzig bis vierzig Ziele, die gleichzeitig verfolgt werden.
▪ Es besteht eine grosse Anzahl von Entscheidungsvariablen, um die Soll-Ist-Abweichung zu verkleinern. Ein Teil dieser Variablen besitzt viele Ausprägungen. Diese beiden Faktoren führen zu einer sehr grossen Zahl von denkbaren Problemlösungsvarianten. Wie in Kapitel 8 gezeigt wird, bedeutet dies allerdings nicht, dass der Aktor eine grosse Anzahl Varianten ausarbeiten und bewerten muss. Es geht in dieser Situation vielmehr darum, wenige sich voneinander klar unterscheidbare und damit den Lösungsraum gut abdeckende Varianten zu erarbeiten.
▪ Die zukünftige Entwicklung mehrerer Umfeldvariablen ist unsicher. Dies bedeutet für den Aktor, dass er seine Problemlösungsvarianten vor dem Hintergrund mehrerer möglicher Umfeldszenarien beurteilen muss.
▪ Der Aktor verfügt nur partiell über Erfahrungen oder Modelle, um die Konsequenzen der Problemlösungsvarianten bestimmen zu können. Dieses Merkmal ist teilweise aber nicht ausschliesslich die Folge der drei anderen Merkmale.

Dimensionen	Ausprägungen		
(1) Schwierigkeitsgrad	Einfach	Komplex	
(2) Problemstruktur	Gut strukturiert (Well-structured)	Schlecht strukturiert (Ill-structured)	
(3) Problemcharakter I	Wahlproblem (Choice-Problem)	Gestaltungsproblem (Design-Problem)	
(4) Problemcharakter II	Gefahrenproblem	Chancenproblem	
(5) Verknüpfung mit anderen Entscheidungsproblemen	Unabhängiges Entscheidungsproblem	Entscheidungsproblem in einer Entscheidungssequenz	
(6) Problemebene	Originäres Entscheidungsproblem	Metaproblem, z.B. Informationsbeschaffungsproblem	
(7) Art des Aktors	Entscheidungen von Einzelpersonen	Entscheidungen von Kollektiven	
(8) Zahl der verfolgten Ziele	Einwertig	Mehrwertig	
(9) Prognostizierbarkeit der Konsequenzen	Mit Sicherheit prognostizierbare Konsequenzen	Mehrere mögliche Konsequenzen mit prognostizierbaren Eintretenswahrscheinlichkeiten	Mehrere mögliche Konsequenzen ohne prognostizierbare Eintretenswahrscheinlichkeiten

Abbildung 2.1: Dimensionen von Entscheidungsproblemen und ihre Ausprägungen

Abbildung 2.2 fasst die Merkmale komplexer Entscheidungsprobleme graphisch zusammen. Der Schwierigkeitsgrad eines Entscheidungsproblems erhöht sich mit jedem zusätzlichen Merkmal exponentiell. Komplexe Entscheidungsprobleme entstehen nach der hier vertretenen Auffassung, wenn gleichzeitig mindestens zwei Merkmale erfüllt sind. Trifft keines oder bloss eines der Merkmale zu, wird von einem einfachen Entscheidungsproblem gesprochen.

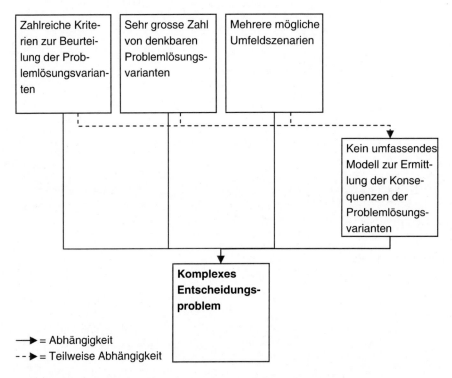

Abbildung 2.2: Merkmale komplexer Entscheidungsprobleme

Wie der Titel zeigt, befasst sich das vorliegende Buch mit komplexen Entscheidungsproblemen. Deshalb soll hier ein Beispiel eines solchen Entscheidungsproblems gegeben werden: Ein italienischer Hersteller von Steuerungen für Haushaltsmaschinen ist damit konfrontiert, dass ein wichtiger deutscher Kunde eine Fabrik in China aufbaut. Sie soll primär die steigende Nachfrage in China selber befriedigen. Es ist jedoch nicht ausgeschlossen, dass aus China heraus auch andere Märkte beliefert werden. Für den Lieferanten ergeben sich mehrere Möglichkeiten: Er kann versuchen, seinen Kunden auch in China aus Italien heraus zu beliefern. Er kann Komponenten der Steuerungen – Prozessor, Display, Kabel etc. – in Italien produzieren und in China zusammenbauen. Er kann aber auch einzelne Komponenten wie z.B. die Kabel in China produzieren oder in China einkaufen. Die Produktion und/oder die Montage in China kann in einer eigenen Fabrik, in einem Joint venture oder über einen Contract manufacturer erfolgen. Die Wahl der besten Variante erfolgt vor einem unsicheren Hintergrund: Wie erfolgreich wird der Kunde in China sein? Wird seine chinesische Produktionsstätte auch zur Versorgung anderer Märkte dienen? Gibt es für den Grosskunden in China andere mögliche Lieferanten? Wie sind deren Qualität und deren Preisniveau? Lassen sich für uns aus China heraus aufgrund tieferer Kosten neue Kundenbeziehungen aufbauen? Die Entscheidung ist auf der Basis vieler relevanter Gesichtspunkte zu treffen: Neben den notwendigen Investitionen sind die erzielbaren Deckungsbeiträge von Bedeutung. Aber auch die Qualität der Steuerungen, die Gefahr der Know-how Weitergabe, die Sicherstellung der Führung einer allfälligen chinesischen Tochtergesellschaft sind von Relevanz. Die zahlreichen Elemente des Entscheidungsproblems führen dazu, dass dem Aktor kein quantitatives Modell zur Verfügung steht, um die Konsequenzen seiner Varianten zu berechnen.

Die Einteilung in gut und schlecht strukturierte Entscheidungsprobleme – Dimension (2) – stammt von Simon und Newell (1958, S. 4 f.). Von einem wohlstrukturierten Problem wird gesprochen, wenn das Problem so präzis umschrieben werden kann, dass zu seiner Lösung ein analytisches Entscheidungsverfahren eingesetzt werden kann. Ist dies nicht der Fall, wird von einem schlecht strukturierten Entscheidungsproblem gesprochen. Eine genauere Umschreibung gut strukturierter und schlecht strukturierter Probleme ist hier nicht sinnvoll, weil die Grundlagen noch fehlen. Sie wird in Vertiefungsfenster 5.1 nachgeholt.

Die Unterscheidung von Wahl- und Gestaltungsproblemen – Dimension (3) – wird von Simon (1966, S. 1 ff.) vorgeschlagen. Wahlprobleme liegen vor, wenn die Entscheidungsvarianten abschliessend bekannt sind. Wenn es für eine Spezialmaschine drei potentielle Lieferanten gibt, stehen dem Aktor drei Varianten zur Verfügung. Daraus ist die beste Möglichkeit zu wählen. Völlig anders präsentiert sich die Situation, wenn eine neue Konzernzentrale gebaut werden soll. Auch wenn das Grundstück gegeben ist, existiert eine beinahe unendliche Anzahl von Möglichkeiten für die Struktur und das Layout des Gebäudes. Das

Problem kann nur bewältigt werden, wenn es in nach- und nebeneinander liegende Teilprobleme zerlegt und die neue Konzernzentrale
damit schrittweise geplant wird.

Die aufgrund der Dimensionen (1) bis (3) unterschiedenen Arten von
Entscheidungsproblemen stehen nicht zusammenhanglos nebeneinander: Einfache Entscheidungsprobleme sind immer Wahlprobleme
und erfüllen vielfach die Anforderungen an ein gut strukturiertes Entscheidungsproblem. Komplexe Probleme sind hingegen meist Design-
Probleme und sind immer schlecht strukturiert. **Abbildung 2.3** veranschaulicht diesen Zusammenhang.

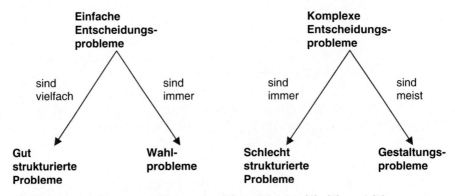

Abbildung 2.3: Zusammenhang der Dimensionen (1), (2) und (3)

Wer in der Umgangssprache von einem Problem spricht, meint fast
immer die Bewältigung einer Gefahr und damit gemäss Dimension (4)
ein Gefahrenproblem. In diesem Buch wird jedoch der Problembegriff
neutral als eine Differenz zwischen einer Sollvorstellung und einem
Istzustand verstanden. Entsprechend gibt es nicht nur Gefahrenprobleme sondern auch Chancenprobleme. Komplexe Probleme enthalten
häufig beide Kategorien von Teilproblemen. Es ist aus praktischer
Sicht wichtig, sich in dieser Lage bei der Problembewältigung nicht nur
auf die Abwendung von Gefahren zu beschränken.

Des Weiteren lassen sich gemäss Dimension (5) unabhängige Entscheidungsprobleme und Entscheidungssequenzen unterscheiden. Ein
unabhängiges Entscheidungsproblem liegt vor, wenn der Aktor aus
mehreren Problemlösungsvarianten die beste auswählt. Von einer Ent-

scheidungssequenz wird gesprochen, wenn eine oder mehrere der zur Diskussion stehenden Varianten zu einem späteren Zeitpunkt weitere Entscheidungen ergeben. Im Teil II des Buches werden zwar komplexe, aber unabhängige Entscheidungen behandelt. Entscheidungssequenzen werden anschliessend in Kapitel 12 in Teil III diskutiert.

Nach der Problemebene lassen sich gemäss Dimension (6) originäre Entscheidungsprobleme und Entscheidungsprobleme auf der Metaebene unterscheiden. Der Teil II befasst sich ausschliesslich mit originären Entscheidungsproblemen. Erst in Kapitel 13 im Teil III wird anschliessend mit der Informationsbeschaffung ein Entscheidungsproblem auf der Metaebene behandelt.

Nach der Art des Aktors, der die Entscheidung trifft, kann gemäss Dimension (7) zwischen Einzel- und Kollektiventscheidungen unterschieden werden. Eine Einzelentscheidung schliesst dabei nicht aus, dass andere Personen wesentlich an der Problemanalyse, der Variantenerarbeitung und der Variantenbewertung beteiligt sind. Von einer Kollektiventscheidung sollte deshalb nur gesprochen werden, wenn die Wahl der zu realisierenden Variante von mehreren Personen gemeinsam vorgenommen und verantwortet wird. Im Teil II dieses Buches wird von der Annahme ausgegangen, dass der Aktor eine Einzelperson ist. Kollektiventscheidungen werden in Kapitel 14 im Teil III des Buches behandelt.

Sofern der Aktor gemäss Dimension (8) nur eine Zielsetzung verfolgt, muss er seine Varianten auch lediglich bezüglich dieser einen Zielsetzung beurteilen. Er hat in diesem Fall ein einwertiges Entscheidungsproblem zu lösen. Ein einwertiges Entscheidungsproblem liegt auch vor, wenn der Aktor zwar mehrere Zielsetzungen verfolgt, diese jedoch in einem arithmetischen Verhältnis zueinander stehen. Dies ist zum Beispiel zwischen den Nettoerlösen und den variablen Kosten von Produkten gegeben, die sich problemlos zu den Produktdeckungsbeiträgen aggregieren lassen. Viel häufiger ist jedoch der Fall, dass in der Entscheidung mehrere nicht in einem arithmetischen Verhältnis zueinander stehende Ziele berücksichtigt werden müssen und damit eine sogenannte mehrwertige Entscheidung vorliegt.

Die für die Beurteilung der Entscheidungsvarianten relevanten Konsequenzen können gemäss Dimension (9) besser oder schlechter voraussehbar sein. Nur ausnahmsweise lassen sie sich mit Sicherheit voraussagen und ermöglichen damit eine sichere Entscheidung. Häufiger sind unsichere Prognosen von Konsequenzen. Dabei ist denkbar, dass sich diesen Konsequenzen Eintretenswahrscheinlichkeiten zuordnen lassen. Dieser Fall wird als Unsicherheit bezeichnet. Oft verfügt der Aktor jedoch über zu wenig Anhaltspunkte, um Eintretenswahrscheinlichkeiten zu schätzen. Wir sprechen in diesem Fall von Ungewissheit.

Auf der Grundlage der Dimensionen (8) und (9) werden gemäss **Abbildung 2.4** sechs Arten von Entscheidungsproblemen unterschieden.

Dimension (8) / Dimension (9)	**Entscheidungsproblem unter Einwertigkeit**	**Entscheidungsproblem unter Mehrwertigkeit**
Entscheidungsproblem unter Sicherheit	Entscheidungsproblem unter Einwertigkeit und Sicherheit	Entscheidungsproblem unter Mehrwertigkeit und Sicherheit
Entscheidungsproblem unter Unsicherheit	Entscheidungsproblem unter Einwertigkeit und Unsicherheit	Entscheidungsproblem unter Mehrwertigkeit und Unsicherheit
Entscheidungsproblem unter Ungewissheit	Entscheidungsproblem unter Einwertigkeit und Ungewissheit	Entscheidungsproblem unter Mehrwertigkeit und Ungewissheit

Abbildung 2.4: Kombination der Dimensionen (8) und (9)

2.3   Wege zur Bewältigung von Entscheidungsproblemen

Wie in Abschnitt 2.1 gezeigt, entsteht ein Entscheidungsproblem, wenn eine Soll-Ist-Abweichung durch verschiedene Handlungsmöglichkeiten reduziert werden kann. Die Bestimmung der zu realisierenden Handlungsmöglichkeit kann auf sehr unterschiedliche Weise geschehen. Die Entscheidung kann

- durch intuitives Wählen einer Lösung,
- durch routinemässigen Rückgriff auf eine in der Vergangenheit realisierte Lösung,
- durch Übernahme einer nicht hinterfragten Lösung eines Experten,
- durch Rückgriff auf einen Zufallsmechanismus oder aber
- auf der Basis eines systematischen und damit rationalen Denkprozesses getroffen werden.

Alle genannten Entscheidungsmechanismen kommen in der Praxis vor. Sie sind für die betriebswirtschaftliche Forschung von Interesse, wenn es darum geht, unternehmerische Entscheidungen zu beschreiben und zu erklären. Damit beschäftigt sich die sogenannte deskriptive Entscheidungstheorie (vgl. Gäfgen, 1974, S. 50 ff.). In diesem Buch geht es jedoch nicht um die deskriptive Entscheidungstheorie, sondern um Vorschläge zur Verbesserung der Entscheidungen in praktischen Problemsituationen. Das Buch ist damit der präskriptiven Entscheidungstheorie (vgl. Gäfgen, 1974, S. 50 ff.) zuzuordnen.

Vertiefungsfenster 2.1 erläutert die präskriptive und die deskriptive Entscheidungstheorie und zeigt die Abhängigkeit der beiden Ansätze von der Entscheidungslogik als gemeinsamer Grundlage.

Vertiefungsfenster 2.1: Präskriptive Entscheidungstheorie, deskriptive Entscheidungstheorie und Entscheidungslogik

Im Rahmen der Entscheidungslogik werden Modelle rationaler Wahl entwickelt, ohne dabei die Realität mit in Betracht zu ziehen. Solche Modelle sind "nur Gedankenexperimente, nämlich logische Ableitungen aus postulierten .. Annahmen .., deren Ergebnis rein logisch wahr ist. Sofern die strengen Anforderungen der Logik erfüllt sind, ist ja eine absolute Sicherheit in der Herleitung neuer 'wahrer' Sätze

aus den gesetzten Grundannahmen [resp.] Axiomen gewährleistet"
(Gäfgen, 1974, S. 50 f.).

Man kann ein solches "Modell benutzen, um sich über die Implikationen der gemachten Annahme, in unserem Fall der Annahme rationaler Wahl, klar zu werden. Diese Implikationen sind zwar logische
Selbstverständlichkeiten [resp.] Tautologien. ... Für den Wissenschaftler sind sie [aber] 'psychologische' Neuigkeiten und er wird oft
eine Annahme erst fallen lassen, wenn er sieht, was damit alles –
oft Überraschendes – impliziert ist. So zeigen einem z.B. die .. Modelle erst, wie rationales Verhalten im einzelnen aussieht und wo ..
nach unserer Alltagserfahrung demnach Rationalität und Irrationali-
tät vorkommen könnten" (Gäfgen, 1974, S. 1 f.).

Auf der Basis solcher entscheidungslogischer Erkenntnisse lässt
sich jedoch nicht bloss zeigen, "wie rationales Verhalten im einzelnen aussieht" (Gäfgen, 1974, S. 52). Die Entscheidungslogik kann
auch als Basis dienen, um auf empirischem Wege zu erforschen,
inwieweit in der Praxis rational entschieden wird. Wir sprechen in
diesem Fall von deskriptiver oder explikativer Entscheidungstheorie
(vgl. Gäfgen, 1974, S. 52).

Die Entscheidungslogik lässt sich aber auch als Grundlage für die
Entwicklung von präskriptiven Entscheidungsmodellen nutzen. Diese enthalten Handlungsanleitungen für rationales Entscheiden und
werden als präskriptive Entscheidungstheorie bezeichnet (vgl. Gäfgen, 1974, S. 52).

Die Entscheidungslogik stellt zweifellos eine wichtige Grundlage der
präskriptiven Entscheidungsmethodik dar. Gleichzeitig muss jedoch
betont werden, dass die Entscheidungslogik nicht die einzige
Grundlage bildet. Um brauchbare Entscheidungsverfahren entwickeln zu können, braucht es zusätzliches Wissen über Problemlö-
sungsfähigkeiten von Aktoren und praktische Erfahrung mit Prob-
lemlösungsprozessen. Auch die deskriptive Entscheidungstheorie
kann Erkenntnisse für die Entwicklung präskriptiver Entscheidungsmodelle liefern.

Abbildung 2.5 zeigt die Abhängigkeiten zwischen den verschiedenen Arten der Entscheidungsforschung.

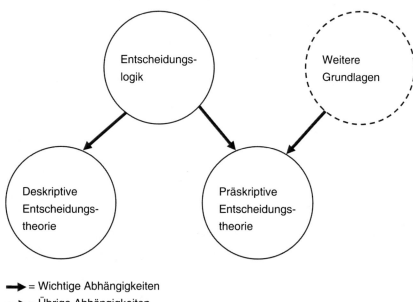

→ = Wichtige Abhängigkeiten
→ = Übrige Abhängigkeiten

Abbildung 2.5: Verschiedene Arten der Entscheidungsforschung und ihre Abhängigkeiten

Im vorliegenden Buch wird ausschliesslich präskriptive Entscheidungstheorie betrieben. Da eine Theorie nach allgemeinem Verständnis eine Erklärung eines Ausschnittes der Wirklichkeit ist und die präskriptive Entscheidungstheorie keine Erklärungen, sondern Vorgehensempfehlungen enthält, wird der Ausdruck "Theorie" allerdings als unglücklich angesehen. Der Begriff Entscheidungsmethodik erscheint angebrachter.

Die präskriptive Entscheidungsmethodik orientiert sich an systematisch-rationalen Entscheidungen. Diese Tatsache bedeutet jedoch nicht, dass die Autoren die Intuition und die Erfahrung der Führungskräfte als unwesentlich ansehen. Auch bei rationalem Vorgehen führen unvollständige Informationen und Unsicherheiten über die Auswirkungen der Handlungsmöglichkeiten dazu, dass die Entscheider auf ihre Erfahrung und Intuition zurückgreifen müssen. Wenn – wie dies in der

Praxis häufig der Fall ist – Entscheidungen unter Zeitdruck gefällt werden müssen, verstärkt sich die Notwendigkeit, fehlende Informationen durch Intuition und Erfahrung zu überbrücken. Manchmal ist es zudem sinnvoll, rein intuitiv entwickelte Lösungsansätze in den Entscheidungsprozess einzubeziehen und sie mit den systematisch erarbeiteten Handlungsmöglichkeiten zu vergleichen und so die Lösungssuche auf eine breitere Basis zu stellen. Rationales Vorgehen und intuitives, erfahrungsgestütztes Vorgehen sind somit keine Gegensätze, sondern ergänzen einander (vgl. Robbins/De Cenzo/Coulter, 2011, S. 92 f.).

3 Ziel- und Problemdeckungssysteme als Voraussetzungen für die Entdeckung von Entscheidungsproblemen

3.1 Funktionen von Ziel- und Problemdeckungssystemen bei der Entdeckung von Entscheidungsproblemen

Ziel- und Problemdeckungssysteme bilden wichtige Voraussetzungen für die Entdeckung von Entscheidungsproblemen. Sie erfüllen jedoch unterschiedliche Funktionen, die es nachfolgend zu klären gilt.

Nur wer eine zumindest vage Vorstellung über den Sollzustand hat, kann Entscheidungsprobleme haben. Ein Problem liegt vor, wenn zwischen dem Sollzustand und der aktuellen Situation oder der Situationsentwicklung eine Differenz besteht, die genügend gravierend erscheint, um ein Eingreifen des Aktors zu rechtfertigen. Existieren mehrere Möglichkeiten, um diese Differenz zu beseitigen, handelt es sich um ein Entscheidungsproblem.

Vorstellungen von Sollzuständen werden in der Betriebswirtschaftslehre als Ziele bezeichnet. Unternehmen verfügen normalerweise über eine Vielzahl von Zielen, die das ganze Unternehmen oder einzelne Bereiche wie zum Beispiel Einkauf, Produktion und Marketing betreffen. Die Gesamtheit dieser eventuell nur grob formulierten, eventuell aber auch präzisen Ziele bildet das Zielsystem einer Unternehmung. Zielsysteme stellen eine notwendige Voraussetzung für das Entdecken von Entscheidungsproblemen dar.

Abweichungen des Istzustandes vom Sollzustand können ad hoc festgestellt werden. Dies ist zum Beispiel der Fall, wenn der Produktionsleiter beim Rundgang durch seine Abteilung "merkt", dass gewisse Maschinen nicht laufen oder wenn beim zuständigen Product-Manager eine ungewöhnlich hohe Zahl von Kundenbeschwerden über die Qualität eines Produktes eintreffen. Gut ausgebildete und erfahrende Führungskräfte sind durchaus in der Lage, wesentliche Probleme "ad hoc" zu entdecken. Es besteht jedoch die Gefahr, dass auf diese Weise nicht alle wirklich wesentlichen Probleme entdeckt werden und dass die Problemdeckung später als nötig und damit vielleicht zu spät erfolgt. Zur Verringerung dieser Gefahr entwickeln und nutzen viele

Unternehmen Problementdeckungssysteme. Sie ermöglichen es, Entscheidungsprobleme systematisch und tendenziell auch frühzeitiger zu entdecken. Im einfachsten Fall bestehen diese Systeme aus Ertrags- und Kostenbudgets, deren Erreichung bzw. Einhaltung regelmässig überwacht wird.

Im Gegensatz zu Zielsystemen stellen Problementdeckungssysteme keine zwingende Voraussetzung für die Entdeckung von Problemen dar. Aus praktischer Sicht sind sie jedoch wichtige Instrumente, um Entscheidungsprobleme verlässlich und frühzeitig identifizieren zu können.

3.2   Zielsysteme

Ein Ziel ist eine Vorstellung über den gewünschten und deshalb zu erhaltenden resp. anzustrebenden Zustand bestimmter Situationsmerkmale (vgl. Heinen, 1976, S. 45) wie z.B. des Gewinns oder des Marktanteils. Der anzustrebende resp. zu erhaltende Sollzustand eines Unternehmens besteht fast immer aus einem Set von Zielen resp. aus einem Zielsystem. Ein solches Zielsystem ist dabei praktisch nie in allen seinen Bestandteilen präzis und meist auch nicht völlig widerspruchsfrei. Es ist vielmehr davon auszugehen, dass die Vorstellungen über den Sollzustand der Unternehmung in gewissen Teilbereichen diffus sind und auch Widersprüche enthalten können. Es erscheint wichtig, diese Tatsache zu akzeptieren und sie nicht durch vereinfachende Annahmen zu eliminieren. Nur unter Akzeptanz der Realität lassen sich hilfreiche Empfehlungen für die Praxis erarbeiten und dies ist die Zielsetzung des vorliegenden Buches. Wenn nachfolgend Ansatzpunkte zur Ordnung von Zielsystemen aufgezeigt werden, so geschieht dies somit nicht, um die eher diffuse Realität durch einfache Aussagen zu ersetzen. Es wird damit lediglich eine Grundlage geschaffen, um über das komplexe Phänomen präziser kommunizieren zu können.

Aus praktischer Sicht erscheinen vor allem drei Kriterien wichtig, um ein Zielsystem zu ordnen:

(1) Aufgrund des Kriteriums der Bedeutung lassen sich in einem Zielsystem Haupt- und Nebenzielsetzungen unterschieden (vgl. Heinen, 1976, S. 107 ff.).

(2) Nach dem Inhalt können leistungswirtschaftliche, finanzwirtschaftliche und soziale Ziele unterschieden werden (vgl. Stelling, 2005, S. 7 f.; Wöhe, 1996, S. 124 ff.).

(3) Schliesslich kann nach dem geforderten Ausmass der Zielerreichung zwischen Optimierungszielen und Satisfizierungszielen unterschieden werden (vgl. Thommen, 2002, S. 114 f.; Stelling, 2005, S. 7).

Für weitergehende, differenziertere Überlegungen wird auf Heinen (1976, S. 89 ff.) und Stelling (2005, S. 8 f.) verwiesen.

Die drei Kriterien können simultan zur Strukturierung eines Zielsystems angewendet werden. **Abbildung 3.1** zeigt das Beispiel eines Zielsystems mit dem zu maximierenden Hauptziel der Eigenkapitalrentabilität unter Berücksichtigung von mehreren Nebenzielen. Mit Ausnahme der überdurchschnittlichen Produktqualität, die aufgrund empirischer Forschung zu einer überdurchschnittlichen Rentabilität führt (vgl. Buzzell/Gale, 1989, S. 89 ff.), schränken alle Nebenziele die Eigenkapitalrentabilität ein. Dafür reduzieren die Ziele gleichzeitig die Risiken oder verhindern Schwierigkeiten mit wichtigen Partnern:

▪ Das Wachstum wird beschränkt durch den Fokus auf das Core-Business und durch die geforderte solide Eigenkapitalbasis. Beide Restriktionen wirken risikoreduzierend.

▪ Soziale und ökologische Ziele sollen gute Beziehungen zu Mitarbeitern, zu Umweltschutzorganisationen und zum Staat sicherstellen.

Im Rahmen der empirischen Zielforschung wird untersucht, welche Ziele tatsächlich verfolgt werden. **Vertiefungsfenster 3.1** stellt die Resultate einer solchen Untersuchung vor.

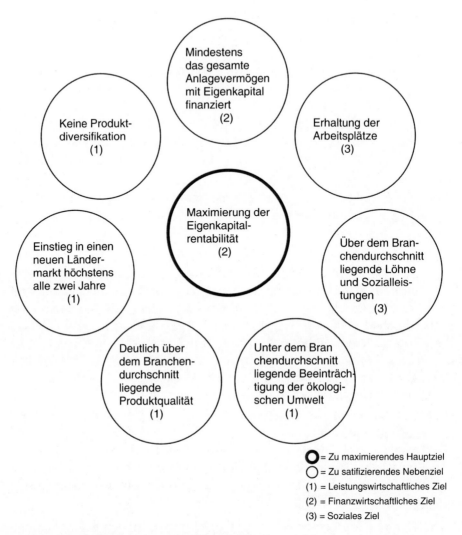

Abbildung 3.1: Beispiel eines Zielsystems

Vertiefungsfenster 3.1: Studie von Raffée und Fritz zu den verfolgten Zielen

Im Rahmen einer empirischen Untersuchung zur Unternehmensführung und zum Unternehmenserfolg ermittelten Raffée und Fritz (1990, S. 11 ff.) unter anderem auch die von den Unternehmen verfolgten Ziele.

Befragt wurden Industrieunternehmen unterschiedlicher Grösse und Branchenzugehörigkeit in Deutschland. Wie **Abbildung 3.2** zeigt, widerspiegeln die 144 auswertbaren Fragebögen die Grundgesamtheit bezüglich Branchenzugehörigkeit recht gut. In Bezug auf die Unternehmensgrösse sind die Unternehmen mit weniger als 100 Mitarbeitern in der Stichprobe untervertreten und die Unternehmen mit über 500 Mitarbeitern übervertreten (vgl. Raffée/Fritz, 1990, S. 9 ff.).

Grössenverteilung			Branchenverteilung		
Beschäftigte	Grund-gesamtheit	Rücklauf-Stichprobe	Branche	Grund-gesamtheit	Rücklauf-Stichprobe
50-99	44.6%	18.8%	Grundstoff- und Produktions-gütergewerbe	13.7%	18.8%
100-499	45.1%	45.8%	Investitionsgüter produzierendes Gewerbe	45.6%	45.8%
500-999	5.7%	26.4%	Verbrauchsgüter produzierendes Gewerbe	30.6%	26.4%
Über 1'000	4.6%	9.0%	Nahrungs- und Genussmittel-gewerbe	10.1%	9.0%
Total	100%	100%	Total	100%	100%

Abbildung 3.2: Vergleich von Grundgesamtheit und Stichprobe
(in Anlehnung an Raffée/Fritz, 1990, S. 10)

Für 24 Ziele mussten die befragten Unternehmen auf einer Skala von 1 bis 7 die Bedeutung angeben. **Abbildung 3.3** zeigt das arithmetische Mittel der Antworten und gibt damit einen Einblick in die Zielsysteme der Befragten.

Wie aus der Abbildung hervorgeht, kommt das Ziel der Gewinnerzielung dreimal vor, nämlich als "Gewinnerzielung insgesamt" sowie als "langfristige Gewinnerzielung" und als "kurzfristige Gewinnerzielung". Eine ergänzende Analyse ergibt mit 0.710 eine hohe Korrelation zwischen der Gewinnerzielung insgesamt und der langfristigen Gewinnerzielung, während die Korrelation zwischen der Gewinnerzielung insgesamt und der kurzfristigen Gewinnerzielung nur 0.274 beträgt. Dies bedeutet, dass die Unternehmen die Gewinnerwirtschaftung mehrheitlich als eine Zielsetzung mit einer langfristigen Perspektive betrachten (vgl. Raffée/Fritz, 1990, S. 16 ff.).

Genannte Ziele	$\overline{X}$
Kundenzufriedenheit	6.12
Sicherung des Unternehmungsbestandes	6.08
Wettbewerbsfähigkeit	6.00
Qualität des Angebotes	5.89
Langfristige Gewinnerzielung	5.80
Gewinnerzielung insgesamt	5.74
Kosteneinsparungen	5.73
Gesundes Liquiditätspolster	5.64
Kundenloyalität	5.64
Kapazitätsauslastung	5.57
Rentabilität des Gesamtkapitals	5.56
Produktivitätssteigerungen	5.54
Finanzielle Unabhängigkeit	5.54
Mitarbeiterzufriedenheit	5.42
Umsatz	5.24
Erhaltung und Schaffung von Arbeitsplätzen	5.20
Wachstum der Unternehmung	5.05
Marktanteil	4.92
Umweltschutz	4.87
Soziale Verantwortung	4.86
Ansehen in der Öffentlichkeit	4.61
Kurzfristige Gewinnerzielung	4.48
Macht und Einfluss auf dem Markt	4.46
Verbraucherversorgung	4.14

$\overline{X}$ = arithmetisches Mittel der Antworten basierend auf einer Skala von 1 = gar keine Bedeutung bis 7 = überragende Bedeutung

Abbildung 3.3: Effektiv verfolgte Ziele
(in Anlehnung an Raffée/Fritz, 1990, S. 15)

3.3   Problemdeckungssysteme

Um Probleme systematisch und frühzeitig erkennen zu können, entwickeln und betreiben die Unternehmen Problemdeckungssysteme. Problemdeckungssysteme sind (vgl. Kühn/Walliser, 1978, S. 227 ff.)

- Subsysteme des betrieblichen Informationssystems, welche
- Informationen beschaffen, verarbeiten, speichern und bereitstellen,
- die unter anderem oder ausschliesslich der Entdeckung von Entscheidungsproblemen dienen.

Mit der Finanzbuchhaltung besitzt jedes Unternehmen ein von Gesetzes wegen vorgeschriebenes Instrument, das neben der Dokumentation und Rechenschaftslegung auch der Problementdeckung dienen kann. Allerdings handelt es sich um ein Problementdeckungssystem, das spät reagiert und deshalb den notwendigen Analyse- und Entscheidungsprozess oft zu spät in Gang setzt. Dies ist der Grund dafür, dass eine Mehrzahl der Unternehmen neben der vorgeschriebenen Finanzbuchhaltung weitere Systeme aufbauen und betreiben, die ausschliesslich der Problementdeckung dienen.

Es lassen sich zwei Kategorien von Problementdeckungssystemen unterscheiden (vgl. Kühn/Walliser, 1978, S. 229 ff.):

- Problementdeckungssysteme des Rechnungswesens, die Zielindikatoren nutzen. Dabei handelt es sich sowohl um globale Zielgrössen wie z.B. die Kapitalrentabilität als auch um differenzierte Zielgrössen wie z.B. der Umsatz von Produktgruppen, von Ländern oder von Produktgruppen pro Land.
- Problementdeckungssysteme mit Frühwarneigenschaften resp. Frühwarnsysteme, die auf Ursachenindikatoren basieren. Ursachenindikatoren sind Variablen, die in einem Ursache-Wirkungs-Verhältnis zu einem Zielindikator stehen und die Probleme deshalb früher anzeigen. In **Vertiefungsfenster 3.2** werden zur Illustration die Frühwarnindikatoren von Parfitt und Collins (1968, S. 131 ff.) vorgestellt. Die Parfitt-Collins-Indikatoren überwachen die Marktstellung von Konsumgütern und zeigen diesbezügliche Probleme an, bevor Absatzeinbrüche auftreten.

Vertiefungsfenster 3.2: Frühwarnsystem von Parfitt und Collins

Der Marktanteil bildet eine wichtige Grösse, um die Marktposition von Konsumgütern zu planen und zu überwachen. Um Marktanteilsveränderungen prognostizieren zu können und im Falle von sich abzeichnenden Marktanteilsverlusten frühzeitig reagieren zu können, entwickelten Parfitt und Collins ihr Frühwarnsystem. Es basiert auf vier mengenmässigen Indikatoren:

- Mengenmässiger Marktanteil von Produkt a $= \dfrac{\text{Absatzmenge von Produkt a}}{\begin{array}{l}\text{Absatzmenge aller Produkte}\\ \text{der Produktekategorie A}\end{array}}$

- Penetration von Produkt a $= \dfrac{\begin{array}{l}\text{Anzahl Nachfrager, die Produkt a}\\ \text{wenigstens einmal gekauft haben}\end{array}}{\begin{array}{l}\text{Anzahl der Nachfrager nach Produkten}\\ \text{der Produktekategorie A}\end{array}}$

- Wiederkaufsrate von Produkt a $= \dfrac{\begin{array}{l}\varnothing \text{ Anzahl Kaufakte von}\\ \text{Nachfragern von Produkt a}\end{array}}{\begin{array}{l}\varnothing \text{ Anzahl Kaufakte aller}\\ \text{Nachfrager der Produktekategorie A}\end{array}}$

- Kaufintensität von Produkt a $= \dfrac{\varnothing \text{ Menge von Produkt a pro Kaufakt}}{\begin{array}{l}\varnothing \text{ Menge der Produkte-}\\ \text{kategorie A pro Kaufakt}\end{array}}$

Alle Indikatoren beziehen sich auf eine bestimmte Periode t, zum Beispiel einen Monat oder ein Quartal.

Die vier Indikatoren stehen in einem arithmetischen Verhältnis zueinander:

Mengenmässiger Marktanteil von Produkt a $= \dfrac{\begin{array}{l}\text{Penetra-}\\ \text{tion von a}\end{array} \cdot \begin{array}{l}\text{Wiederkaufs-}\\ \text{rate von a}\end{array} \cdot \begin{array}{l}\text{Kaufinten-}\\ \text{sität von a}\end{array}}{100}$

Dies erlaubt bei einer empirischen Bestimmung der Indikatorenwerte eine Validierung der Messresultate (vgl. Kühn/Walliser, 1978, S. 237 ff.; Parfitt/Collins, 1968, S. 131 ff.).

Die Funktionsweise des Frühwarnsystems soll nun anhand eines Beispiels illustriert werden: **Abbildung 3.4** zeigt den effektiven mengenmässigen Marktanteil der Produktgruppe a der Inova AG im Vergleich zum Sollmarktanteil. Zusätzlich zum Marktanteilsvergleich zeigt die Tabelle die Werte für die drei spezifischen Problemindikatoren von Parfitt und Collins. Im Gegensatz zum Soll-Ist-Vergleich auf der Stufe des mengenmässigen Marktanteils, der für alle vier Quartale zu keinerlei Beunruhigung Anlass gibt, weist die ab dem

Quartal	1	2	3	4
Soll-Marktanteil mengenmässig	10%	10%	10%	10%
Ist-Marktanteil mengenmässig	9.83%	9.86%	9.88%	9.83%
Ist-Penetration	40%	44%	49%	52%
Ist-Wiederkaufsrate	39%	35%	32%	30%
Ist-Kaufintensität	0.63	0.64	0.63	0.63

Abbildung 3.4: Die vier Indikatoren von Parfitt und Collins für die Produktgruppe a der Inova AG
(in Anlehnung an Grünig, 2002, S. 36; Kühn/Walliser, 1978, S. 239)

zweiten Quartal sinkende Wiederkaufsrate auf das Problem einer abnehmenden Kundenzufriedenheit hin. Dieses Problem wirkt sich nur deshalb noch nicht negativ auf den Umsatz aus, weil eine Werbekampagne in den Quartalen 2, 3 und 4 neue Käufer anzieht und damit eine höhere Penetration erreicht werden kann. Wenn jedoch nach Beendigung der Werbekampagne die Penetration wieder auf den ursprünglichen Wert von 40% absinkt, die Wiederkaufsrate jedoch bei 30% und die Kaufintensität bei 0.63 bleiben, wird es im nächsten Quartal zu einem Absacken des mengenmässigen Marktanteils auf 7.56% kommen. Die Indikatoren von Parfitt und Collins erlauben somit die Entdeckung von Marktpositionsproblemen, bevor sich diese marktanteilsmässig auswirken und damit akut werden (vgl. Grünig, 2002, S. 34 f.; Kühn/Walliser, 1978, S. 237 ff.).

Abbildung 3.5 zeigt die Vor- und Nachteile der Problemdeckungssysteme des Rechnungswesens und der Frühwarnsysteme:

- Frühwarnsysteme reagieren frühzeitig und zeigen Probleme an, bevor sie bereits weit eskaliert sind. Dies verschafft dem Aktor wertvolle Zeit zum Bearbeiten des Problems und zur Umsetzung der gewählten Lösung. Problemdeckungssysteme des Rechnungswesens reagieren hingegen spät. Entsprechend ist der Aktor unter Umständen mit der Situation konfrontiert, dass es für wirkungsvolle Massnahmen bereits zu spät ist.

- Bei der Verwendung von Frühwarnsystemen besteht das Risiko eines Fehlalarms. Ein solcher Fehlalarm bewirkt mit Sicherheit Analyseaufwand. Wird im Rahmen der Problembearbeitung nicht bemerkt, dass zu Unrecht ein Problem angezeigt wird, kann der Fehlalarm sogar zu unnötigen und damit wirkungslosen Massnahmen führen. Dieses Risiko existiert bei den Problementdeckungssystemen des Rechnungswesens praktisch nie. Wenn sie reagieren, besteht eine hohe Wahrscheinlichkeit, dass effektiv ein Entscheidungsproblem vorliegt.
- Frühwarnsysteme verursachen in der Regel wesentliche Kosten für die Informationsbeschaffung, während Rechnungswesen-basierte Problementdeckungssysteme weitgehend auf bereits existierende Informationen zurückgreifen können.

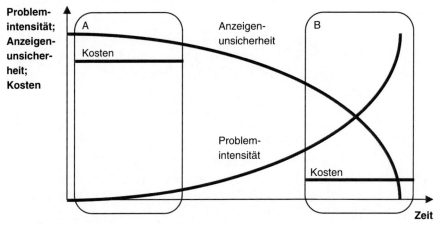

A = Frühwarnsystem
B = Problementdeckungssystem des Rechnungswesens

Abbildung 3.5: Vor- und Nachteile der verschiedenen Arten von Problementdeckungssystemen resp. von Problemindikatoren
(in Anlehnung an Kühn/Walliser, 1978, S. 231)

4 Rationale Entscheidungen

4.1 Ablauf von Entscheidungsprozessen

Die Lösung eines Entscheidungsproblems ist in der Praxis oft zeitaufwändig. Dies hat damit zu tun, dass zwischen der Problementdeckung und der Wahl der zu realisierenden Variante vielfältige Überlegungen anzustellen sind: Das Problem muss begriffen werden, Problemlösungen sind zu erkennen und die beste Variante ist zu evaluieren. Es liegt deshalb nahe, Entscheidungen als Denkprozesse zu interpretieren und rationales Entscheiden mit rationalen Entscheidungsprozessen gleichzusetzen. Um die Merkmale rationaler Entscheidungen konkreter herausarbeiten zu können, ist deshalb zunächst zu zeigen, wie Entscheidungsprozesse ablaufen.

Der Ablauf eines Entscheidungsprozesses soll anhand eines Beispiels dargestellt werden: Herr Mordasini ist Produktionsleiter der Autotech AG, eines Herstellers von Metallkomponenten für Automobile. Neben der Führung der ca. 100 Mitarbeiter der Fabrikation und der Arbeitsvorbereitung ist Herr Mordasini auch für die Instandhaltung der Anlagen zuständig. Für die Metallbearbeitung hat die Abteilung mehrere Drehbänke, Fräsen und Bohrer. Daneben verfügt die Produktionsabteilung über Einrichtungen zum Polieren der Metallteile und über galvanische Bäder zu ihrer Behandlung gegen Korrosionsschäden.

Am Montag um 16:15 Uhr, eine Viertelstunde vor Arbeitsschluss, wird Herr Mordasini in die Dreherei gerufen: Eine der fünf Drehbänke brenne! Als er Minuten später dort eintrifft, ist es Herrn Jäk, dem Vorarbeiter der Dreherei, bereits gelungen, den brennenden Elektromotor der Drehbank mit dem Feuerlöscher zu löschen. Eine Stunde später hat sich die Maschine soweit abgekühlt, dass Herr Mordasini und Herr Jäk den entstandenen Schaden feststellen können: Durch den Motorenbrand hat sich die Drehbank soweit erhitzt, dass einzelne Teile leichte Deformationen aufweisen. Die beiden sind sich sofort einig, dass auf der Maschine nie mehr Stücke in der geforderten Qualität hergestellt werden können und die Maschine damit schrottreif ist.

Da die Dreherei zu 100% ausgelastet ist, ordnet Herr Mordasini einen improvisierten Zweischichtbetrieb ab Mittwoch an. Herr Jäk muss am Dienstag dafür sorgen, dass auf einer der verbleibenden Maschinen ab Mittwoch von 05:00 bis 07:00 Uhr, über Mittag und von 16:30 bis 21:00 Uhr gearbeitet wird. Zudem wird bei Bedarf in der Dreherei vorübergehend am Samstagvormittag gearbeitet.

Am Dienstagmorgen informiert Herr Mordasini zuerst den Unternehmensleiter, Herrn Kämpf, über den Vorfall und die getroffenen Massnahmen. Die beiden stimmen darin überein, dass die versicherte Maschine ersetzt werden muss, wobei es für Herrn Kämpf auch denkbar ist, die manuelle Drehbank durch einen Halbautomaten oder Automaten zu ersetzen. Herr Kämpf beauftragt Herrn Mordasini mit der Erarbeitung und Beurteilung verschiedener Varianten. Er erwartet von ihm so rasch wie möglich einen begründeten Antrag.

Herr Mordasini macht sich unverzüglich ans Werk und definiert vorerst die Rahmenbedingungen, welchen die neue Drehbank genügen muss:

- Die Kapazität der Dreherei mit ihren fünf bisherigen Maschinen war in den vergangenen Jahren stets gut ausgelastet. Sie ergab im letzten Jahr einen Bruttogewinn nach Materialkosten von 1'776'500 CHF (das entspricht den fünf manuellen Drehbänken à 220 Arbeitstagen à 8,5 Stunden à 190 CHF Bruttogewinn pro Stunde). Ein Gespräch mit Herrn Kessler, dem Verkaufsleiter der Autotech AG, ergibt, dass zusätzliche Aufträge akquiriert werden können, die etwa einem Jahresbruttogewinn von CHF 600'000 entsprechen. Um nicht Preiszugeständnisse machen zu müssen, sollte die Erhöhung des Auftragsvolumens aber schrittweise über drei Jahre verteilt erfolgen. Um auf der sicheren Seite zu sein, beschliessen Herr Kessler und Herr Mordasini, nur mit Zusatzaufträgen zu rechnen, die einem Bruttogewinnvolumen von 300'000 CHF entsprechen und auch bei dieser pessimistischen Volumensteigerung davon auszugehen, dass sie schrittweise über drei Jahre erfolgt. Auf der Basis dieser Überlegungen legt Herr Mordasini die Kapazität der neuen Drehbank mit einem Bruttogewinn von minimal 360'000 CHF und maximal 660'000 CHF fest. Er rechnet diese ökonomischen Kapazitätswerte anschliessend in technische Kapazitätsvorgaben um.
- Bezüglich Präzision sieht Herr Mordasini keinen Grund, von der bisherigen Anforderung von 1/100 mm abzuweichen.

- Es entspricht ferner der Praxis der Autotech AG, dass nur Maschinen angeschafft werden, welche die Anforderungen der Schweizerischen Unfallversicherungsanstalt an die Unfallsicherheit vollständig erfüllen.
- Schliesslich legt Herr Mordasini nach Rücksprache mit seinem Vorgesetzten fest, dass nur Varianten in Frage kommen, die innerhalb von drei Monaten realisierbar sind. Es erscheint gegenüber den Mitarbeitern der Dreherei nicht zumutbar, den ad hoc Zweischichtbetrieb und die Samstagsarbeit während mehr als drei Monaten aufrecht zu erhalten.

Ausgehend von diesen Anforderungen kontaktiert Herr Mordasini drei Produzenten von Drehbänken sowie einen Händler von Occasionsmaschinen. Da der Händler keine Drehbank auf Lager hat, welche die vier Anforderungen erfüllt, fällt er als Lieferant aus. Vertreter aller drei Hersteller besuchen die Autotech AG innerhalb der laufenden Woche und versprechen in Anbetracht der Dringlichkeit eine Offerte bis Ende der darauf folgenden Woche.

Die Offerten gehen termingerecht ein. Als erstes prüft Herr Mordasini, ob sie die von ihm festgelegten Rahmenbedingungen erfüllen, was für alle Angebote der Fall ist. Anschliessend erstellt Herr Mordasini gemeinsam mit dem Finanzchef, Herrn Wälti, eine Tabelle gemäss **Abbildung 4.1** mit den Nutzungsdauern und den finanziellen Auswirkungen der Varianten. Die manuelle Drehbank des bisherigen Lieferanten entspricht weitestgehend der bisherigen Maschine und stellt damit eine reine Ersatzinvestition dar. Der Investitionsbetrag von 180'000 CHF ist durch die Brandversicherung gedeckt. Die halbautomatische Drehbank der Firma Kunz besitzt die gleiche Kapazität wie die manuelle Maschine und ist deshalb als Rationalisierungsinvestition zu qualifizieren. Schliesslich stellt der Automat der Firma Hinz sowohl eine Rationalisierungs- als auch eine Erweiterungsinvestition dar.

Wie aus der Abbildung hervorgeht, werden die jährlichen Einnahmen und Ausgaben der Varianten B und C nicht absolut erfasst, sondern es werden die Mehreinnahmen und die Mehr- oder Minderausgaben im Vergleich zu Variante A ausgewiesen. Die Variante A dient damit als Referenzvariante.

Varianten	Nutzungs-dauer in Jahren	Investitions-ausgaben inkl. Installation in Tsd. CHF	Jährliche Differenzen im Brutto-gewinn in Tsd. CHF	Jährliche Differenzen in den Personal-kosten in Tsd. CHF	Jährliche Differenzen in den Ener-gie- und Unterhalts-kosten in Tsd. CHF
A: Manuelle Drehbank des bisheri-gen Liefe-ranten	8	180	0	0	0
B: Halb-automati-sche Dreh-bank der Firma Kunz	8	360	0	-40	0
C: Auto-matische Drehbank der Firma Hinz	6	1070	Jahr 1: +100 Jahr 2: +200 Jahr 3 + ff: +300	-60	+10

Negative Werte = Minderausgaben gegenüber der Variante A
Positive Werte = Mehreinnahmen oder -ausgaben gegenüber der Variante A

Abbildung 4.1: Nutzungsdauer und finanzielle Auswirkungen der drei Varianten

Da die beschädigte Drehbank in jedem Fall ersetzt werden muss und dieser Ersatz durch die Versicherung bezahlt wird, bildet die Variante A für Herrn Mordasini die Nullvariante. Sie wird realisiert, wenn nicht eine der beiden anderen Varianten wirtschaftlich vorteilhafter ist als ein reiner Ersatz. Die Wirtschaftlichkeit der Varianten B und C beurteilt Herr Mordasini, wie in der Autotech AG üblich, mit Hilfe einer Kapitalwert-rechnung. **Abbildung 4.2** zeigt das Resultat der vorgenommenen Be-rechnungen. Folgende Kommentare erscheinen dazu notwendig:

Va-rian-ten	Kapi tal-wer-te	Einnahmen- und Ausgabendifferenzen der Varianten B und C gegenüber der Variante A in den Jahren 0 bis 8								
		0	1	2	3	4	5	6	7	8
B	-	-180	+40	+40	+40	+40	+40	+40	+40	+40
	+34	-180	+36	+33	+30	+27	+25	+23	+21	+19
C	-	-890	+150	+250	+350	+350	+350	+350	-	-
	+369	-890	+136	+207	+263	+239	+217	+197	-	-

Obere Zahl = Einnahmen- und Ausgabendifferenzen in Tsd. CHF
Untere Zahl = Mit 10% abgezinste Einnahmen- und Ausgabendifferenzen in Tsd. CHF

Abbildung 4.2: Kapitalwertberechnungen für die Varianten B und C

- Die Kapitalwerte basieren auf einem kalkulatorischen Zinssatz von 10%. Dieser deckt nicht nur die Verzinsung des investierten Kapitals ab, sondern enthält auch einen Risikozuschlag.
- Da die defekte Drehbank in jedem Fall ersetzt werden muss und die dafür notwendige Investition von 180'000 CHF durch die Versicherung gedeckt ist, reduziert Herr Mordasini die Investitionsausgaben der Varianten B und C um diesen Betrag.
- Wie die Abbildung zeigt, ergeben beide Varianten einen positiven Kapitalwert. Der Kapitalwert der Variante C ist jedoch sowohl absolut als auch im Verhältnis zum investierten Kapital besser als der Kapitalwert des Angebotes B.

Aufgrund der Berechnungen schlägt Herr Mordasini dem Unternehmensleiter, Herrn Kämpf, vor, Variante C zu realisieren. Herr Kämpf ist mit diesem Vorschlag einverstanden. In der Folge erteilt Herr Mordasini den Auftrag an die Firma Hinz, organisiert die Entsorgung der bisherigen Drehbank und beauftragt lokale Handwerker mit der Erstellung des

Fundamentes sowie der Elektro- und Wasseranschlüsse für die neue Maschine. Er überwacht zudem die Vorbereitungs- und Montagearbeiten, nimmt die neue Drehbank ab und prüft die eingehenden Rechnungen.

Nach dieser Beschreibung des Ablaufs der Bewältigung eines konkreten Entscheidungsproblems geht es nun darum, ein generelles Beschreibungsmodell eines Entscheidungsprozesses vorzustellen, das eine Systematisierung der in der Praxis ablaufenden entscheidungsrelevanten Überlegungen erlaubt.

In einem Beschreibungsmodell eines Entscheidungsprozesses ist vorerst einmal zwischen dem Aktor und der Entscheidungssituation zu unterscheiden:

- Unter dem Aktor wird die Person oder Personengruppe verstanden, die analysiert, entscheidet und handelt. Auch wenn teilweise der Vorarbeiter, Herr Jäk, der Verkaufsleiter, Herr Kessler, der Finanzchef, Herr Wälti, und der Direktor, Herr Kämpf, in die Arbeiten einbezogen waren, ist der Aktor im geschilderten Beispiel Herr Mordasini. Als Produktionsleiter trifft er die Sofortmassnahmen und steuert die Analyse, die Variantenerarbeitung und die Variantenbewertung. Er trifft zudem de facto die Entscheidung und sorgt für deren Umsetzung.

- Die Entscheidungssituation beinhaltet alle entscheidungsrelevanten Situationsbereiche. Diese umfassen häufig Teilbereiche der Unternehmung, Beschaffungs- und Absatzmärkte sowie Umweltfaktoren, die für deren Entwicklung massgebend sind. In unserem Beispiel umfasst die Entscheidungssituation die Dreherei mit ihren Ressourcen, Prozessen und Leistungen. Aber auch die Verknüpfungen der Dreherei mit den anderen Unternehmensteilen, wie beispielsweise mit dem Verkauf, und mit der Umwelt, wie zum Beispiel mit den Maschinenlieferanten, gehören zur Entscheidungssituation.

Neben dieser Unterscheidung zwischen Aktor und Entscheidungssituation können verschiedene idealtypische Phasen oder Teilaufgaben eines Entscheidungsprozesses unterschieden werden:

- Der Aktor erhält laufend Informationen von der resp. über die Entscheidungssituation. Den grössten Teil dieser Informationen nimmt er bloss zur Kenntnis, ohne dass er sich zu irgendwelchen Analysen,

Entscheidungen oder Handlungen veranlasst sieht. Einzelne Informationen können jedoch einen Entscheidungsprozess auslösen. Ein Entscheidungsproblem entsteht, wenn eine Information eine wesentliche Abweichung zwischen dem Istzustand und den Sollvorstellungen des Aktors ergibt. Die Information über den Brandfall im Beispiel führt zu einer erheblichen Differenz zwischen der von der Dreherei erwarteten Leistung und der ohne improvisierten Zweischichtbetrieb vorhandenen Kapazität.

- Auf die Entdeckung eines Entscheidungsproblems folgt in der Regel dessen Analyse. Der Aktor muss das Problem verstehen, bevor er es lösen kann. Im Beispiel ist das Problem relativ einfach zu verstehen. Es geht um den Ersatz der ausgefallenen Maschine. Herr Mordasini kann sich deshalb darauf konzentrieren, die Rahmenbedingungen zu definieren, denen die Problemlösung genügen muss. Die Analyseresultate bilden die Basis für die Erarbeitung von Problemlösungsvarianten. Im Beispiel bittet Herr Mordasini Maschinenlieferanten um Offerten. Diese werden anschliessend über die Kapitalwerte bewertet. Die Analyse, die Variantenerarbeitung und die Variantenbewertung können nicht im stillen Kämmerlein erfolgen, sondern erfordern Interaktionen mit der Entscheidungssituation. Nur so können die für eine gute Entscheidung notwendigen Informationen beschafft werden. Im Beispiel kontaktiert Herr Mordasini den Verkaufsleiter, den Finanzchef und verschiedene potentielle Maschinenlieferanten.

- Der letzte Schritt im Entscheidungsprozess ist die eigentliche Entscheidung. Je besser die Analyse, die Variantenerarbeitung und die Variantenbewertung erfolgt sind, desto einfacher fällt in der Regel die eigentliche Entscheidung. Im Beispiel fällt es Herrn Mordasini und Herrn Kämpf aufgrund des hohen Kapitalwertes der Variante C leicht, sich für diese Lösung zu entscheiden.

- Nachdem die Entscheidung getroffen ist, muss dessen Realisierung sichergestellt werden. Im Beispiel übernimmt Herr Mordasini die Bestellung, die Koordination der Montage und die Abnahme der neuen Drehbank.

Abbildung 4.3 fasst die Ausführungen grafisch zusammen. Das Ergebnis ist ein Beschreibungsmodell des Entscheidungsprozesses.

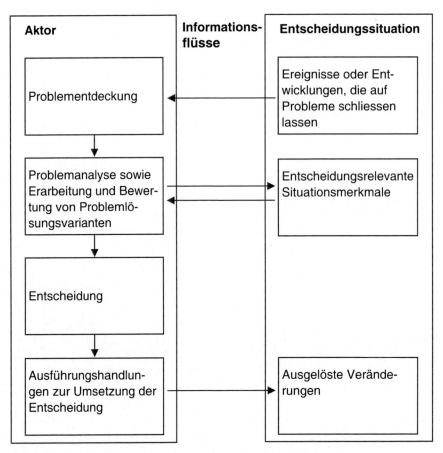

Abbildung 4.3: Beschreibungsmodell des Entscheidungsprozesses

4.2   Anforderungen an einen rationalen Entscheidungsprozess

Nachdem ausgehend von einem Beispiel ein Beschreibungsmodell eines Entscheidungsprozesses entwickelt worden ist, wird nun die Frage diskutiert, wann ein solcher Prozess als rational qualifiziert werden kann.

Es muss vorerst zwischen formaler Rationalität und substantieller oder inhaltlicher Rationalität unterschieden werden (vgl. Bamberg/Coenenberg, 2002, S. 3 f.; Brauchlin, 1990, S. 344 f.; Pfohl/Braun, 1981, S. 129 f.):

- Von formaler Rationalität wird gesprochen, wenn die verfolgten Ziele nicht auf ihre Rationalität hinterfragt werden. Die Rationalitätsanforderungen beziehen sich somit nur auf den Entscheidungsprozess.
- Substantielle bzw. inhaltliche Rationalität setzt dagegen voraus, dass die Ziele rational sind, weil sie die einzig akzeptablen, "richtigen" Ziele darstellen. Die geforderte Rationalität bezieht sich somit nicht nur auf den Entscheidungsprozess, sondern auch auf die verfolgten Ziele. Sie werden zu den allein "gerechtfertigten" Zielen, neben denen alle anderen Ziele als "falsch" erscheinen (vgl. z.B. auch Pfohl/Braun, 1981, S. 129).

Die meisten Forscher gehen davon aus, dass die Wahl der für die Entscheidungen massgebenden obersten Ziele letztlich subjektive Wertungen darstellen, die aus wissenschaftlicher Sicht nicht als objektiv richtig oder falsch qualifiziert werden können. Sie akzeptieren deshalb, dass die Ziele für Entscheidungsprozesse vorgegeben sind. Demgemäss bildet nur die formale Rationalität der Entscheidungsprozesse eine sinnvolle Anforderung an Entscheidungsverfahren.

Es stellt sich somit die Frage, welchen Anforderungen ein Entscheidungsprozess genügen muss, um die Qualifikation "formal rational" zu verdienen.

Wie Eisenführ/Weber ausführen, ist "der spätere Erfolg oder Misserfolg ... kein ... Massstab" (Eisenführ/Weber, 2003, S. 4). Es muss klar zwischen einer rationalen und einer erfolgreichen Entscheidung unterschieden werden. Zwar soll ein rationales Vorgehen erfolgreichere Entscheidungen produzieren. Es wäre jedoch ein Fehlverständnis von Rationalität, wenn man annähme, sie könnte die mit vielen Entscheidungen verbundene Unsicherheit eliminieren und Erfolg garantieren. Eisenführ/Weber verdeutlichen den Unterschied zwischen erfolgreichen und rationalen Entscheidungen mit folgenden einfachen Beispielen: "Haben Sie .. nach sorgfältiger Analyse ein Wertpapier gekauft und geht später der Kurs in den Keller, so wird die Entscheidung dadurch nicht nachträglich weniger rational. Setzt [ein] ... Student seine letzten hundert Mark beim Roulette auf die Zahl 17 und gewinnt tatsächlich, so wird die Entscheidung durch ihren Erfolg nicht rationaler, als sie es vorher war" (Eisenführ/Weber, 2003, S. 4).

Rationalität bezieht sich somit nicht auf den Erfolg der gewählten und realisierten Variante, sondern auf die Sorgfalt und Systematik der Durchführung des Entscheidungsprozesses. Im Allgemeinen wird davon ausgegangen, dass eine Entscheidung die Qualifikation "rational" verdient, wenn der Entscheidungsprozess folgende Merkmale aufweist:

(1) Der Entscheidungsprozess ist durchgängig zielgerichtet; er orientiert sich konsequent an den übergeordneten Zielen.

(2) Die im Entscheidungsprozess angestellten Überlegungen basieren auf möglichst objektiven und vollständigen Informationen.

(3) Der Entscheidungsprozess folgt einem systematischen Vorgehen und verwendet klare methodische Regeln; er ist für Nichtbeteiligte nachvollziehbar.

Diese Merkmale sind kurz zu erläutern.

Die für formal rationale Entscheidungen geforderte Zielorientierung – Merkmal (1) – betrifft alle wesentlichen Überlegungen des Entscheidungsprozesses: Bereits die Problementdeckung basiert auf nicht erreichten oder besser erreichbaren Zielen. Die Problemanalyse sucht nach Erklärungen der mangelnden Zielerreichung. Als Lösungsvarianten sollten folgerichtig nur Mittel und Massnahmen diskutiert werden, die zumindest eine gewisse Verbesserung der Zielerfüllung versprechen. Schliesslich basiert die Bewertung der Varianten auf Entscheidungskriterien, die aus Zielen abgeleitet werden (vgl. Eisenhardt/Zbaracki, 1992, S. 18; Kühn, 1969, S. 6 ff.).

Die Forderung, Entscheidungsprozesse auf möglichst objektiven und vollständigen Daten aufzubauen – Merkmal (2) –, erscheint selbstverständlich, ist jedoch zu präzisieren. Es kann nicht darum gehen, vollständige, ausschliesslich objektive oder gar sichere Informationen zu verlangen. Es entspricht dem Merkmal der Zielorientierung, dass bei der Informationsbeschaffung Kosten-Nutzen-Überlegungen anzustellen sind. Es hängt deshalb von der finanziellen Bedeutung des zu lösenden Problems sowie von dem mit der Entscheidung verbundenen Risiko ab, welcher Informationsbeschaffungsaufwand sich rechtfertigt. Eine vollständige, ausschliesslich objektive und auch bezogen auf künftige Entwicklungen sichere Informationsbasis zu fordern, wäre schlicht unrealistisch. Bereits im ersten Kapitel wurde darauf hingewiesen, dass Rationalität nicht Intuition und Erfahrung ersetzen soll, sondern diese – wo zweckmässig – ebenfalls nutzen muss. Es erscheint deshalb folgerichtig, dass formale Rationalität statt objektiver und vollständiger nur möglichst objektive und vollständige Informationen anstrebt (vgl. Kühn, 1969, S. 6 ff.).

Die Forderung nach einem systematischen Vorgehen und nach klaren methodischen Regeln – Merkmal (3) – soll sicherstellen, dass Aussenstehende die Gedankengänge des Aktors nachvollziehen können. Diese Nachvollziehbarkeit bedeutet jedoch nicht, dass jeder Aussenstehende auch mit der Entscheidung einverstanden sein muss. Ein Aussenstehender kann andere Ziele verfolgen, gewisse unsichere Informationen anders interpretieren oder auch über andere Informationen verfügen als der Aktor. Entsprechend kommt er auch zu einer anderen Entscheidung (vgl. Kühn, 1969, S. 6 ff.).

4.3   Unterstützung rationaler Entscheidungen durch die Betriebswirtschaftslehre

Es ist ein Hauptanliegen der Betriebswirtschaftslehre, die Führungskräfte von Unternehmen beim Treffen rationaler Entscheidungen zu unterstützen. Neben diesem Hauptziel, mehr Rationalität in die betrieblichen Entscheidungen zu bringen, verfolgt die Betriebswirtschaftslehre das Ziel, die Wirklichkeit zu beschreiben und zu erklären.

Die Unterstützung der Praxis durch die Wissenschaft erfolgt im Wesentlichen durch zwei Arten von Beiträgen:

- Auf der einen Seite entwickelt die empirisch-analytische Forschung Erklärungsmodelle. Diese Erklärungen der Wirklichkeit lassen sich im Rahmen von Entscheidungen zur Prognose zukünftiger Entwicklungen und zur Bestimmung der Auswirkungen von Handlungsvarianten einsetzen. Typische Beispiele für solche Erklärungsmodelle sind die Käuferverhaltensmodelle. Sie zeigen den Marketingverantwortlichen, wie ein Käufer die verschiedenen Angebote in einem Markt wahrnimmt, wie er sie bewertet und wie er sich schliesslich für ein Angebot entscheidet.
- Auf der anderen Seite schlägt die praktisch-normative Betriebswirtschaftslehre Entscheidungsverfahren vor, die der Aktor zur Bewältigung von Entscheidungsproblemen einsetzen kann. Dieser zweiten

Gruppe von Beiträgen ist auch das vorliegende Buch zuzuordnen. Der ganze Teil II ist der Vorstellung und Erläuterung eines Verfahrens zur Bewältigung komplexer Entscheidungsprobleme gewidmet.

Vertiefungsfenster 4.1 zeigt etwas detaillierter, was unter der empirisch-analytischen und der praktisch-normativen Betriebswirtschaftslehre zu verstehen ist und wie die beiden Forschungsrichtungen die Praxis beim Lösen von Entscheidungsproblemen unterstützen. Gleichzeitig stellt das Vertiefungsfenster die Forschungsrichtung der ethischnormativen Betriebswirtschaftslehre vor und begründet, wieso sie sich nicht durchsetzen konnte. In diesem Zusammenhang wird auch noch einmal auf die substantielle Rationalität zurückgekommen.

Vertiefungsfenster 4.1: Drei Forschungsrichtungen der Betriebswirtschaftslehre und ihre Beurteilung

In Anlehnung an Köhler (1978, S. 186 ff.) gibt es innerhalb der Realwissenschaft "Betriebswirtschaftslehre" drei verschiedene Auffassungen bezüglich Wissenschaftszielen:

- Die ethisch-normative oder normensetzende Betriebswirtschaftslehre ist auf der Suche nach den "richtigen" Zielen und Werten von Unternehmen. Sie sucht damit nach Massstäben zur Unterscheidung von ethisch vertretbarem und ethisch nicht vertretbarem Handeln. Mit diesem Wissenschaftziel strebt die ethischnormative Betriebswirtschaftslehre nach substantieller Rationalität.

- Die empirisch-analytische oder theoretische Betriebswirtschaftslehre will die Wirklichkeit erklären. Sie formuliert Hypothesen resp. Erklärungsmodelle und unterzieht diese empirischen Tests. Das Resultat ihrer Überprüfung besteht entweder in einer Falsifizierung oder in einer vorläufigen Bestätigung. Eine Bestätigung ist deshalb nur vorläufig, weil nie ausgeschlossen werden kann, dass die Hypothesen bei einem weiteren empirischen Test falsifiziert werden. Die Hypothesen werden teilweise aus reinem Erkenntnisinteresse heraus entwickelt und getestet. Die meisten der empirisch-analytischen Forschungsrichtung verpflichteten Wissenschaftler versuchen jedoch, Erkenntnisse zu gewinnen, die praxisrelevant sind und sich im Rahmen von Entscheidprozessen einsetzen lassen.

▪ Die praktisch-normative oder pragmatische Betriebswirtschaftslehre verfolgt das Ziel, die Praxis durch die Entwicklung von Vorgehensweisen, inhaltlichen Empfehlungen und Entscheidungskriterien in ihren Entscheidungen zu unterstützen.

Die drei Wissenschaftsauffassungen unterscheiden sich somit in ihren Wissenschaftszielen. Welche Wissenschaftsziele die richtigen
sind und welche Wissenschaftsauffassung damit die richtige ist,
kann nicht objektiv entschieden werden. Letztlich ist es die Scientific
Community, die Wissenschaftsziele als wissenschaftlich oder un-
wissenschaftlich bezeichnet und damit Vertreter der Disziplin in ihren Kreis aufnimmt oder sie aus ihrem Kreis ausschliesst.

Die ethisch-normative Betriebswirtschaftslehre wird von der Scientific Community kaum akzeptiert, da es auf die Frage der richtigen
Ziele und Werte keine richtigen oder falschen Antworten gibt. "Für
Werte lebt man, für Werte stirbt man, wenn es notwendig ist. Werte
aber beweist man nicht" (Sombart, 1967, S. 83).

Die anderen zwei Auffassungen sind beide akzeptiert und stehen
nebeneinander. Viele Betriebswirte konzentrieren sich auf die empirisch-analytische Forschung. Eine nicht unerhebliche Zahl von Wis-
senschaftlern kombinieren die zwei Forschungsrichtungen.
Schliesslich gibt es Betriebswirte, die der praktisch-normativen
Wissenschaftsauffassung zuzuordnen sind. Die von ihnen unterbreiteten Empfehlungen basieren neben den Erkenntnissen der empirisch-analytischen Forschung auch auf Case-Research (vgl. Yin,
2003) und Action-Research (vgl. Kühn/Grünig, 1986, S. 118 ff.;
Stringer, 2007). Die mit diesen beiden Methoden verbundene
schlechtere Begründung der Aussagen wird dabei zugunsten einer
höheren Praxisorientierung der Empfehlungen in Kauf genommen.

5 Entscheidungsverfahren

5.1 Begriff des Entscheidungsverfahrens

Unter einem Entscheidungsverfahren

- wird ein System von intersubjektiv nachvollziehbaren Regeln der Informationsbeschaffung und -verarbeitung verstanden,
- das zur Bewältigung einer bestimmten Art von Entscheidungsproblemen eingesetzt werden kann (vgl. Grünig, 1990, S. 69 f.; Gygi, 1982, S. 20; Klein, 1971, S. 31; Kühn, 1978, S. 52 und 139; Little, 1970, S. B-469 f.; Streim, 1975, S. 145 f.).

Folgende Erläuterungen erscheinen angebracht, um diese Begriffsumschreibung besser zu verstehen:

- Damit von einem Entscheidungsverfahren gesprochen werden kann, sollte das System von Regeln zumindest die wesentlichen Teilaufgaben der Bewältigung eines Entscheidungsproblems abdecken. Dies sind die Problemanalyse, die Variantenerarbeitung, die Variantenbewertung, die Gesamtbeurteilung der Varianten und die Entscheidung. Regeln, die den Aktor bloss bei der Bewältigung einer einzelnen Teilaufgabe unterstützen, sollen hingegen nicht als Entscheidungsverfahren bezeichnet werden. Solche Regelsysteme zur Bewältigung von Teilaufgaben existieren beispielsweise für die Variantenerarbeitung und für die Bildung der Gesamtkonsequenzen. Die erstgenannten Regelsysteme werden oft als Kreativitätstechniken bezeichnet, während die zweitgenannten Regelsysteme unter dem Begriff der Entscheidungsmaximen bekannt sind.
- Es gibt sehr verschiedenartige Regelsysteme. Dies kommt bereits in ihrer äusseren Form zum Ausdruck. Das Spektrum reicht von verbal umschriebenen Regeln und Entscheidungsprozess-Diagramme bis zu mehr oder weniger komplexen mathematischen Algorithmen. Wichtiger jedoch sind die inhaltlichen Unterschiede.
- Die Regeln beziehen sich in erster Linie auf die Informationsverarbeitung. Sie enthalten dagegen meist nur grobe Angaben zu den zu beschaffenden Informationen und grundsätzlich keine Empfehlungen zum Vorgehen bei der Informationsbeschaffung. Letzteres ist insofern verständlich, als die Möglichkeiten zur Beschaffung entscheidungsrelevanter Informationen durch die konkrete Entscheidungssituation geprägt werden.

5.2   Dimensionen von Entscheidungsverfahren und ihre Ausprägungen

Die Absicht der Wissenschaft, die Entscheidungsträger in ihrer Aufgabe zu unterstützen, hat zu einer grossen Zahl von verschiedenartigen Verfahrensvorschlägen geführt. Diese können nach verschiedenen Kriterien in Kategorien unterteilt werden. Aus praktischer Sicht erscheinen drei Kriterien wichtig:

- die inhaltliche Breite der Problemstellungen, auf welche die Verfahren anwendbar sind,
- die den Verfahren zugrunde gelegten formalen Anwendungsbedingungen sowie
- die Qualität der von den Verfahren produzierten Lösungen.

Nach dem Kriterium der inhaltlichen Breite der zugrunde gelegten Problemstellungen lassen sich allgemeine und spezielle Entscheidungsverfahren unterscheiden. Während ein allgemeines Entscheidungsverfahren den Anspruch erhebt, bei der Bewältigung irgendwelcher Problemstellungen hilfreich zu sein, orientieren sich die speziellen Verfahren an einer mehr oder weniger eng umschriebenen Problemstellung. Beispiele für letztere sind die Erarbeitung einer Gesamtstrategie oder die Bestimmung des optimalen Lagerbestandes einer Produktgruppe.

Die Verwendung eines Entscheidungsverfahrens kann an einschränkende formale Bedingungen geknüpft sein. Diese werden teilweise explizit genannt; teilweise sind sie jedoch bloss implizit vorhanden und manifestieren sich dem Aktor erst als Schwierigkeiten im Rahmen der Verfahrensanwendung. Die am häufigsten anzutreffende formale Anwendungsbedingung besteht darin, dass das Verfahren nur quantitative Entscheidungsvariablen und Entscheidungskriterien beinhaltet und damit qualitative Problemaspekte ausschliesst.

Aufgrund der Anwendungsbedingungen wird – vorerst bewusst unpräzis – zwischen Verfahren mit restriktiven formalen Anwendungsbedingungen und Verfahren ohne wesentliche einschränkende Anwendungsbedingungen unterschieden. Eine differenziertere Betrachtung der wichtigsten formalen Anwendungsbedingungen von Entscheidungsverfahren zeigt Vertiefungsfenster 5.1.

Nach der Qualität der von den Verfahren produzierten Lösungen ist es sinnvoll, zwischen

- Verfahren, die zu einer optimalen Lösung führen und
- Verfahren, die sich mit einer befriedigenden Problemlösung begnügen,

zu unterscheiden.

Abbildung 5.1 fasst die Ausführungen zusammen.

Dimensionen	Ausprägungen	
(1) Inhaltliche Breite der zugrunde gelegten Problemstellung	Allgemeine Entscheidungsverfahren	Spezielle Entscheidungsverfahren
(2) Formale Anwendungsbedingungen	Entscheidungsverfahren mit restriktiven formalen Anwendungsbedingungen	Entscheidungsverfahren ohne wesentliche einschränkende formale Anwendungsbedingungen
(3) Qualität der produzierten Lösung	Entscheidungsverfahren, die eine optimale Problemlösung anstreben	Entscheidungsverfahren, die eine befriedigende Problemlösung ermöglichen

Abbildung 5.1: Dimensionen von Entscheidungsverfahren und ihre Ausprägungen

5.3 Arten von Entscheidungsverfahren

Im vorangegangenen Abschnitt wurden mit der inhaltlichen Breite der Problemstellung, den formalen Anwendungsbedingungen und der Lösungsqualität drei Dimensionen zur Unterscheidung von Verfahrenskategorien eingeführt. Zwischen den beiden Dimensionen "Anwendungs-bedingungen" und "Lösungsqualität" besteht jedoch ein Zusammen-hang: Restriktive Anwendungsbedingungen ermöglichen die Bestimmung der optimalen Lösung. Der Verzicht auf enge formale Anwendungsbedingungen führt hingegen dazu, dass keine Lösungsgarantie besteht und die beste gefundene Lösung nur ausnahmsweise der optimalen Lösung entspricht. Insofern handelt es sich bei den beiden Kriterien letztlich nur um zwei verschiedene Betrachtungsweisen desselben Phänomens.

Da aufgrund der inhaltlichen Breite und aufgrund der Anwendungsbedingungen bzw. der Lösungsqualität je zwei Verfahrenskategorien zu unterscheiden sind, haben wir es insgesamt mit vier Verfahrenstypen zu tun. **Abbildung 5.2** zeigt diese vier Arten von Entscheidungsverfahren.

Inhaltliche Breite der Problemstellung / Formale Anwendungsbedingungen u. Lösungsqualität	**Allgemein einsetzbar**	**Nur zur Bewältigung spezieller Probleme einsetzbar**
Keine wesentlichen formalen Anwendungsbedingungen; befriedigende Lösung wird angestrebt	Allgemeine heuristische Entscheidungs-verfahren	Spezielle heuristische Entscheidungs-verfahren
Restriktive formale Anwendungsbedingungen; optimale Lösung wird angestrebt	Allgemeine analytische Entscheidungs-verfahren	Spezielle analytische Entscheidungs-verfahren

Abbildung 5.2: Arten von Entscheidungsverfahren

Es existieren in der Literatur differenziertere Ansätze zur Bildung von Verfahrenskategorien (vgl. z.B. Fischer, 1981, S. 297; Streim, 1975, S. 151). Für unsere Zwecke genügt jedoch die Unterscheidung der vier Arten. Sie grenzt das uns interessierende allgemeine heuristische Entscheidungsverfahren von den anderen Verfahrensarten genügend klar ab.

5.4   Gegenüberstellung von heuristischen und analytischen Entscheidungsverfahren

Bevor die beiden Arten von Entscheidungsverfahren miteinander verglichen werden, erfolgt zuerst eine Klärung der in der Umgangssprache nicht gebräuchlichen Begriffe "heuristisch" und "Heuristik".

- Die Worte "heuristisch" und "Heuristik" haben ihren Ursprung in einem altgriechischen Verb, das sich mit "suchen" resp. "finden" übersetzen lässt. Entsprechend kann das Eigenschaftswort "heuristisch" auf Deutsch mit der Formulierung "zum Finden geeignet" umschrieben werden (vgl. Klein, 1971, S. 35).
- "A heuristic ... is a rule of thumb, strategy, trick, simplification, or any other kind of device which drastically limits search for solutions in large problem spaces. Heuristics do not guarantee optimal solutions; in fact, they do not guarantee any solution at all; all that can be said for a useful heuristic is that it offers solutions which are good enough most of the time" (Feigenbaum/Feldmann, 1963, S. 6). Unter einer Heuristik wird somit eine Denkregel verstanden, mit deren Hilfe sich der Aufwand zum Auffinden einer Lösung in komplexen Problemen reduzieren lässt. Dem Vorteil eines geringeren Lösungsaufwandes steht der Nachteil gegenüber, dass bloss eine befriedigende und nicht die optimale Lösung angestrebt werden kann. Es kann sogar vorkommen, dass überhaupt keine brauchbare Lösung aus der Anwendung der Heuristik resultiert.

Die wesentlichen Vorteile von heuristischen Entscheidungsverfahren im Vergleich zu analytischen Verfahren liegen im weitgehenden Fehlen von formalen Anwendungsbedingungen und in ihrem relativ geringeren Anwendungsaufwand. Die mit heuristischen Entscheidungsverfahren verbundenen Nachteile sind die fehlende Lösungsgarantie und, falls eine Lösung gefunden werden kann, die fehlende Garantie der optimalen Lösung. **Abbildung 5.3** zeigt schematisch den Unterschied zwischen heuristischen und analytischen Entscheidungsverfahren.

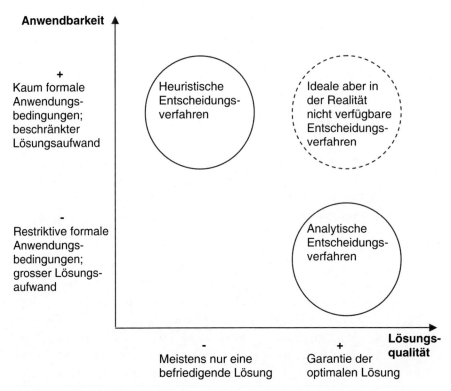

Abbildung 5.3: Vergleich von heuristischen und analytischen Entscheidungsverfahren

Wie bereits erwähnt, erkaufen die analytischen Entscheidungsverfahren die Garantie der optimalen Lösung mit einschneidenden formalen Anwendungsbedingungen. **Vertiefungsfenster 5.1** zeigt, welche Anwendungsbedingungen für den Einsatz von analytischen Verfahren erfüllt sein müssen. Da auf heuristische Entscheidungsverfahren zurückgegriffen werden muss, falls eine der Anwendungsbedingungen nicht erfüllt ist, ermöglicht das Vertiefungsfenster gleichzeitig eine präzisere Positionierung der heuristischen Entscheidungsverfahren.

Vertiefungsfenster 5.1: Wohlstrukturierte Probleme als Voraussetzung für den Einsatz von analytischen Entscheidungsverfahren

Damit ein analytisches Entscheidungsverfahren eingesetzt werden kann, muss das zugrunde liegende Problem im Sinne von Simon und Newell (1958, S. 4 ff.) wohlstrukturiert sein. Damit von einem wohlstrukturierten Problem (well-structured problem) gesprochen werden kann, muss die Problemstellung drei Bedingungen genügen.

Die erste Bedingung für den Einsatz eines analytischen Verfahrens besteht darin, dass die Problemumschreibung nur quantitative Aspekte enthält resp. darauf reduziert wird.

Die zweite Bedingung besteht aus klaren Regeln, die angeben, ob eine erarbeitete Lösung annehmbar ist oder nicht. Wenn solche Regeln existieren, wird ein Problem in Anlehnung an Minsky als wohldefiniert (well-defined) bezeichnet. Existieren keine solchen Regeln, handelt es sich um ein schlecht definiertes Problem (ill-defined problem) (vgl. Klein, 1971, S. 32; Minsky, 1961, S. 8 ff).
Solche Regeln existieren beispielsweise für das Schachspiel. Es ist aufgrund der Spielregeln eindeutig feststellbar, wann ein König schachmatt ist und der gegnerische Spieler somit gewonnen hat. Dabei spielt es keine Rolle, wer die Regeln anwendet, da diese keinen Spielraum für subjektive Beurteilungen enthalten.
Es darf jedoch auch von einem wohldefinierten Problem gesprochen werden, wenn das Regelsystem zur Auswahl zulässiger Lösungen gewisse subjektive Beurteilungen einschliesst. Dies ist beispielsweise der Fall, wenn im Rahmen des Prozedere zur Bestimmung der optimalen Lösung die Risikoeinstellung des Aktors zu ermitteln ist. In diesem Fall ist "nur" das Prozedere eindeutig und personenunabhängig. Die Anwendung des Prozedere basiert jedoch stets auf subjektiven Risikoeinstellungen. Dies führt dazu, dass nicht für jeden Aktor die gleiche Lösung optimal ist.

Die dritte Bedingung besteht darin, dass es möglich sein muss, ein analytisches Verfahren zu entwickeln, das mit vernünftigem Zeit-

und Kostenaufwand die optimale Lösung findet (vgl. Klein, 1971, S. 32 ff.). Dies ist beispielsweise für das Schachspiel bis heute nicht gelungen: Es gibt kein Verfahren, das eine Garantie enthält, ein Spiel zu gewinnen. Gäbe es ein solches Verfahren, würde sich zudem immer noch die Frage stellen, ob dieses mit tragbarem Aufwand anwendbar ist. Die heute existierenden, leistungsfähigen Schachprogramme basieren nicht auf analytischen, sondern auf heuristischen Verfahren.

Existiert ein analytisches Verfahren, das mit tragbarem Zeit- und Kostenaufwand anwendbar ist oder ist ein solches Verfahren entwickelbar, wird in Anlehnung an Simon und Newell von einem wohlstrukturierten Problem (well-structured problem) gesprochen. An-

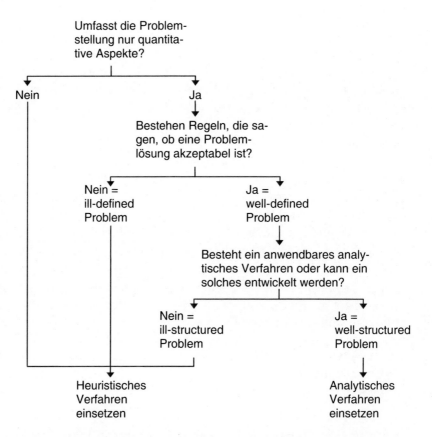

Abbildung 5.4: Die drei Anforderungen an die Problemumschreibung für die Anwendung eines analytischen Verfahrens

dernfalls handelt es sich um ein schlecht strukturiertes Problem (ill-
structured problem) (vgl. Klein, 1971, S. 32; Simon/Newell, 1958,
S. 4 ff.).

Abbildung 5.4 fasst die Aussagen zusammen.

5.5   Beispiele zu den verschiedenen Arten von Entscheidungsverfahren

5.5.1   Einleitende Bemerkungen

Um den Leserinnen und Lesern eine konkretere Vorstellung von den
verschiedenen Arten von Entscheidungsverfahren zu vermitteln, werden nachfolgend drei konkrete Verfahrensvorschläge vorgestellt. Diese
dienen anschliessend dazu, die Unterschiede zwischen den Verfahrensarten zu verdeutlichen.

Da der Teil II der Darstellung eines allgemeinen heuristischen Verfahrens gewidmet ist, kann auf ein Beispiel zu dieser Verfahrenskategorie
verzichtet werden. Einen Überblick über das vorgeschlagene allgemeine heuristische Verfahren verschafft Kapitel 6.

5.5.2   Beispiel eines speziellen heuristischen Entscheidungsverfahrens

Als Beispiel eines speziellen heuristischen Entscheidungsverfahrens
wird das auf der Portfolioanalyse und -planung (vgl. z.B. Grant, 2010,
S. 431 ff.; Hedley, 1977, S. 9 ff.) basierende Verfahren zur Erarbeitung
von Gesamtstrategien gewählt. Eine Gesamtstrategie legt für eine pro-
duktmässig und/oder geographisch diversifizierte Firma die Marktposi-
tionsziele und Investitionsprioritäten der verschiedenen Aktivitäten
resp. strategische Geschäfte fest. Sie definiert zudem allfällige Diversifikationen (vgl. Grünig/Kühn, 2011, S. 35 ff.).

Die Erarbeitung einer Gesamtstrategie erfolgt in den in **Abbildung 5.5** dargestellten fünf Schritten (vgl. Grünig/Kühn, 2011, S. 219 ff.). Folgende Erläuterungen erscheinen dazu notwendig:

1. Der Prozess beginnt mit der Definition der existierenden strategischen Geschäfte. Ein Geschäft ist eine Marktleistung mit einem eigenständigen Auftritt. Dies heisst, dass die Marktleistung einen eigenen Marketing-Mix oder zumindest eine eigenständige Ausgestaltung der zentralen Marketinginstrumente besitzen muss. Sofern ein Geschäft den Markt und/oder die Ressourcen mit anderen Geschäften teilt, wird von einem Geschäftsbereich gesprochen. Besitzt ein Geschäft hingegen nur schwache markt- und ressourcenmässige Interdependenzen mit anderen Geschäften, wird es als Geschäftsfeld bezeichnet (vgl. Grünig/Kühn, 2011, S. 139 ff.). Als Geschäfte eines Unternehmens kommen Produktgruppen, Länderaktivitäten oder Kombinationen von Produkten und Ländern in Frage.

2. Schritt 2 besteht in der Erfassung der bestehenden Strategie. Dazu ist das Istportfolio zu erstellen.

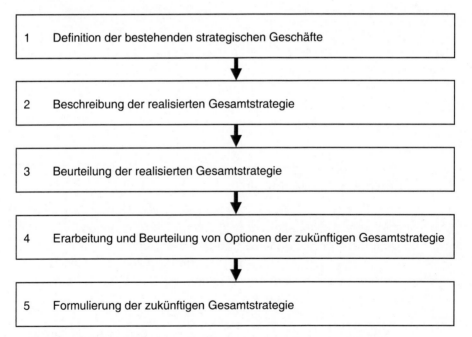

Abbildung 5.5: Vorgehen zur Erarbeitung einer Gesamtstrategie (in Anlehnung an Grünig/Kühn, 2011, S. 220)

3. Im dritten Schritt ist die bestehende Strategie zu beurteilen. Im Mittelpunkt der Beurteilung steht die Ausgewogenheit des Portfolios. Ein Portfolio gilt als ausgewogen, wenn es ein Gleichgewicht zwischen Geschäften mit Entwicklungspotential und Geschäften mit einer starken Position in reifen Märkten aufweist.

4. Auf der Basis der Beurteilung der aktuellen Strategie sind sodann Optionen für die zukünftige Strategie zu erarbeiten und zu bewerten. Auf der Ebene des Gesamtunternehmens bestehen strategische Optionen in der Elimination bestehender Geschäfte, in der Verstärkung bestehender Geschäfte und im Aufbau neuer Geschäfte. Damit sind Diversifikationen, Merger- and Acquisitions-Operationen und strategische Allianzen angesprochen. Schliesslich ist die am besten beurteilte Option als zukünftige Strategie zu wählen.

5. Zum Schluss ist die erarbeitete Gesamtstrategie klar und knapp festzuhalten.

Abbildung 5.6 zeigt das General Electrics- und McKinsey-Portfolio der Detailhandelsgruppe Baer. Das Portfolio fasst graphisch die aktuelle Situation und die gewählte zukünftige Gesamtstrategie zusammen. Wie die Grafik zeigt, besitzt die Baer-Gruppe neben einem Warenhaus mehrere Body-Shops und eine Werbeagentur. Da die drei Geschäfte sowohl aufgrund der bearbeiteten Märkte als auch von ihren Ressourcen her relativ unabhängig sind, handelt es sich um Geschäftsfelder. Das umsatz- und ertragsmässig bedeutendste Geschäft, das Warenhaus, wird zudem in verschiedene Geschäftsbereiche aufgeteilt. Wie dem Portfolio zu entnehmen ist, sollen das Geschäftsfeld "Werbeagentur" und der Geschäftsbereich "Nahrungsmittel" aufgegeben und die Wettbewerbsstärke des Geschäftsfeldes "Body-Shop" und des Geschäftsbereiches "Textilien" markant gesteigert werden. Für die anderen Geschäfte ist in ihren tendenziell an Attraktivität verlierenden Märkten "halten" angesagt.

5.5.3   Beispiel eines allgemeinen analytischen Entscheidungsverfahrens

Ein gutes Beispiel für ein allgemeines analytisches Entscheidungsverfahren ist die lineare Programmierung. Die Technik wird anhand eines

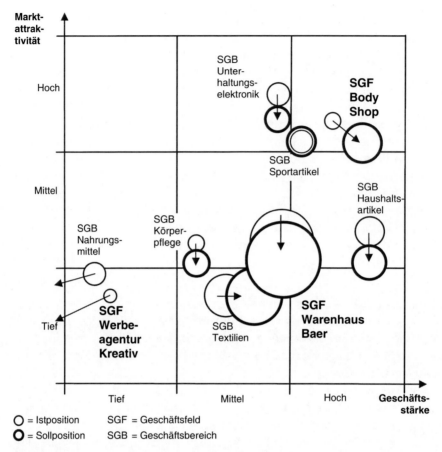

Abbildung 5.6: General Electrics- und McKinsey Portfolio der Baer-Gruppe

einfachen Zahlenbeispiels illustriert. Es handelt sich bei dem von Bertsimas und Freund (2004, S. 328 ff.) übernommenen Beispiel um eine Aufgabenstellung mit nur zwei Entscheidungsvariablen. Dies erlaubt es, die Lösungsfindung graphisch darzustellen. Sofern mehr als zwei Entscheidungsvariablen existieren – dies dürfte in der Praxis der Normalfall sein – kann mit Hilfe eines Algorithmus gleich vorgegangen werden, wie im Beispiel graphisch demonstriert.

Das Beispiel basiert auf der Annahme, dass eine Unternehmung zwei Produkte I und II produziert und verkauft, die zu ihrer Herstellung jeweils drei Kostenstellen A, B und C durchlaufen. Die durch die Kostenstellen zur Verfügung gestellten Kapazitäten werden von den beiden Produkten unterschiedlich beansprucht. Für jedes Produkt existieren bei vorgegebenen Preisen zudem bestimmte Absatzhöchstmengen.

Aufgrund der Ausgangsdaten gemäss **Abbildung 5.7** soll festgelegt werden, welche Produktarten in welchen Mengen zu produzieren und abzusetzen sind, damit die Unternehmung ihr Gewinnmaximum erreicht. Dabei dürfen weder die verfügbaren Kapazitäten noch die Absatzhöchstgrenzen überschritten werden (vgl. Bertsimas/Freund, 2004, S. 328).

Angaben zu den Produkten

Produkt	Verkaufspreis	Variable Kosten	Absatzhöchst-menge
I	USD 270	USD 140	15 Stk./Tag
II	USD 300	USD 200	16 Stk./Tag

Angaben zu den Kostenstellen

Kostenstelle	Kapazität	Bearbeitungszeit Produkt I	Bearbeitungszeit Produkt II
A	27 Std./Tag	1.5 Std./Stk.	1 Std./Stk.
B	21 Std./Tag	1 Std./Stk.	1 Std./Stk.
C	9 Std./Tag	0.3 Std./Stk.	0.5 Std./Stk.

Abbildung 5.7: Ausgangsdaten für die Bestimmung des optimalen Absatz- und Produktionsprogramms
(in Anlehnung an Bertsimas/Freund, 2004, S. 328)

Die Informationen von Abbildung 5.7 werden nun schrittweise in eine Koordinatendarstellung gemäss **Abbildung 5.8** eingearbeitet, deren Abszisse die Stückzahlen von Produkt I und deren Ordinate die Stückzahlen von Produkt II sind:

- Zuerst werden die zwei Absatz- und die drei Produktionsrestriktionen eingetragen.
- Anschliessend wird der Alternativenraum bestimmt.

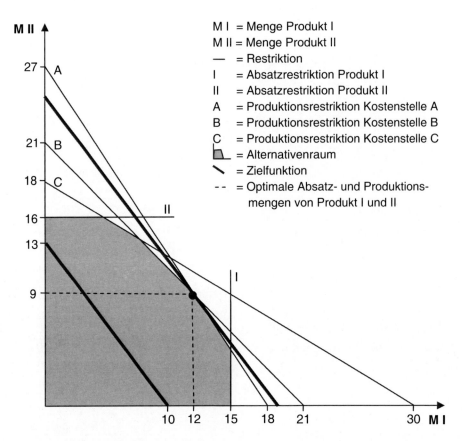

Abbildung 5.8: Graphische Bestimmung des optimalen Absatz- und Produktionsprogramms

- Darauf wird die Neigung der Zielfunktion ermittelt. Da mit einem Stück von Produkt I 30% mehr Deckungsbeitrag erzielt werden kann als mit einem Stück von Produkt II, braucht es zur Erzielung des gleichen totalen Deckungsbeitrages 30% mehr Stück von Produkt II als von Produkt I. Deshalb sind die Zielfunktionen, welche jeweils einen gleichen totalen Deckungsbeitrag repräsentieren, steiler als 45°.
- Die Zielgerade wird nun solange parallel nach oben rechts verschoben wie es möglich ist, ohne den Alternativenraum zu verlassen.
- Wie der Abbildung entnommen werden kann, besteht das optimale Absatz- und Produktionsprogramm aus 12 Stück des Produktes I und 9 Stück des Produktes II.

5.5.4   Beispiel eines speziellen analytischen Entscheidungsverfahrens

Ein Beispiel für ein spezielles analytisches Verfahren bildet das Modell von Harris und Wilson zur Bestimmung der optimalen Bestellmenge eines Produktes. Das Modell geht, wie **Abbildung 5.9** zeigt, von einem konstanten Bedarf nach dem Gut und einer zeitverzugslosen Anlieferung bestellter Mengen aus. Es unterstellt zudem, dass die Bestellmenge keinen Einfluss auf den Beschaffungspreis hat. Ferner wird angenommen, dass bei jeder Bestellmenge genügend Platz zur Einlagerung der angelieferten Produkte vorhanden ist und somit keine Kosten für die Miete von Fremdlagern anfallen. Ausgehend von all diesen Annahmen minimiert das Modell die bestellmengenabhängigen Kosten (vgl. Simchi-Levi/Kaminsky/Simchi-Levi, 2009, S. 33 ff.).

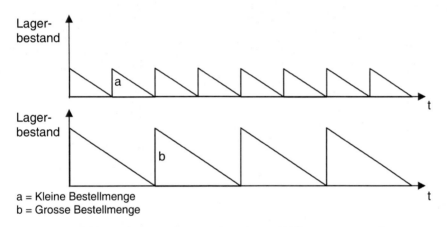

a = Kleine Bestellmenge
b = Grosse Bestellmenge

Abbildung 5.9: Der dem Modell von Harris und Wilson unterstellte Sägezahn der Lagerbewegungen

Es handelt sich bei den bestellmengenabhängigen Kosten zum einen um die mit jedem Bestellvorgang anfallenden Kosten. Diese steigen mit kleinerer Bestellmenge. Zum anderen sind die Lagerkosten, die mit grösserer Bestellmenge steigen, in den Optimierungsprozess einbezogen. **Abbildung 5.10** zeigt die beiden Kostenkomponenten, die Gesamtkosten und die durch das Modell von Harris und Wilson errechnete optimale Bestellmenge (vgl. Simchi-Levi/Kaminsky/Simchi-Levi, 2009, S. 34).

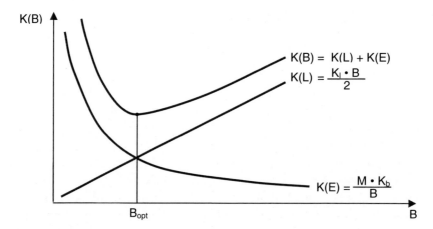

M   = Jahresbedarf

B   = Bestellmenge

B_{opt} = Optimale Bestellmenge

K(B) = Von der Bestellmenge abhängige Kosten

K(L) = Von der Bestellmenge abhängige Lagerkosten

K(E) = Von der Bestellmenge abhängige Einkaufskosten

K_l = Lagerkosten pro Stk. und Jahr

K_b = Kosten pro Bestellvorgang

Abbildung 5.10: Kostenfunktion des Harris-Wilson-Modells
(in Anlehnung an Simchi-Levi/Kaminsky/Simchi-Levi, 2009, S. 34)

Die Bestimmung der optimalen Bestellmenge soll anhand eines Bei-spiels erläutert werden. Dem Beispiel liegen folgende Ausgangsdaten zugrunde (vgl. Simchi-Levi/Kaminsky/Simchi-Levi, 2009, S. 35):

- Jahresbedarf = 50'000 Stk.
- Lagerkosten = CHF 0.25 pro Stück und Jahr
- Kosten pro Bestellvorgang = CHF 20

Aufgrund der drei Zahlen lässt sich die von der Bestellmenge abhängi-ge Kostenfunktion ermitteln:

$$K(B) = \frac{0.25 \cdot B}{2} + \frac{50'000 \cdot 20}{B}$$

Die Kostenfunktion wird nun abgeleitet und gleich Null gesetzt:

$$0.125 \div \frac{1'000'000}{B^2} = 0$$

Daraus lässt sich nun die optimale Bestellmenge berechnen. Sie ent-spricht 2'828 Stück.

5.5.5   Vergleich der drei Beispiele

Die drei Beispiele geben Gelegenheit, noch einmal die Unterschiede zwischen den Arten von Entscheidungsverfahren zu verdeutlichen.

Das Verfahren zur Erarbeitung einer Gesamtstrategie und das Modell von Harris und Wilson zur Bestimmung der optimalen Bestellmenge eignen sich zur Bearbeitung und Lösung einer inhaltlich spezifischen Fragestellung. Bereits der Name des Entscheidungsverfahrens zeigt, um welche Problemstellung es sich dabei handelt. Folgerichtig sind die beiden Verfahren der Kategorie der speziellen Entscheidungsverfahren zuzuordnen. Im Gegensatz dazu ist die lineare Programmierung zur Optimierung inhaltlich nicht weiter spezifizierter aber gut strukturierter Probleme geeignet. Es kann sich dabei um die Bestimmung des opti-malen Investitionsprogramms eines Unternehmens, um die Lösung eines Transportproblems oder – wie im Beispiel – um die Festlegung des optimalen Absatz- und Produktionsprogramms handeln. Die lineare Programmierung gehört somit zur Kategorie der generellen Ent-scheidungsverfahren.

Das Verfahren von Harris und Wilson und die lineare Programmierung besitzen beide sehr restriktive formale Anwendungsbedingungen: Es ist sehr präzise festgelegt, welche quantitativen Informationen über die Ausgangssituation bekannt sein müssen. Fehlt eine dieser Informatio-nen, kann das Entscheidungsverfahren nicht angewendet werden. Auch wenn eine der quantitativen Ausgangsinformationen falsch ist, errechnet das Verfahren nur noch die auf dem Papier, nicht jedoch die in der Wirklichkeit optimale Lösung. Beide Verfahren werden den ana-lytischen Verfahren zugeordnet. Im Gegensatz dazu verlangt die An-wendung des Verfahrens zur Erarbeitung einer Gesamtstrategie keine präzisen quantitativen Informationen. Verfügt der Aktor über solche Informationen, wird dies die Qualität der entwickelten Gesamtstrategie zwar erhöhen, zwingend notwendig sind sie aber nicht. In jedem Fall vermag das Entscheidungsverfahren jedoch nicht die optimale Lösung aufzuzeigen. Mit grosser Wahrscheinlichkeit ergibt die Verfahrensanwendung aber eine für das Unternehmen brauchbare Gesamtstrategie. Es kann allerdings niemand sagen, wie weit diese Gesamtstrategie vom Optimum entfernt ist. Entsprechend gehört das Verfahren zur Erarbeitung einer Gesamtstrategie zur Kategorie der heuristischen Verfahren.

Teil II

Ein allgemeines heuristisches Entscheidungsverfahren

Teil II stellt das vorgeschlagene Entscheidungsverfahren vor und erläutert dessen Anwendung. Nach dem Studium des Teils

- kennen die Leserinnen und Leser ein mögliches Vorgehen zur Bewältigung komplexer Entscheidungsprobleme und
- wissen, wie die Teilschritte des Entscheidungsverfahrens anzugehen sind.

Die Leserinnen und Leser sollten damit in der Lage sein, ein sich ihnen stellendes, komplexes Entscheidungsproblem systematisch zu bearbeiten und eine befriedigende Lösung zu finden.

Der Teil II ist in sechs Kapitel unterteilt:

- In Kapitel 6 wird das Verfahren im Überblick vorgestellt. Es werden zudem seine Grundlagen und sein Nutzen aufgezeigt.
- Darauf werden in Kapitel 7 die Schritte 1 und 2, die Verifizierung des entdeckten Entscheidungsproblems und die Problemanalyse erläutert.
- Kapitel 8 setzt sich anschliessend mit der Lösungssuche und -bewertung auseinander. Im Entscheidungsverfahren werden diese Aufgaben in den Schritten 3 bis 6 bewältigt. Zuerst wird die Erarbeitung von Problemlösungsvarianten behandelt. Darauf wird die Bestimmung der Entscheidungskriterien diskutiert. Der nachfolgende Abschnitt setzt sich mit der Festlegung von Umfeldszenarien auseinander. Die Aufgabe der Konsequenzenermittlung bildet den Abschluss des Kapitels.
- Kapitel 9 stellt die Entscheidungsmaximen dar und schafft damit die Grundlage für die Behandlung des Schrittes 7. Zuerst wird ein Überblick über die Entscheidungsmaximen verschafft und gezeigt, wann welche angewendet werden können. Darauf werden die Entscheidungsmaximen erklärt. Das Kapitel schliesst mit einer Beurteilung der Entscheidungsmaximen.
- Kapitel 10 befasst sich mit der Gesamtbeurteilung der Varianten und der Entscheidung in Schritt 7.

- In Kapitel 11 wird die Anwendung des allgemeinen heuristischen Entscheidungsverfahrens an einem Beispiel illustriert. Nach einer Einführung in das Fallbeispiel wird gezeigt, wie das Problem verifiziert und analysiert wird. Darauf wird auf die Erarbeitung und Bewertung von Problemlösungsvarianten eingegangen. Das Kapitel schliesst mit der Darlegung und Begründung der getroffenen Entscheidung.

6   Das Entscheidungsverfahren im Überblick

6.1   Nutzen eines allgemeinen heuristischen Entscheidungsverfahrens

Bevor ein Überblick über das vorgeschlagene Verfahren gegeben wird, sollen zuerst die Möglichkeiten und Grenzen eines allgemeinen heuristischen Entscheidungsverfahrens aufgezeigt werden. Dies um sicherzustellen, dass der Leser und potentielle Benutzer von Anfang an mit realistischen Erwartungen an das Verfahren herantritt.

Die Beurteilung des Nutzens eines allgemeinen heuristischen Entscheidungsverfahrens kann auf zwei Arten erfolgen:

- Einerseits kann man das Verfahren einer nicht verfahrensgestützten, intuitiven Entscheidung gegenüberstellen.
- Andererseits macht es Sinn, das Verfahren mit speziellen heuristischen Verfahren zu vergleichen.

Nachfolgend werden beide Vergleichsmöglichkeiten zur Beurteilung herangezogen.

Sowohl bei einer intuitiven wie auch bei einer verfahrensgestützten Entscheidung bleibt offen, ob die richtigen Ziele verfolgt werden. Wie gezeigt wurde, bleibt es immer eine Frage der subjektiven Wertung, ob ein Ziel als vernünftig angesehen wird oder nicht. Die intuitive und die methodengestützte Entscheidung haben zudem gemeinsam, dass die Qualität der Entscheidung wesentlich von vorhandenem Faktenwissen abhängt: Wenn der Aktor viel über den Problemgegenstand weiss, wird die gewählte Lösungsvariante besser sein als bei Entscheidungen, die auf beschränktem Problemwissen beruhen.

Im Gegensatz zum intuitiven Vorgehen weist die Anwendung des allgemeinen heuristischen Entscheidungsverfahrens drei wesentliche Vorteile auf:

- Das Verfahren erleichtert eine konsequente Ausrichtung aller Problemlösungsüberlegungen auf die übergeordneten Ziele und senkt damit die Wahrscheinlichkeit, dass mangelnde Zielorientierung zu einer Fehlentscheidung führt.
- Das Verfahren ermöglicht durch die Trennung von Analyse, Erarbeitung von Lösungsalternativen und Lösungsbeurteilung ein bewuss-

tes Auseinanderhalten von Faktenwissen und subjektiver Wertung. Dies schlägt sich im Allgemeinen in einer höheren Entscheidungs-qualität nieder.

- Die mit der Verfahrensanwendung verbundene systematische Vor-gehensweise erlaubt es, das vorhandene Faktenwissen besser zu nutzen. Dies sollte neben einer besseren Entscheidungsqualität ins-besondere auch zu einer höheren Entscheidungseffizienz führen. Fehlüberlegungen und Widersprüche werden rascher als solche er-kannt.

Ein Vergleich des allgemeinen heuristischen Entscheidungsverfahrens mit einem speziellen heuristischen Entscheidungsverfahren kann sehr unterschiedliche Resultate ergeben. Das Vergleichsergebnis hängt davon ab, wie stark das effektive Entscheidungsproblem mit dem Ent-scheidungsproblem übereinstimmt, das dem speziellen Entschei-dungsverfahren zugrunde liegt. Ist die Überdeckung sehr hoch, so führt das spezielle Entscheidungsverfahren in der Regel zu einem besseren Resultat. Dies, weil die Problemlösungsschritte gut auf das zu bewälti-gende Problem abgestimmt sind und den Aktor damit in der Verwen-dung seines Faktenwissens besser führen. Je weniger hingegen das effektive Problem mit dem im speziellen Verfahren zugrunde gelegten Problem übereinstimmt, desto besser schneidet das allgemeine heuris-tische Entscheidungsverfahren ab.

Abbildung 6.1 fasst die Möglichkeiten und Grenzen eines allgemeinen Entscheidungsverfahrens und gleichzeitig die Ausführungen dieses Abschnittes zusammen.

6.2   Vorgeschlagene Sequenz von Teilaufgaben

Abbildung 6.2 zeigt das vorgeschlagene Entscheidungsverfahren in seiner Grundform. Komplexe Entscheidungsprobleme werden in der Problemanalyse meist in mehrere Teilprobleme zerlegt. **Abbildung 6.3** und **Abbildung 6.4** illustrieren die Verfahrensanwendung für diesen Fall. Sie zeigen exemplarisch das Vorgehen bei zwei parallel und bei zwei nacheinander zu lösenden Teilproblemen.

Möglichkeiten	Grenzen
Ist zur Lösung irgendwelcher Entscheidungsprobleme geeignet.	Ist zur Lösung eines speziellen Entscheidungsproblemes weniger effektiv und effizient als ein entsprechendes spezielles Entscheidungsverfahren, falls ein solches existiert.
Erhöht die Zielorientierung und senkt damit die Wahrscheinlichkeit von Fehlentscheidungen.	Kann die Vermeidung von Fehlentscheidungen nicht garantieren.
Erhöht durch Trennung von Faktenwissen und Bewertung sowie durch bessere Nutzung des Faktenwissens die Entscheidungsqualität.	Kann mangelndes Faktenwissen nicht kompensieren.

Abbildung 6.1: Möglichkeiten und Grenzen eines allgemeinen heuristischen Entscheidungsverfahrens

Folgende Bemerkungen erscheinen zu den drei Abbildungen notwendig:

- Zwei Teilprobleme A und B können, wie Abbildung 6.3 zeigt, parallel bearbeitet werden. Da die Teilprobleme jedoch nur ausnahmsweise völlig unabhängig voneinander sind, müssen die Entscheidungen aufeinander abgestimmt werden. Abbildung 6.4 stellt die Situation dar, in der die Problemanalyse eine Hierarchie von zwei Teilproblemen aufzeigt. In dieser Situation ist zuerst das übergeordnete Problem 1 zu bearbeiten. Die für dieses Teilproblem gewählte Variante bildet die Grundlage für die Bearbeitung des untergeordneten Teilproblems 2. Selbstverständlich sind weitere, insbesondere auch komplexere Fälle denkbar. So kann beispielsweise die Problemanalyse ein Teilproblem A ergeben, das parallel zu zwei in einer hierarchischen Beziehung stehenden Teilproblemen B1 und B2 steht.
- Die Abbildungen zeigen nur eine heuristische Schlaufe, die von Schritt 7 zum Schritt 3 zurückführt. Es handelt sich dabei um die am

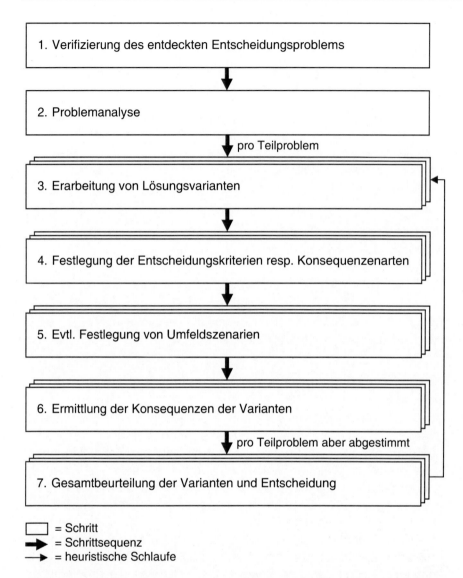

Abbildung 6.2: Das allgemeine heuristische Entscheidungsverfahren in seiner Grundform

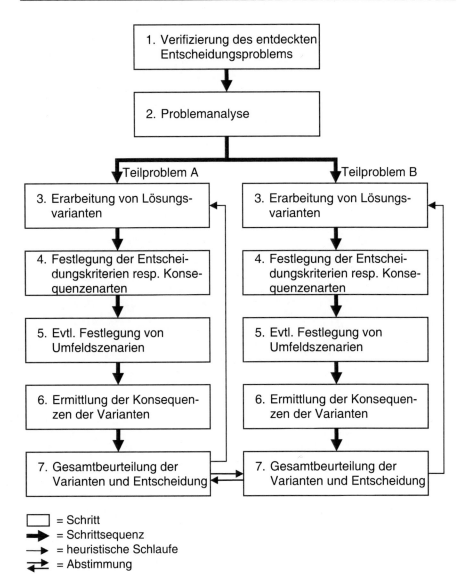

1. Verifizierung des entdeckten Entscheidungsproblems

2. Problemanalyse

Teilproblem A

Teilproblem B

3. Erarbeitung von Lösungs-varianten

3. Erarbeitung von Lösungs-varianten

4. Festlegung der Entschei-dungskriterien resp. Konse-quenzenarten

4. Festlegung der Entschei-dungskriterien resp. Konse-quenzenarten

5. Evtl. Festlegung von Umfeldszenarien

5. Evtl. Festlegung von Umfeldszenarien

6. Ermittlung der Konsequen-zen der Varianten

6. Ermittlung der Konsequen-zen der Varianten

7. Gesamtbeurteilung der Varianten und Entscheidung

7. Gesamtbeurteilung der Varianten und Entscheidung

☐ = Schritt
➡ = Schrittsequenz
→ = heuristische Schlaufe
⇄ = Abstimmung

Abbildung 6.3: Das allgemeine heuristische Entscheidungsverfahren bei parallel zu bewältigenden Teilproblemen

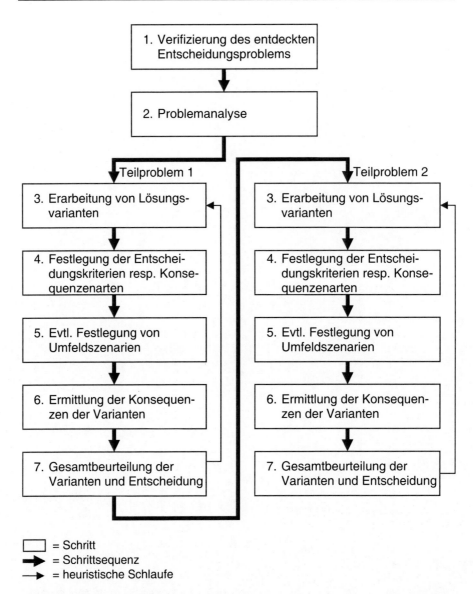

1. Verifizierung des entdeckten Entscheidungsproblems

2. Problemanalyse

Teilproblem 1

3. Erarbeitung von Lösungsvarianten

4. Festlegung der Entscheidungskriterien resp. Konsequenzenarten

5. Evtl. Festlegung von Umfeldszenarien

6. Ermittlung der Konsequenzen der Varianten

7. Gesamtbeurteilung der Varianten und Entscheidung

Teilproblem 2

3. Erarbeitung von Lösungsvarianten

4. Festlegung der Entscheidungskriterien resp. Konsequenzenarten

5. Evtl. Festlegung von Umfeldszenarien

6. Ermittlung der Konsequenzen der Varianten

7. Gesamtbeurteilung der Varianten und Entscheidung

☐ = Schritt
➡ = Schrittsequenz
→ = heuristische Schlaufe

Abbildung 6.4: Das allgemeine heuristische Entscheidungsverfahren bei nacheinander zu bewältigenden Teilproblemen

wichtigsten erachtete Schlaufe. Es liegt jedoch in der Natur heuristischer Prozesse, dass es in allen Prozessschritten zu Schlaufen kommen kann. So ist es beispielsweise denkbar, dass im Rahmen der Ermittlung der Konsequenzen in Schritt 6 auf die in Schritt 4 festgelegten Entscheidungskriterien zurückgekommen werden muss. Diese Schlaufe tritt auf, wenn sich die Varianten nicht nach den definierten Entscheidungskriterien bewerten lassen. Ein anderes Beispiel für eine denkbare aber nicht eingezeichnete Schlaufe bezieht sich auf Abbildung 6.4. Im Fall von zwei hintereinander stehenden Teilproblemen ist denkbar, dass im Rahmen der Bearbeitung des zweiten untergeordneten Teilproblems keine befriedigende Lösung gefunden werden kann. In diesem Fall muss auf die Lösung des übergeordneten Teilproblems zurückgekommen werden.

Es finden sich in der Literatur verschiedene allgemeine heuristische Entscheidungsverfahren (vgl. z.B. Bazermann/Moore, 2009, S. 1 ff.; Jennings/Wattam, 1998, S. 5 ff.; Robbins/Decenzo/Coulter, 2011, S. 84 ff.). Ihnen ist gemeinsam, dass die Problemlösungsaufgabe gleich wie im hier unterbreiteten Vorschlag in Schritte unterteilt wird. Unterschiede bestehen hingegen in der Abgrenzung der Schritte und in der Reihenfolge ihrer Anordnung.

6.3   Kurze Erläuterung der Schritte

Nachdem in Abschnitt 6.2 die Struktur des allgemeinen Entscheidungsverfahrens vorgestellt wurde, sollen nachfolgend die vorgeschlagenen Schritte kurz erläutert werden. Damit erhält der Leser eine Übersicht über die Arbeiten, die im Rahmen der Verfahrensanwendung zu leisten sind.

Der Problemlösungsprozess beginnt, nachdem ein Entscheidungsproblem ad hoc oder mit Hilfe eines Problementdeckungssystems identifiziert worden ist. Er beginnt damit, dass das entdeckte Problem in Schritt 1 verifiziert wird. Dabei hat der Aktor zu prüfen, ob die entdeckte Divergenz zwischen Soll und Ist auf verlässlichen Informationen beruht und so erheblich ist, dass sich eine Bearbeitung lohnt.

Falls das Problem verifiziert worden ist, muss sich die damit konfrontierte Person resp. das damit konfrontierte Gremium darüber klar werden, wer das Problem in welcher Zeit weiter bearbeitet. Wie viel Energie in die Problemanalyse und -lösung gesteckt wird und wie rasch das Problem bearbeitet wird, hängt von der vermuteten Wichtigkeit und Dringlichkeit ab. Da erst die Phase der Problemanalyse eine verlässliche Beurteilung dieser beiden Problemeigenschaften erlaubt, sollte im Zweifel von einer hohen Wichtigkeit und Dringlichkeit ausgegangen werden.

In Schritt 2 ist das Problem zu analysieren. Der Schritt beginnt mit der Abgrenzung und Strukturierung des Problems. Darauf sind Informationen zu beschaffen und die Problemursachen zu ermitteln. Schliesslich ist das Problem in Teilprobleme zu zerlegen und ihre Bearbeitung festzulegen.

Die Schritte 3 bis 7 sind pro Teilproblem zu absolvieren. Es hängt dabei von der in Schritt 2 festgelegten Problemstruktur ab, ob die Teilprobleme parallel oder nacheinander angegangen werden.

Der Schritt 3 im Entscheidungsprozess besteht in der Erarbeitung von mindestens zwei Lösungsvarianten. Gelingt es nicht, zwei sich wesentlich und nicht bloss in Details unterscheidbare Varianten zu entwickeln, existiert kein Entscheidungsproblem, das den nachfolgenden, aufwendigen Bewertungsprozess rechtfertigt. In diesem Fall kann der Problemlösungsprozess abgebrochen und die zweckmässigste Variante gewählt werden.

Als nächste Teilaufgabe hat der Aktor in Schritt 4 die Entscheidungskriterien zu bestimmen, aufgrund derer die Problemlösungsvarianten evaluiert werden sollen. Im Gegensatz zu den Zielsetzungen, die meist eher vage Umschreibungen des Sollzustandes darstellen, sind mit den Entscheidungskriterien konkrete Beurteilungsmassstäbe zu definieren.

Nachdem mit den Entscheidungskriterien die relevanten Zieldimensionen festgelegt worden sind, hat sich der Aktor in Schritt 5 mit der Frage auseinanderzusetzen, ob die Varianten mehr oder weniger sichere Auswirkungen haben, oder ob ihre Bewertung parallel für verschiedene

Umfeldszenarien vorzunehmen ist. Falls die Konsequenzen parallel für mehrere Szenarien ermittelt werden müssen, sind diese festzulegen. Wenn immer möglich sind ihnen zudem Eintretenswahrscheinlichkeiten zuzuordnen.

Im Schritt 6 geht es darum, für jede Variante, für jedes Entscheidungskriterium und allenfalls für jedes Umweltszenario die Konsequenzenwerte zu bestimmen.

In Schritt 7 sind schliesslich die Varianten abschliessend zu beurteilen. Diese Gesamtbeurteilung der Varianten kann analytisch oder summarisch durchgeführt werden. Wenn sich der Aktor für den analytischen Weg entscheidet, benötigt er zur Bildung der Gesamtkonsequenzen methodische Regeln. Diese werden Entscheidungsmaximen genannt.

Abbildung 6.5 fasst die Ausführungen anhand eines einfachen Beispiels zusammen. Dabei geht es um Renditeprobleme eines auf den Schweizer Markt fokussierten Herstellers einfacher Küchengeräte.

6.4   Grundlagen des Entscheidungsverfahrens

Nach der überblickartigen Vorstellung des allgemeinen heuristischen Entscheidungsverfahrens in den Abschnitten 6.2 und 6.3 werden nun als Abschluss des Kapitels noch die Grundlagen des Verfahrensvorschlages aufgezeigt.

Wie aus **Abbildung 6.6** hervorgeht, basiert das allgemeine heuristische Entscheidungsverfahren zum Teil auf Beiträgen der Literatur und zum Teil auf Erfahrungen der Autoren.

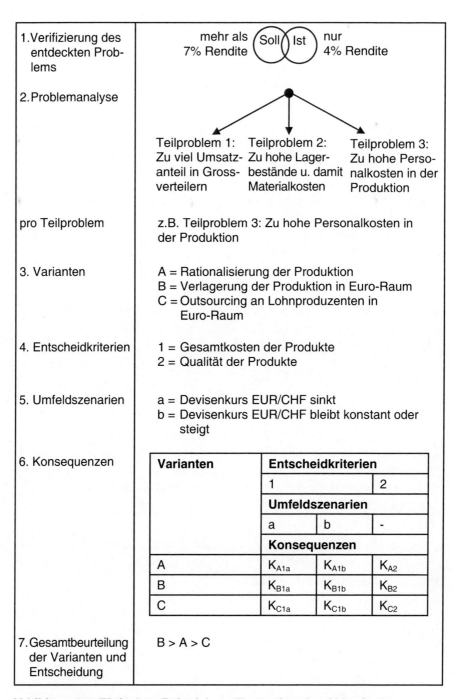

Abbildung 6.5: Einfaches Beispiel zur Illustration des Ablaufs des allgemeinen heuristischen Entscheidungsverfahrens

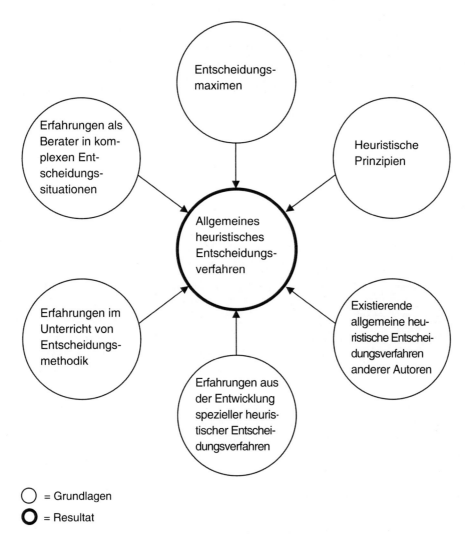

○ = Grundlagen

● = Resultat

Abbildung 6.6: Grundlagen des allgemeinen heuristischen Entscheidungsverfahrens

Der Literatur entstammen insbesondere folgende Kategorien von Beiträgen:

- Eine wichtige Grundlage des Verfahrens bilden die in der Literatur vorgeschlagenen Entscheidungsmaximen. Sie kommen in Schritt 7 zur Gesamtbeurteilung der Lösungsvarianten zur Anwendung und werden in Kapitel 9 detailliert erklärt.

- Die Heuristikliteratur liefert mit den heuristischen Prinzipien wichtige Regeln, die bei der Schaffung heuristischer Entscheidungsverfahren zu berücksichtigen sind. **Vertiefungsfenster 6.1** stellt die für das Entscheidungsverfahren zentralen heuristischen Prinzipien vor und zeigt, wie sie im Verfahren berücksichtigt werden.
- Wie in Abschnitt 6.2 erwähnt, existieren in der Literatur Vorschläge von allgemeinen heuristischen Verfahren. Durch einen Vergleich der eigenen Ideen mit den Literaturvorschlägen lassen sich Schwächen in den eigenen Ideen identifizieren und damit der eigene Vorschlag verbessern.

Es wurden ferner Erfahrungen der Autoren genutzt:

- Die Verfasser entwickelten sowohl einzeln als auch gemeinsam spezielle heuristische Entscheidungsverfahren. Mit dieser Tätigkeit wurden nicht nur Erkenntnisse im Anwendungsbereich des jeweiligen Verfahrens, sondern vor allem auch methodische Erkenntnisse gesammelt. Diese liessen sich bei der Schaffung des allgemeinen heuristischen Entscheidungsverfahrens nutzbringend einsetzen.
- Auch der Unterricht in allgemeiner Entscheidungsmethodik erbrachte wertvolle Erkenntnisse. Methodische Empfehlungen konnten getestet und gezielt verbessert werden.
- Die wichtigsten Erfahrungen konnten jedoch zweifellos als Berater von Unternehmen in wichtigen und gleichzeitig komplexen Entscheidungssituationen gesammelt werden. Auch hier wurden Methoden angewendet und getestet. Noch wesentlicher erscheint jedoch das damit gewonnene Wissen über die Situation und das Befinden der Führungskräfte in schwierigen Entscheidungen: Sie haben nicht nur eine intellektuelle Aufgabe zu lösen, sondern stehen gleichzeitig auch unter einem bedeutenden Erfolgsdruck. Zudem herrscht in solchen Entscheidungen oft grosser Zeitdruck. Diese Gesichtspunkte wurden bei der Erarbeitung des allgemeinen heuristischen Entscheidungsverfahrens ebenfalls berücksichtigt.

Vertiefungsfenster 6.1: Die wichtigsten heuristischen Prinzipien und ihre Anwendung im vorgeschlagenen allgemeinen heuristischen Entscheidungsverfahren

Heuristische Prinzipien sind, salopp gesagt, "Denktricks", die Problemlöser anwenden, um komplexe Probleme lösbar zu machen.

Nachfolgend werden die wichtigsten, dem vorgeschlagenen Entscheidungsverfahren zugrunde liegenden, heuristischen Prinzipien erklärt. Es wird zudem gezeigt, wo sie im Verfahren zur Anwendung kommen. Die Darstellung der Prinzipien basiert im Wesentlichen auf Kühn (1978, S. 129 ff.).

Die zur Bestimmung des Vorgehensvorschlages wichtigste heuristische Regel ist diejenige der Problemfaktorisation. Sie besagt, dass das ursprüngliche (zu komplexe) Problem in ein System von (bewältigbaren) Teilproblemen zu zerlegen ist. Dabei kann sowohl eine Sequenz als auch eine parallele Anordnung der Teilprobleme entstehen. Das vorgeschlagene Entscheidungsverfahren nutzt die Heuristik in beiden Anwendungsformen: Einerseits werden Schritte unterschieden, die nacheinander zu absolvieren sind. Andererseits sieht der Vorschlag ab dem Schritt 3 vor, dass die in der Analyse definierten Teilprobleme parallel oder nacheinander bearbeitet werden können.

Ergänzend zur Heuristik der Problemfaktorisation wird das Prinzip der Modellbildung eingesetzt. Dieses Prinzip besagt, dass die mit Hilfe der Faktorisation unterschiedenen Schritte nach Möglichkeit so abgegrenzt bzw. "modelliert" werden sollen, dass zu ihrer Lösung "bewährte" Problemlösungsmethoden anwendbar sind. Diese Heuristik liegt insbesondere der Bildung des Schrittes 7 zugrunde: Es gibt zahlreiche, zum Teil ausgeklügelte Entscheidungsmaximen, mit deren Hilfe sich die Gesamtkonsequenzen der Varianten bilden und damit das Teilproblem 7 lösen lässt.

Ein weiteres wichtiges Prinzip ist das der Unterzielreduktion (Subgoal-Reduction). Es schlägt vor, der Erfüllung eines generellen schwer beurteilbaren Ziels dadurch näher zu kommen, dass man es durch ein Set von korrespondierenden, als Beurteilungsmassstäbe von Lösungsvorschlägen besser anwendbaren Unterzielen ersetzt. Diesem Prinzip wird im Verfahrensvorschlag durch den Schritt 4 nachgelebt: Der Aktor wird in diesem Schritt aufgefordert, Kriterien zu wählen. Diese sollen das ursprüngliche Zielsystem repräsentieren und gleichzeitig erlauben, die Varianten zu bewerten.

Das heuristische Prinzip des Generate-and-Test verlangt, dass so-lange neue Lösungsvarianten auszuarbeiten sind, bis eine Lösung aus Sicht des Aktors befriedigend ist oder bis keine bessere Lösung mehr auffindbar erscheint. Im Entscheidungsverfahren gelangt die-ses Prinzip in der heuristischen Schlaufe von Schritt 7 zum Schritt 3 zur Anwendung: Ergibt die Gesamtbeurteilung für alle bewerteten Varianten ein unbefriedigendes Resultat, sind weitere Varianten zu suchen und zu beurteilen. Darauf wird verzichtet, wenn die Vermu-tung besteht, dass keine bessere Lösung mehr auffindbar ist.

Ein fünftes im vorgeschlagenen Entscheidungsverfahren verwende-tes heuristisches Prinzip ist der Grundsatz der beschränkten Ratio-nalität (bounded Rationality) von Simon (1966, S. 19). Dieser be-sagt, dass nicht die optimale Lösung, sondern bloss eine befriedi-gende Lösung zu suchen ist. Entsprechend wird der Aktor aufgefor-dert, ein Anspruchsniveau zu definieren, das eine als akzeptabel beurteilte Problemlösung erreichen sollte. Der Problemlösungspro-zess wird abgebrochen, sobald eine Lösung dieses Niveau erreicht. Im vorgeschlagenen Entscheidungsverfahren wird das heuristische Prinzip der beschränkten Rationalität im Schritt 7 angewendet: Ent-spricht eine Variante dem Anspruchsniveau, wird die Lösungssuche abgebrochen. Ein einmal definiertes Anspruchsniveau ist dabei al-lerdings nicht in Stein gemeisselt. Zeigt eine intensive Lösungssu-che, dass das Anspruchsniveau nicht erreicht werden kann, wird der Aktor gezwungenermassen darauf zurückkommen müssen. Liegen hingegen mehrere Lösungen über dem Anspruchsniveau, kann dies den Aktor dazu veranlassen, die Anforderungen an eine akzeptable Lösung zu erhöhen.

7 Problemverifizierung und -analyse

7.1 Überblick über das Kapitel

In Kapitel 7 werden die ersten beiden Schritte des allgemeinen heuristischen Entscheidungsverfahrens erläutert. **Abbildung 7.1** situiert die Schritte im Entscheidungsverfahren und zeigt die wichtigsten zu bewältigenden Teilaufgaben.

7.2 Verifizierung des entdeckten Entscheidungsproblems

Ausgangspunkt jedes Entscheidungsprozesses ist die Vermutung, dass eine Situation vorliegt, in der übergeordnete Ziele verfehlt werden (= Gefahr) oder in der übergeordnete Ziele besser erfüllt werden können (= Chance). Der Ausdruck Entscheidungsproblem umfasst somit negativ aber auch positiv beurteilte Situationen. Er wird folglich neutral als Anlass, einen Entscheidungsprozess in Gang zu setzten, verstanden.

Entscheidungsprobleme lassen sich mit Hilfe von Problementdeckungssystemen oder ad hoc identifizieren. Was ein Problementdeckungssystem ist und welche Arten es gibt, wurde bereits in Abschnitt 3.3 gezeigt. Da die ad hoc Problementdeckung aufgrund mehr oder weniger zufälliger Beobachtungen "aus der Situation heraus" erfolgt, lässt sich dazu allgemeingültig nur wenig sagen:

- Sie hängt einerseits von der Ausbildung und Erfahrung der Führungskräfte ab. Je besser ein Manager ausgebildet ist und je mehr Erfahrung er mitbringt, desto eher wird er in Gesprächen mit Mitarbeitern, durch Dokumentenstudium oder bei Kundenbesuchen ad hoc Probleme entdecken.
- Es besteht ein Zusammenhang zwischen der ad hoc Problementdeckung und der Offenheit der Führungskräfte. Gespräche, Unterlagen, Besichtigungen usw. werden nur denjenigen Personen Chancen und Gefahren und damit Entscheidungsprobleme aufzeigen, die dafür offen sind.

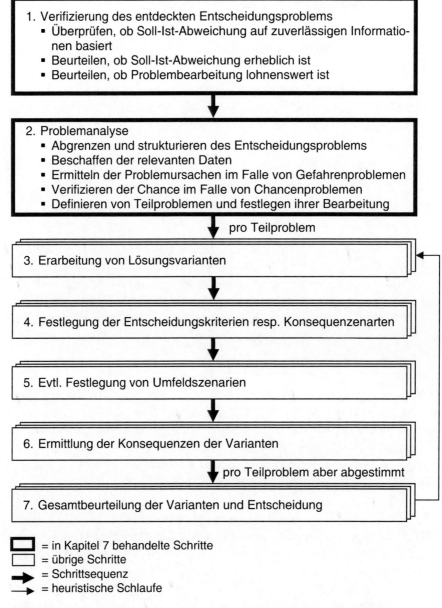

1. Verifizierung des entdeckten Entscheidungsproblems
   - Überprüfen, ob Soll-Ist-Abweichung auf zuverlässigen Informationen basiert
   - Beurteilen, ob Soll-Ist-Abweichung erheblich ist
   - Beurteilen, ob Problembearbeitung lohnenswert ist

2. Problemanalyse
   - Abgrenzen und strukturieren des Entscheidungsproblems
   - Beschaffen der relevanten Daten
   - Ermitteln der Problemursachen im Falle von Gefahrenproblemen
   - Verifizieren der Chance im Falle von Chancenproblemen
   - Definieren von Teilproblemen und festlegen ihrer Bearbeitung

pro Teilproblem

3. Erarbeitung von Lösungsvarianten

4. Festlegung der Entscheidungskriterien resp. Konsequenzenarten

5. Evtl. Festlegung von Umfeldszenarien

6. Ermittlung der Konsequenzen der Varianten

pro Teilproblem aber abgestimmt

7. Gesamtbeurteilung der Varianten und Entscheidung

- ▭ = in Kapitel 7 behandelte Schritte
- ▭ = übrige Schritte
- ➡ = Schrittsequenz
- → = heuristische Schlaufe

Abbildung 7.1: Die Schritte 1 und 2 im allgemeinen heuristischen Entscheidungsverfahren

Das systematisch oder ad hoc entdeckte Entscheidungsproblem setzt den Problemlösungsprozess in Gang. Bevor mit der eigentlichen Problembearbeitung begonnen wird, sollten in Schritt 1 drei Fragen geklärt werden:

- Basiert die festgestellte Soll-Ist-Abweichung auf verlässlichen Informationen?
- Ist die Soll-Ist-Abweichung erheblich?
- Lohnt es sich, das entdeckte Entscheidungsproblem zu bearbeiten?

Die Beantwortung der drei Fragen dient der Verifizierung des entdeckten Problems und soll verhindern, dass Energie, Zeit und Geld in ein vermeintliches oder in ein unwesentliches Entscheidungsproblem investiert wird.

Die erste Frage betrifft die Zuverlässigkeit der Informationen über den Istzustand. Wenn der Aktor die Informationen nicht selber beschafft hat und deshalb ihre Qualität nicht beurteilen kann, empfiehlt sich eine Überprüfung. So sollte beispielsweise bei einem aufgrund sinkender Attraktivität der Arbeitsplätze vermuteten Gefahrenproblem abgeklärt werden, wie die Attraktivität der Arbeitsplätze erfasst wurde: Liegt der Aussage darüber eine systematische Untersuchung der beurteilten Arbeitsplätze zugrunde? Sind alle aufgrund der Sollvorstellung wichtigen Dimensionen der Arbeitsplatzattraktivität erfasst worden? Konnten die an der Erfassung teilnehmenden Mitarbeiterinnen und Mitarbeiter ihre Aussagen machen, ohne dass sie Reaktionen von Vorgesetzten oder Kollegen befürchten mussten? Von einem Problem sollte erst gesprochen werden, wenn die Istsituation so gut und vollständig wie möglich geklärt wurde.

Zweitens muss sich der Aktor fragen, ob die Soll-Ist-Abweichung erheblich ist:

- Basiert die Problementdeckung auf der Verwendung eines Problementdeckungssystems, lässt sich die Frage ohne grössere Schwierigkeiten beantworten. Normalerweise verfügt der Aktor in diesem Fall über Vorstellungen von "normalen" und "ungewöhnlichen" Abweichungen. **Abbildung 7.2** zeigt das Beispiel einer Problementdeckung auf der Basis des kumulierten Soll-Umsatzes einer Produktgruppe. Abweichungen von ± 10% werden im vorliegenden Beispiel als normal angesehen und durch die Toleranzgrenzen angezeigt.

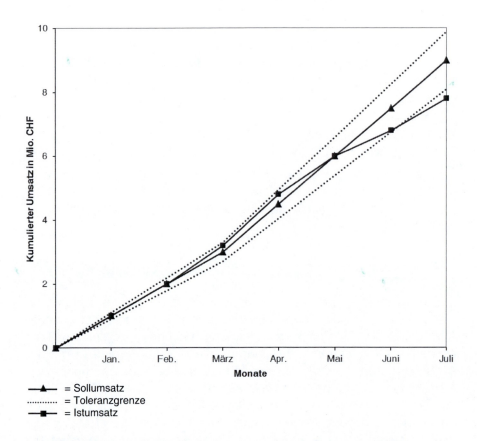

Abbildung 7.2: Problementdeckung auf der Basis des kumulierten Sollumsatzes

Deshalb zeigt der gegenüber dem Budget höhere Umsatz im März und April kein Problem an. Im Juni sinkt der kumulierte Istumsatz an die untere Toleranzgrenze. Im Juli unterschreitet er sie, womit ein Problem angezeigt wird.

- Wenn die Problementdeckung ad hoc geschieht ist die zweite Frage schwieriger zu beantworten. Soll- und Istzustand können in diesem Fall oft nur vage umschrieben werden. Entsprechend ist schwer zu beurteilen, ob die Differenz erheblich ist. Wenn der CEO eines Werkzeugmaschinenproduzenten beispielsweise an einer Messe mit einer neuen Generation von Maschinen seines stärksten Konkurrenten konfrontiert wird, ist der Handlungsbedarf für das eigene Unternehmen schwer abzuschätzen. Was ist an den Maschinen neben dem neuen Design anders? Sind die allfälligen technischen Verbesserungen für die Kunden bedeutsam? Welche Kunden könnten bereit sein, für die technische Verbesserung den vom Konkurrenten verlangten Mehrpreis zu bezahlen? Erst die zumindest grobe Beantwortung dieser Fragen zeigt, ob eine erhebliche Soll-Ist-Abweichung vorliegt.

Schliesslich ist die Frage zu beantworten, ob hinter der als relevant betrachteten Soll-Ist-Abweichung auch ein bearbeitungswürdiges Entscheidungsproblem steht. Ganz generell lohnt es sich nur, die Soll-Ist-Abweichung zu eliminieren resp. zu reduzieren, wenn die dafür nötigen Aufwände geringer sind als die sich daraus ergebenden Nutzen. In der Phase der Problemverifizierung lassen sich allerdings weder die Aufwände noch die erwarteten Nutzen genauer quantifizieren. Die dritte Frage kann deshalb nur sehr summarisch beantwortet werden. Trotzdem lohnt es sich, über den voraussichtlichen Problemlösungsaufwand und den zu erwartenden Nutzen nachzudenken, bevor eine Arbeitsgruppe gebildet wird, die das Entscheidungsproblem lösen soll.

7.3   Problemanalyse

7.3.1   Einleitung

Bei der Problemanalyse in Schritt 2 geht es darum, das in Schritt 1 entdeckte Problem soweit zu verstehen, dass sich im anschliessenden Schritt 3 Problemlösungsvarianten entwickeln lassen. Erfahrungsgemäss ist Schritt 2 für eine erfolgreiche Problembewältigung besonders wichtig und gleichzeitig besonders schwierig:

▪ Ohne gutes Problemverständnis werden im nachfolgenden Schritt die Lösungsvarianten am falschen Ort gesucht resp. in die falsche Richtung entwickelt. Unter Umständen wird dieser Fehler bei der Variantenbewertung entdeckt und korrigiert. In diesem Fall ist lediglich viel unnötige Arbeit geleistet worden. Unter Umständen kommt der Fehler in der weiteren Problembearbeitung jedoch nicht mehr zum Vorschein und der Aktor löst ein unbedeutendes Nebenproblem oder er entwirft Ansätze zur Nutzung einer Chance, die es in Tat und Wahrheit nicht gibt.

- Schwierig ist die Problemanalyse deshalb, weil jedes Entscheidungsproblem eine andere Struktur aufweist und es aus diesem
Grund nicht möglich ist, konkrete methodische Hilfestellungen zu
geben. Da nur relativ abstrakte methodische Empfehlungen unterbreitet werden können, ist der Aktor bei der Erfassung der Problemstruktur zu grossen Teilen auf sich selbst gestellt.

Der Schritt 2 beinhaltet somit normalerweise eine komplexe Aufgabe.
Ihre Erfüllung erweist sich zudem oft als zeit- und kostenaufwendig. Es
lohnt sich deshalb, sie der Heuristik der Faktorisation folgend in Teilaufgaben aufzuteilen. **Abbildung 7.3** unterscheidet in diesem Sinne
vier Unterschritte:

- Eine systematische Problemanalyse setzt voraus, dass der Aktor
versteht, welche Faktoren überhaupt einen Einfluss auf die Entwicklung des entdeckten Gefahren- oder Chancenproblems haben. Zur
Bestimmung dieser Faktoren sind in Unterschritt 2.1 zunächst Un-
ternehmensaktivitäten und Umfeld abzugrenzen, die in die Problembearbeitung einbezogen werden sollen. Für das so abgegrenzte
Entscheidungsproblem ist sodann zu überlegen, welche Merkmale
des Unternehmens und des Umfeldes eine Rolle spielen können.
- Der Unterschritt 2.2 beinhaltet die im Allgemeinen aufwändige Beschaffung der für das Verständnis der Entscheidungssituation benötigten Daten. Damit die zu diesem Zweck durchgeführten Dokumen-
tenanalysen, Gespräche, Interviews etc. zu relevanten Ergebnissen
führen, haben sie sich an den Faktoren des Entscheidungsproblems
zu orientieren.
- In Unterschritt 2.3 sind für Gefahrenprobleme und Chancenprobleme
unterschiedliche Überlegungen anzustellen: Für Gefahrenprobleme
sind die Faktoren zu ermitteln, die als Problemursachen im Vordergrund stehen. Bei Chancenproblemen ist zu untersuchen, ob und
inwieweit die Einflussfaktoren die vermutete Chance begründen. Der
Unterschritt 2.3 besitzt in der Problemanalyse eine zentrale Bedeutung. Es geht darum, Ansatzpunkte zur Entwicklung von Problemlö-
sungsmöglichkeiten zu finden. In der Literatur zur Entscheidungsmethodik wird in erster Linie die Bestimmung von Problemursachen
thematisiert, die bei der Lösung von Gefahrenproblemen von Interesse sind. Die Verifizierung von vermuteten Chancen wird dagegen
eher stiefmütterlich behandelt.

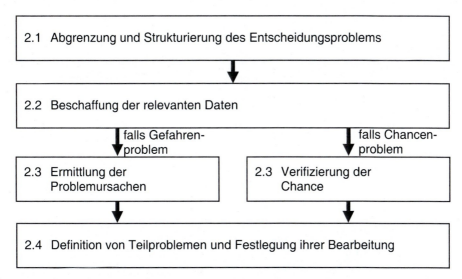

Abbildung 7.3: Unterschritte der Problemanalyse

- Bei den primär interessierenden komplexen Entscheidungsproblemen erweist es sich normalerweise als zweckmässig, auf der Basis der in den Unterschritten 2.1 bis 2.3 gewonnenen Erkenntnisse das Gesamtproblem in einfachere Teilprobleme zu zerlegen. Für diese ist sodann aufgrund sachlicher Abhängigkeiten und aufgrund von Dringlichkeitsüberlegungen ihre Bearbeitung festzulegen.

In den nachfolgenden Unterabschnitten werden die vier Unterschritte erläutert.

7.3.2 Abgrenzung und Strukturierung des Entscheidungsproblems

Eine Entscheidungssituation kann, wie in **Abbildung 7.4** dargestellt, mit einem Eisberg verglichen werden. Dessen sichtbare Spitze entspricht bei systematischer Problementdeckung dem Problemindikator und bei einer ad hoc Problementdeckung der grob identifizierten Gefahr oder Chance. Die Problembearbeitung beginnt in Unterschritt 2.1

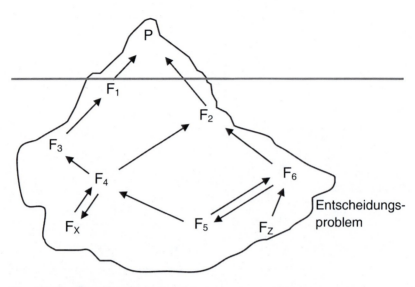

P = Entdecktes Problem

F = Faktoren mit Einfluss auf Gefahr resp. Chance

⟶ = vermutete Abhängigkeiten

⇄ = vermutete Interdependenzen

Abbildung 7.4: Darstellung eines Entscheidungsproblems als Eisberg

mit der Abgrenzung und Strukturierung des Eisbergs. Dazu ist festzulegen, welche Unternehmungsaktivitäten und welche Teile des Unter-
nehmensumfeldes einbezogen und analysiert werden sollen.

Als Orientierungspunkt für die Abgrenzung dient der Problemindikator
resp. die grob umschriebene Gefahr oder Chance. Beispielsweise erreichen die Deckungsbeiträge einer bestimmten Produktgruppe als
Problemindikator die budgetierten Sollwerte nicht. Im Falle dieses Gefahrenproblems liegt es nahe, einerseits den entsprechenden Absatz-
markt und die darin wirksamen Marketingmassnahmen einzubeziehen.
Andererseits sind die Kosten der Produktgruppe und ihre Treiber von
Relevanz.

Bei betriebswirtschaftlichen Problemen sind häufig

- Spezifische Märkte (Absatzmärkte, Beschaffungsmärkte, Finanz-
märkte, Arbeitsmärkte etc.) und

- Spezifische Funktionen resp. Aufgaben (Marketing, Personalführung, Produktion, Beschaffung, Finanzierung etc.)

von Relevanz.

Entsprechend dem in Abbildung 7.4 gebrauchten Bild hat der Aktor sodann die Faktoren zu bestimmen, die einen Einfluss auf das entdeckte Entscheidungsproblem haben können. Als Faktoren kommen grundsätzlich Merkmale des Unternehmens und der für es relevanten Bezugsgruppen (Kunden, Konkurrenten, Lieferanten usw.) in Frage. Zu denken ist zudem an konkrete Instrumente, Ressourcen und Verhaltensweisen. Aber auch verhaltensbestimmende Einstellungen, Werte und Fähigkeiten können bedeutsam sein.

Die bewusste Abgrenzung des Entscheidungsproblems und die Festlegung der möglichen Einflussfaktoren steuert die im Unterschritt 2.2 folgende Beschaffung von Daten. In vielen Entscheidungsproblemen verursacht die Datenbeschaffung 60% bis 80% des gesamten Aufwandes. Deshalb ist es von grosser Bedeutung, dass das Entscheidungsproblem vorgängig klar abgegrenzt wird. In der Praxis kommt es immer wieder vor, dass zunächst mehr oder weniger intuitiv oder gar zufällig Daten gesammelt werden. Diese erweisen sich dann für die Problemlösung nur z.T. als brauchbar, während wichtige Daten fehlen und mühsam nachträglich beschafft werden müssen. Eine solche Situation ist meist die Folge einer ungenügenden Abgrenzung des Entscheidungsproblems.

Das Verständnis für das Entscheidungsproblem wird verbessert, wenn der Aktor Vorstellungen von Abhängigkeiten zwischen den relevanten Einflussfaktoren gewinnt. Es lohnt sich deshalb, die Zusammenhänge zwischen dem entdeckten Problem und den möglichen Einflussfaktoren graphisch darzustellen. Die Pfeile und Doppelpfeile in Abbildung 7.4 sind dabei vorerst als vermutete Abhängigkeiten und Interdependenzen zu deuten, die im Rahmen der weiteren Problemanalyse zu verifizieren sind. Porter bezeichnet ein derartiges grobes Modell der Entscheidungssituation als „Frame" (Porter, 1991, S. 97 ff.).

Abbildung 7.5 zeigt einen derartigen Frame. Er wurde im Rahmen einer Problemanalyse in einem grossen halbstaatlichen Dienstleis-

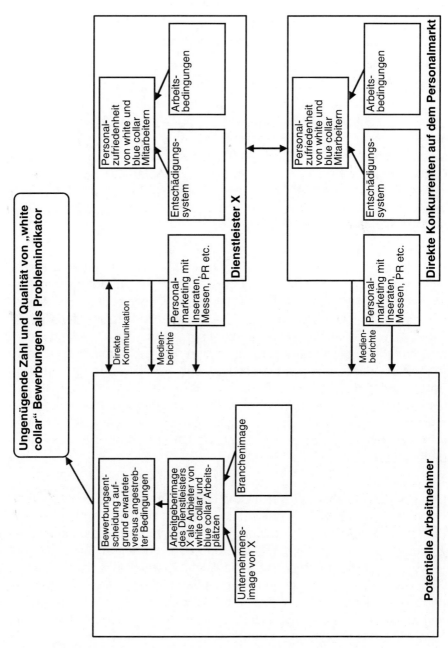

Abbildung 7.5: Frame für das Stellenbesetzungsproblem des Dienstleisters X

tungsunternehmen entworfen. Der Dienstleister hatte seit längerer Zeit Probleme für „white collar" Positionen – mittleres und höheres Management, Ingenieure, IT-Fachkräfte – genügend qualifizierte Bewerbungen zu erhalten. Die Unternehmensleitung vermutete, dass das Unternehmen im Arbeitsmarkt für Hochschulabsolventen Imagedefizite aufweist. Als Analysebereich wurde deshalb der Arbeitsmarkt für Fachkräfte, insbesondere für Hochschulabsolventen gewählt. Wie die Abbildung zeigt, entschloss sich die Projektgruppe, den gesamten Arbeitsmarkt inklusive der „blue collar" Arbeitsstellen in die Betrachtung einzubeziehen. Die Begründung für dieses Vorgehen lag darin, dass der betrachtete Dienstleister im „blue collar" Markt keine Probleme mit der Qualität und Quantität von Bewerbungen hatte und man sich deshalb interessante Problemeinsichten aus einem Vergleich der beiden Teilmärkte versprach.

Bei Chancenproblemen sind die wichtigsten Einflussfaktoren zu erfassen, welche die Chance begründen. Es ist herauszufinden, ob die vermutete Chance eine echte Chance ist und ob das Unternehmen die Fähigkeiten hat, sie zu nutzen. **Abbildung 7.6** zeigt den Analysebereich, den eine diversifizierte Unternehmensgruppe im Zusammenhang mit einer möglichen Akquisition definierte. Es war zu überprüfen, ob ein ihr zum Kauf angebotener Hersteller von Photovoltaik-Anlagen effektiv eine „Chance" darstellt. Die Unternehmensgruppe hatte selbst bereits ein Angebot im Markt für Photovoltaik-Anlagen in Spanien und Italien. Allerdings war der Marktanteil in beiden Ländern bescheiden. Der Kaufkandidat verfügte über grössere Marktanteile in Deutschland, Frankreich und Italien. Deshalb war a priori klar, dass sowohl Kostensynergien als auch Marktsynergien bei der Beurteilung der Chance eine wesentliche Rolle spielen würden.

7.3.3 Beschaffung der relevanten Daten

Im Teilschritt 2.2 sind die für das Verständnis der Entscheidungssituation relevanten Daten zu beschaffen. Die konkreten Arbeiten der Datenbeschaffung orientieren sich am zuvor erarbeiteten Frame mit seinen Einflussfaktoren. Frame und Einflussfaktoren sollten jedoch als Orientierungshilfe und nicht als strikte Vorgabe verstanden werden. Es

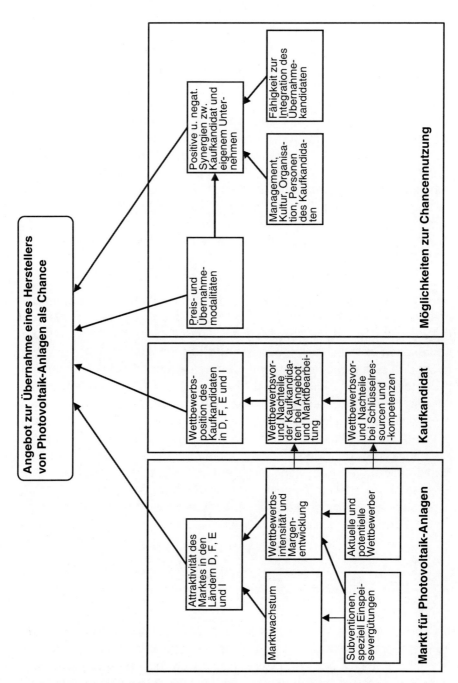

Abbildung 7.6: Frame für die Akquisition eines Herstellers von Photovoltaik-Anlagen

kommt durchaus vor, dass im Verlauf der Datenbeschaffung zusätzliche Einflussfaktoren erkannt werden oder in den Frame integrierte Einflussfaktoren sich als irrelevant herausstellen.

In vielen Fällen ist Teilschritt 2.2 die aufwändigste Teilaufgabe des gesamten Problemlösungsprozesses. Es lohnt sich deshalb, das konkrete Vorgehen gut zu planen und insbesondere zu prüfen, zu welchen Einflussfaktoren bereits Sekundärdaten im Unternehmen vorliegen.

Beim „Bewerber-Problem" stellte sich z.B. aufgrund einer internen Suche heraus, dass zu den Faktoren „Personalzufriedenheit" und „Unternehmensimage" brauchbare empirische Studien vorlagen. Als prioritär zu untersuchende Faktoren wurden deshalb das „Arbeitgeberimage von X" und das „Personalmarketing der wichtigsten direkten Konkurrenten" identifiziert. Des Weiteren wurde beschlossen, Sekundärdaten zu Arbeitsbedingungen und Gehaltssystemen der direkten Konkurrenten zu beschaffen, um diese mit den Arbeitsbedingungen und Gehaltssystem des eigenen Unternehmens vergleichen zu können. Zudem stellte sich heraus, dass die Pressestelle von X über eine Datenbank mit einschlägigen Medienmeldungen über die Firma verfügte. Sie erlaubte eine Spezialauswertung zu arbeitsmarktrelevanten Themen. Weil der CEO dem „Bewerber-Problem" strategische Bedeutung beimass, wurde der Faktor „Arbeitgeberimage" in einer spezifischen empirischen Studie untersucht und der Faktor „Personalmarketing" durch systematische Berichte über Jobmessen erfasst.

Das Beispiel zeigt gut, dass in Abhängigkeit von der Bedeutung des betrachteten Problems unterschiedlich viel Arbeit bzw. Aufwand in die Datenerfassung zu investieren ist. Man hätte zum „Arbeitgeberimage" auch von einem Marktforschungsinstitut für CHF 1'500 einen Studienbericht kaufen können. Weil dieser Bericht verschiedene wichtige direkte Konkurrenten nicht einbezog, entschied man sich jedoch für die deutlich aufwändigere Primäruntersuchung.

Beim Chancenproblem der Übernahme eines Photovoltaikunternehmens war die interne Datensuche weniger ergiebig. Es stellte sich heraus, dass man nur beschränkte Angaben zu den einigen Wettbewerbern in Spanien und Italien, sowie über Informationen zu den eigenen Aktivitäten in diesen Ländern verfügte. Als wichtigste zu untersuchende

Teilbereiche wurden der Markt für Photovoltaik und die Marktstellung des Kaufkandidaten – jeweils unter Einschluss aller in Abbildung 7.6 definierte Faktoren – erkannt. Eine externe Suche ergab, dass zum Markt brauchbare Untersuchungsberichte als Sekundärdaten angeboten wurden. Gespräche mit dem Management des Kaufkandidaten sollten zudem grobe Informationen zu dessen Wettbewerbsposition sowie zu seiner Organisation, Kultur und bisherigen Unternehmensentwicklung ergeben. Bezüglich Synergien sowie Wettbewerbsstärken und -schwächen nach einem allfälligen Kauf stützte man sich primär auf die subjektiven Meinungen einer zu diesem Zweck gebildeten Expertengruppe.

Wegen der Vielfalt möglicher Entscheidungssituationen ist das konkrete Vorgehen zur Datenerfassung für Teilschritt 2.2 situativ zu bestimmen. Immerhin lassen sich einige generelle Hinweise formulieren:

▪ Vor der aufwändigen Datenbeschaffung ist zu prüfen, zu welchen Faktoren unternehmensinterne Daten vorhanden sind. Falls dies der Fall ist, muss abgeklärt werden, ob diese den Informationsbedarf abdecken.

▪ Für die Faktoren mit Informationslücken ist festzulegen, wie diese geschlossen werden. In die Informationsbeschaffung pro Faktor kann unterschiedlich viel investiert werden. Grob lassen sich vier Niveaus unterscheiden: (1) subjektive Erfahrungen und internes Expertenwissen, (2) Neuauswertung interner Sekundärdaten, (3) Kauf von Sekundärdaten und (4) eigene empirische Studien. Das Spektrum eigener empirischen Studien reicht dabei von Interviews mit externen Experten über Gruppengespräche und qualitative Studien bis hin zu repräsentativen quantitativen Untersuchungen (vgl. Kühn/Kreuzer, 2006, S. 37 ff.). Welches Niveau gewählt wird, hängt von der Bedeutung des untersuchten Faktors und von der Bedeutung des Entscheidungsproblems ab.

7.3.4   Ermittlung von Problemursachen im Falle von Gefahrenproblemen

Eine nachhaltige Lösung von Gefahrenproblemen bedingt Massnahmen, welche die Problemursachen beseitigen oder zumindest deren Auswirkungen auf die Unternehmensziele verringern. Aktoren, die handeln ohne die Problemursachen zu kennen, betreiben Symptomtherapie. So erlebt man es häufig, dass bei aggressiven Preisstellungen der Konkurrenz ohne weitere Analyse mit eigenen Preissenkungen „geantwortet" wird. Die Reaktion erfolgt dabei ohne z.B. abzuklären, ob der höhere Preis tatsächlich zu Marktanteilsverlusten führen wird.

Die Bestimmung der Problemursachen erfolgt über eine rückwärtsschreitende Problemindikation. Ausgangspunkt bildet das entdeckte Problem und als Orientierungshilfe dient der Frame. Die Pfeile, welche die Einflussfaktoren verbinden, stellen vermutete Ursachen-Wirkungs-Zusammenhänge dar. „Rückwärtsschreiten" bedeutet demgemäss, dass man ausgehend vom entdeckten Problem der umgekehrten Pfeilrichtung folgt. Aufgrund der im Teilschritt 2.2 gesammelten Daten wird überprüft, welche Einflussfaktoren sich als Problemursachen deuten lassen. Der Aktor nützt seine subjektiven Kenntnisse und Erfahrungen über die Wirkungszusammenhänge, um durch eine Interpretation der Daten auf die Problemursachen zurückzuschliessen.

In komplexen betriebswirtschaftlichen Problemen sind selten eindeutige oder gar sichere Aussagen über Problemursachen möglich. Dies liegt in erster Linie daran, dass in komplexen Problemen viele Zusammenhänge durch menschliches Verhalten und damit durch soziale und psychologische Verhaltensdeterminanten bestimmt sind. Sie lassen kaum deterministische Erkenntnisse zu. So spielen im Modell zum „Bewerber-Problem" psychologische Einflussfaktoren wie „Personalzufriedenheit", „Arbeitgeberimage" und „Unternehmensimage" eine bedeutende Rolle. Ihre Erfassung beinhaltet die Unsicherheitsfaktoren jeder empirischen Forschung und ihre Interpretation wird nie eindeutig möglich sein. Daran ändert sich auch nichts, wenn auf der Basis repräsentativer quantitativer Daten die Ursachen mit statistischen Verfahren, z.B. mit Regressionsanalysen (vgl. z.B. Kühn/Kreuzer, 2006, S. 168 ff.) ermittelt werden. Die Regressionskoeffizienten sind selten genügend gross und genügend signifikant, um eindeutige Schlussfolgerungen zuzulassen. Wenn repräsentative quantitative Daten vorliegen, sollten sie aber genutzt werden. Dadurch lässt sich der Spielraum rein subjektiver Beurteilungen beschränken.

Bei komplexen betriebswirtschaftlichen Gefahrenproblemen führt der Unterschritt 2.3 meist zu mehreren Ursachen. Sie sind teils miteinander verbunden, teils voneinander unabhängig. So zeigte sich z.B. beim „Bewerber-Problem", dass Defizite im Personalmarketing und eine ungenügende Personalzufriedenheit ein ungenügendes Arbeitgeberimage ergaben. Alle drei Faktoren beeinflussten die Bewerberentscheide und stellten deshalb Problemursachen dar.

In der Literatur werden zur rückwärtsschreitenden Problemindikation verschiedene Vorschläge gemacht, deren Anwendung hilfreich sein kann. Im **Vertiefungsfenster 7.1** werden deshalb drei häufig empfohlene Methoden kurz vorgestellt. Es handelt sich um das Du Pont Schema, den deduktiven Baum und das Ishikawa Diagramm.

Vertiefungsfenster 7.1: Methoden zur rückwärtsschreitenden Problemindikation

Das Du Pont Schema gemäss **Abbildung 7.7** kommt zur Anwendung, wenn der Aktor mit einer ungenügenden Betriebskapitalrentabilität konfrontiert ist. Es teilt die Betriebskapitalrentabilität in Komponenten auf. Beispielsweise kann eine gegenüber dem Vorjahr verschlechterte Betriebskapitalrentabilität auf einen schlechteren Kapitalumschlag und der wiederum auf ein im Verhältnis zu den Erträgen höheres Umlaufvermögen zurückgeführt werden. Trotz seines spezifischen Anwendungsbereichs wird das Du Pont Schema in der Praxis häufig eingesetzt. Die Betriebskapitalrentabilität ist eine weit verbreitete Kennziffer zur Beurteilung der Finanzsituation eines Unternehmens oder eines strategischen Geschäftes. Das Schema erfasst jedoch nur die „finanzielle Oberfläche" und ermöglicht somit nur eine Grobanalyse. Es braucht deshalb eine vertiefende Analyse, um die Ursachen zu eruieren, die hinter den kritischen Kennzahlen stehen.

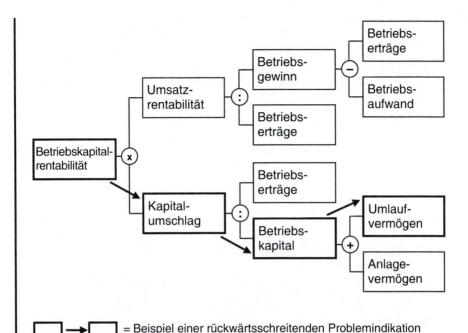

 = Beispiel einer rückwärtsschreitenden Problemindikation

Abbildung 7.7: Du Pont Schema zur Ermittlung der Problemursachen

Der Deduktive Baum (vgl. Hungenberg, 1999, S. 25 ff.) ist im Gegensatz zum Du Pont Schema ein generell anwendbares Verfahren der rückwärtsschreitenden Problemindikation. Das Verfahren teilt das als Problem festgestellte Phänomen in Teilbereiche auf. Der Aktor kann das entdeckte Problem einem oder wenigen Teilbereichen zuordnen und dadurch gleichzeitig viele andere Teilbereiche ausschliessen.

Bei der Konstruktion von deduktiven Bäumen sollten folgende Regeln eingehalten werden (vgl. Hungenberg, 1999, S. 22 ff.):

- Die Aussagen auf einer Ebene dürfen sich nicht überschneiden, sondern müssen sich logisch ausschliessen (= Exclusiveness).
- Die Aussagen auf einer Ebene müssen durch die Aussagen auf der nächsttieferen Ebene vollständig abgedeckt sein (= Exhaustiveness).

Wenn beispielsweise das festgestellte Problem in einer stark angestiegenen Personalfluktuation in der Forschungsabteilung eines Herstellers von Pharmazeutika liegt, könnte der deduktive Baum sich gemäss **Abbildung 7.8** präsentieren. Wie das Beispiel zeigt, lässt sich das aufgedeckte Problem mit Hilfe des Baums zumindest ein Stück weit zurückverfolgen. Selbstverständlich stellt die Erkenntnis, dass das Ansteigen der Fluktuationsraten wesentlich auf den Weggang von Akademikern und Fachhochschulabsolventen zurückzuführen ist, keine abschliessende Problemdiagnose dar. Durch eine Befragung müsste nun eruiert werden, wieso viele qualifizierte Forscher das Unternehmen verlassen.

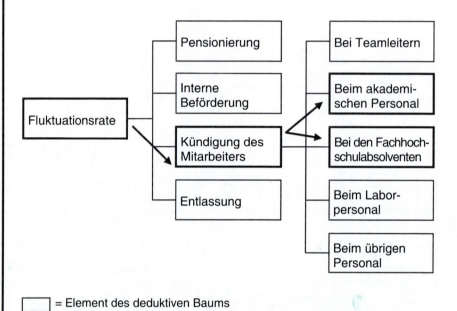

☐ = Element des deduktiven Baums

☐ ➔ ☐ = Beispiel einer rückwärtsschreitenden Problemindikation

Abbildung 7.8: Deduktiver Baum zur Ermittlung der Ursachen einer hohen Personalfluktuation in einer Forschungsabteilung

Das Ishikawa- oder Fishbone-Diagramm (vgl. Joiner, 1995) präsentiert sich zwar anders als der deduktive Baum, basiert aber auf der gleichen Grundidee und den gleichen zwei Regeln.

Abbildung 7.9 zeigt das Ishikawa Diagramm, das eine Detailhandelskette erstellte, um die Gründe für die von vielen Kunden bemängelten langen Wartezeiten an der Kasse zu identifizieren. Ausgehend vom Diagramm mit allen möglichen Ursachen sind nun durch eine rückwärtsschreitende Problemindikation die Hauptursachen zu bestimmen. In der Regel lassen sich für ein Problem wenige Hauptursachen identifizieren. Wie die Abbildung zeigt, weisen

die Ursachen auf der zweiten Ebene auf die Massnahmen hin, die
zur Lösung des Problems ergriffen werden können.

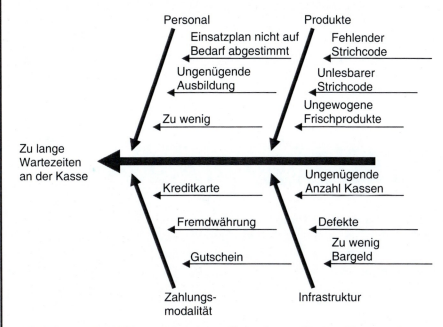

Abbildung 7.9: Ishikawa Diagramm für zu lange Wartezeiten an der Kasse

(in Anlehnung an Joiner, 1995, S. 5 ff.)

Abschliessend ist anzumerken, dass es im Verlaufe der Ermittlung der Problemursachen zur Entdeckung zusätzlicher, nicht mit dem ursprünglichen Problem verbundener Entscheidungsprobleme kommen kann. Dies sei anhand des folgenden Beispiels illustriert: Ein Aktor entdeckt das Entscheidungsproblem sinkender Marktanteile. Die Analyse zeigt als Ursache den Marketing-Mix, der nicht mehr den Kundenbedürfnissen entspricht. Gleichzeitig ergibt die Analyse als Nebenresultat, dass die Lieferungen und die Kundenzahlungen extrem auseinander fallen. Der Aktor kann sich nun fragen, ob er dieses Problem des Debitoren- und Liquiditätsmanagements in die Problembearbeitung integrieren will oder nicht.

7.3.5   Verifizierung der Chance im Falle von Chancenproblemen

Die Verifizierung von Chancen wird in der entscheidungsmethodischen Literatur kaum explizit behandelt. Es wird offensichtlich davon ausgegangen, dass das Vorgehen zur Chancenverifizierung analog zur Ermittlung von Problemursachen abläuft und deshalb nicht weiter spezifiziert werden muss. Nach der hier vertretenen Auffassung sind jedoch unterschiedliche Überlegungen anzustellen. Der Hauptgrund liegt im unterschiedlichen zeitlichen Bezug der Überlegungen: Die Ursachen eines Gefahrenproblems liegen in der Vergangenheit. Entsprechend blickt der Autor zurück, wenn er die Ursachen identifiziert. Eine Chance ergibt sich hingegen allenfalls in der Zukunft. Sie kann deshalb nur über zukunftsorientierte Überlegungen verifiziert werden.

Es wird in der Praxis häufig aufgrund oberflächlicher Urteile in vermutete Chancen investiert, die sich dann als unbedeutend oder als nicht nutzbar erweisen. Als Beispiele lassen sich Produktinnovationen anführen, deren „Erfinder" von ihrer Idee überzeugt sind und voller Optimismus die zur Markteinführung notwendigen Investitionen beschliessen. Nachträglich muss festgestellt werden, dass die Innovation keinem Kundenbedürfnis entspricht und weder genügend Umsatz noch Deckungsbeitrag generiert.

Bei der Verifizierung einer Chance ist zu überprüfen, ob die Einflussfaktoren die Existenz der Chance belegen. Bei den in Abbildung 7.6 dargestellten Chancen des Kaufes eines Photovoltaik-Unternehmens waren alle Faktoren zu überprüfen, welche die Attraktivität des angebotenen Herstellers und des bearbeiteten Marktes beeinflussen. Es mussten jedoch auch Faktoren untersucht werden, die für die Nutzung der Chance durch das kaufende Unternehmen von Bedeutung sind. Sie sind in Abbildung 7.6 im Subsystem „Möglichkeiten zur Chancennutzung" zusammengefasst.

Aus grundsätzlicher Sicht sind für die Verifizierung eines Chancenproblems zwei Arten von Faktoren zu unterscheiden:
- Faktoren mit Einfluss auf die Existenz und das Potential der Chance. Sie werden Chancen-Potential-Faktoren genannt.
- Faktoren mit Einfluss auf die Möglichkeiten zur Nutzung der Chance. Sie werden Chancen-Nutzungs-Faktoren genannt.

Es kommt durchaus häufig vor, dass das Ergreifen einer interessanten Chance nicht am Potential sondern an einer negativen Konstellation der Chancen-Nutzungs-Faktoren scheitert.

Falls wegen negativen Bewertungen der Chancen-Potential-Faktoren und/oder der Chancen-Nutzungs-Faktoren die Chance nicht verifiziert werden kann, ist der Entscheidungsprozess abzubrechen.

7.3.6 Definition von Teilproblemen und Festlegung ihrer Bearbeitung

Komplexe Entscheidungsprobleme sind unter anderem dadurch gekennzeichnet, dass eine grosse Zahl verschiedenartiger Massnahmen einzusetzen sind, um die festgestellte Soll-Ist-Abweichung zu verkleinern oder zum Verschwinden zu bringen. So sind z.B. beim „Bewerber-Problem" unter anderem Massnahmen des Personalmarketing, Änderungen der Arbeitsbedingungen, Anpassungen des Gehaltssystems und Kommunikationsmassnahmen zur Veränderung des Images in Betracht zu ziehen. Der Aktor wäre deshalb überfordert, wenn er alle zur Problemlösung nötigen Massnahmen simultan überlegen und bewerten müsste.

Es wird deshalb empfohlen, das heuristische Prinzip der Faktorisation (vgl. Vertiefungsfenster 6.1) anzuwenden und durch Aufteilung des Problems in Teilprobleme die Komplexität zu reduzieren. Die Schritte 3 bis 7 sind dann für jedes Teilproblem separat durchzuführen. Dadurch wird die Wahrscheinlichkeit einer erfolgreichen Bewältigung dieser weiteren Schritte erhöht.

Idealerweise sind die Teilprobleme unter Anwendung des heuristischen Prinzips der Modell-Bildung (vgl. Vertiefungsfenster 6.1) so abzugrenzen, dass der Aktor auf bewährte Entscheidungsmodelle und Vorgehensweisen zurückgreifen kann. Dies wäre z.B. der Fall, wenn das „Bewerber-Problem" in die Teilprobleme

- Verbesserung der Arbeitsbedingungen
- Neugestaltung des Gehaltssystems
- Neugestaltung des Personalmarketings und

- Überarbeitung des Kommunikationskonzeptes

zerlegt würde.

Es lassen sich grundsätzlich zwei Arten von Teilproblemen unterscheiden:

- Teilprobleme, die sich aufgrund der in den Unterschritten 2.1 bis 2.3 ermittelten Wirkungszusammenhänge ergeben. Es handelt sich in diesem Fall um inhaltlich bestimmte Teilprobleme.
- Teilprobleme, die aus methodischen Gründen gebildet werden, wenn das Problem oder ein aufgrund inhaltlicher Überlegungen abgegrenztes Teilproblem komplex ist. In diesen Fällen ist zuerst eine Grobentscheidung zu fällen. Anschliessend ist die in der Grobentscheidung gewählte Variante zu konkretisieren. Es handelt sich in diesem Fall um methodisch bestimmte Teilprobleme.

Bei Gefahrenproblemen bilden die im Unterschritt 2.3 ermittelten Problemursachen die wichtigste Basis zur Definition der inhaltlich bestimmten Teilprobleme:

- Wenn zwischen den Ursachen keine oder nur beschränkte Wirkungszusammenhänge bestehen, ergeben sich entsprechend voneinander unabhängige Teilprobleme.
- Bei Ursachen mit bedeutenden gegenseitigen Abhängigkeiten sind zuerst die Teilprobleme zu lösen, die am Anfang der Ursachen-Wirkungs-Kette stehen. So sind im „Bewerber-Problem" zunächst die Teilprobleme „Arbeitsbedingungen" und „Gehaltsystem" anzugehen. Die Verbesserungen in diesen zwei Bereichen schaffen dann die Basis, um die Teilprobleme „Personalmarketing" und „Imageverbesserung" anzupacken.

Ob die inhaltlich bestimmten Teilprobleme weiter in methodisch bestimmte Teilprobleme zu zerlegen sind, hängt von ihrer Komplexität ab.

Bei Chancenproblemen geht es in den Schritten 3 bis 7 des Entscheidungsprozesses darum, Massnahmen zu bestimmen, die eine optimale Nutzung der im Unterschritt 2.3 verifizierten Chance sicherstellen. Da meist auch hier unterschiedliche Massnahmenarten zu kombinieren sind, lohnt sich eine Problemfaktorisation im Allgemeinen auch hier. Ob der Aktor die nach inhaltlichen Gesichtspunkten gebildeten Teilprobleme weiter in Grob- und Detailprobleme zerlegt, hängt von seiner Einschätzung der verbleibenden Komplexität ab.

Zum Schluss ist die weitere Bearbeitung der gebildeten Teilprobleme zu regeln. Ausgehend von zwei Teilproblemen lassen sich grundsätzlich drei Situationen unterscheiden:

▪ Die Teilprobleme sind voneinander unabhängig lösbar, weil zwischen ihnen keine direkten oder indirekten Abhängigkeiten bestehen. Das am Ende von Abschnitt 7.3 erwähnte Beispiel eines Marketingproblems, dessen Analyse auch ein ungenügendes Liquiditätsmanagement aufdeckt, entspricht dieser Situation. Da keine sachlogischen Abhängigkeiten bestehen, kann der Aktor die beiden Teilprobleme parallel behandeln. Falls beschränkte Problemlösungskapazitäten und -budgets verfügbar sind – und dies wird in der Praxis oft der Fall sein – entscheidet die Dringlichkeit über die Reihenfolge der Problembehandlung. Diese hängt ihrerseits von der Bedeutung der Teilprobleme und vom Risiko ihrer Eskalation ab.

▪ Es besteht eine einseitige sachlogische Abhängigkeit, weil die Lösung des einen Teilproblems die des anderen voraussetzt. Daraus folgt zwingend eine hierarchische Struktur der Teilprobleme. Dringlichkeitsüberlegungen sind nicht am Platz, da das untergeordnete Teilproblem ohne vorgängige Lösung des übergeordneten Teilproblems nicht sinnvoll behandelt werden kann. Das folgende Beispiel soll diese Situation exemplifizieren: In einem Unternehmen wird das Problem einer ungenügenden Motivation des Verkaufsaussendienstes entdeckt. Die Problemanalyse ergibt zwei Ursachen: Einerseits existieren zu wenig klare Zielvorgaben für den Aussendienst. Andererseits bestehen nur ungenügende Lohnanreize, weil die Erfolgsbeteiligung zu gering ist. Da ein Anreizsystem dazu dient, eine bessere Zielerreichung sicherzustellen, ergibt sich eine klare Problemlösungssequenz: Es ist zuerst das "Zielvorgaben-Problem" und anschliessend das "Anreizsystem-Problem" zu lösen. Methodisch bestimmte Teilprobleme weisen fast immer einseitige entscheidlogische Abhängigkeiten auf.

▪ Schwierig wird es, wenn gegenseitige sachlogische Abhängigkeiten zwischen den Teilproblemen vorliegen. In diesem Fall hat der Aktor grundsätzlich zwei Möglichkeiten: Entweder kann er die Teilprobleme parallel behandeln und anschliessend die Lösungen der Teilprobleme abstimmen. Oder er kann die Interdependenz vorläufig übersehen und eine künstliche Problemhierarchie definieren. Bei diesem Vorgehen muss der Aktor mit Schlaufen rechnen. Er wird sich für den Weg entscheiden, der eine bessere Problemlösungsqualität und eine höhere Effizienz verspricht.

Abbildung 7.10 enthält eine schematische Darstellung der drei Formen der Problemstrukturierung.

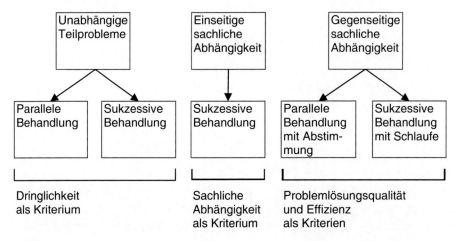

Abbildung 7.10: **Mögliche Problemstrukturen bei zwei Teilproblemen**

8 Erarbeitung und Bewertung von Lösungsvarianten

8.1 Überblick über das Kapitel

Kapitel 8 beschäftigt sich mit den Schritten 3 bis 6 des allgemeinen heuristischen Entscheidungsverfahrens. **Abbildung 8.1** situiert die vier Schritte im Verfahren und zeigt die wichtigsten darin zu bewältigenden Aufgaben.

8.2 Erarbeitung von Lösungsvarianten

8.2.1 Einleitung

Die Erarbeitung von Lösungsvarianten stellt den dritten Schritt im Allgemeinen heuristischen Entscheidungsverfahren dar. Er lässt sich in die drei Unterschritte gemäss **Abbildung 8.2** zerlegen.

8.2.2 Festlegung von Rahmenbedingungen

Es ist sinnvoll, den Prozess der Erarbeitung von Lösungsvarianten mit der Festlegung von Rahmenbedingungen zu beginnen. Über Rahmenbedingungen werden von vorneherein Verhaltensweisen ausgeschlossen und einsetzbare Ressourcen beschränkt. So kann beispielsweise für die Expansion in neue geographische Märkte eine Investitionsobergrenze fixiert werden. Damit wird verhindert, dass nicht finanzierbare Varianten überhaupt entwickelt werden.

Die Formulierung von Rahmenbedingungen schränkt das Spektrum der möglichen Lösungen ein und begrenzt damit den Aufwand der weiteren Problembearbeitung. Es wird zudem vermieden, dass es zu Motivationsverlusten kommt weil gute Lösungen aus Ressourcengründen oder wegen der Verletzung von Richtlinien später eliminiert werden müssen.

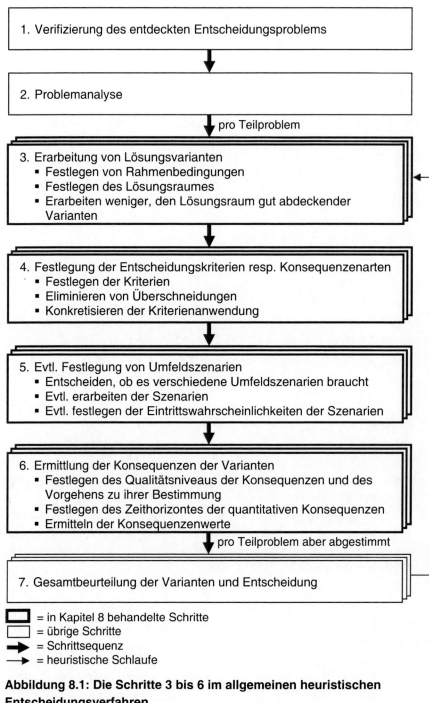

Abbildung 8.1: Die Schritte 3 bis 6 im allgemeinen heuristischen Entscheidungsverfahren

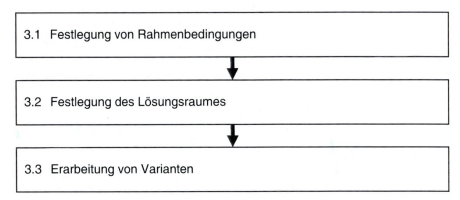

Abbildung 8.2: Unterschritte der Erarbeitung von Lösungsvarianten

Die Formulierung von Rahmenbedingungen besitzt jedoch auch einen gravierenden Nachteil: Rahmenbedingungen können innovative und radikale Lösungen ausschliessen und damit das Denken „out of the box" verhindern. Je restriktiver die Rahmenbedingungen sind, desto eher werden die Problemlösungsvarianten eine Optimierung des Bestehenden sein. Dies genügt jedoch oft nicht, um ein Problem nachhaltig zu lösen. Wenn ein Unternehmen mit mittelmässigen Produkten in einem schrumpfenden Markt mit Verlusten kämpft, genügen Promotionen und eine Neugestaltung der Packungen kaum, um das Problem langfristig zu lösen. Es wäre deshalb in dieser Situation fatal, den Free Cash-flow, der in dieser Situation tief sein dürfte, als Budgetrahmen für die Lösungsvarianten vorzugeben.

8.2.3   Festlegung des Lösungsraumes

Auf der Grundlage der Problemanalyse gemäss Schritt 2 und der Rahmenbedingungen für Lösungsvarianten gemäss Unterschritt 3.1 ist in Unterschritt 3.2 der Lösungsraum zu skizzieren. Der Lösungsraum gibt einen Überblick über das Spektrum möglicher Lösungen. Gleichzeitig schliesst er auch Lösungsansätze aus.

Um den Lösungsraum eines Entscheidungsproblems zu erfassen, sind die wesentlichen Entscheidungsvariablen und ihre Ausprägungen zu identifizieren. Die Entscheidungsvariablen sind die Hebel, die der Aktor beherrscht und deren Ausprägung er somit mehr oder weniger frei wählen kann. Im Falle eines Gefahrenproblems lassen sich über die Entscheidungsvariablen die Problemursachen eliminieren oder zumindest reduzieren. Im Falle eines Chancenproblems können über die Entscheidungsvariablen die Chancen-Potential- und die Chancen-Nutzungs-Faktoren beeinflusst werden.

Das Vorgehen zur Schaffung eines Überblicks über den Lösungsraum hängt von der Anzahl der Entscheidungsvariablen ab:

- Im einfachsten Fall existiert nur eine Entscheidungsvariable. Dies kommt beispielsweise bei einfachen Investitionsentscheidungen vor. Wenn zur Erweiterung der Produktionskapazität eine zusätzliche Maschine anzuschaffen ist, bilden die Angebote der verschiedenen Hersteller die einzige Entscheidungsvariable. Aber auch wenn ein Entscheidungsproblem in Grob- und Detailentscheidung unterteilt wird, basieren die Varianten der Grobentscheidung vielfach auf einer einzigen Entscheidungsvariablen. Beispielsweise kann im Rahmen der Erarbeitung eines Marketingkonzeptes für ein neues Produkt in der Grobentscheidung nur das primär zu bearbeitende Marktsegment bestimmt werden.
- Wenn die Zahl der Entscheidungsvariablen und ihrer Ausprägungen beschränkt ist, kann der Entscheidungsraum explizit dargestellt werden. Man kann zu diesem Zweck den morphologischen Kasten von Zwicky (1966, S. 14 ff.) einsetzen. Er entspricht einer Matrix, die einen Überblick über die Gestaltungsdimensionen eines Gegenstands und ihrer Ausprägungen vermittelt. Auf der Vertikalen sind die Dimensionen des betrachteten Gegenstandes, in unserem Fall die Entscheidungsvariablen, aufgeführt. Auf der Horizontalen befinden sich die Ausprägungen der Entscheidungsvariablen. Die explizite Darstellung des Entscheidungsraums mit Hilfe des morphologischen Kastens wird insbesondere dann empfohlen, wenn kreative Lösungen entwickelt werden sollen. In dieser Situation interessieren alle denkmöglichen, insbesondere neuartige Kombinationen von Ausprägungen der Entscheidungsvariablen. **Vertiefungsfenster 8.1** zeigt zur Illustration einen morphologischen Kasten für die Entwicklung eines neuen Produktes.
- Bei vielen Gestaltungsproblemen ist die Zahl der Entscheidungsvariablen und/oder ihrer Ausprägungen jedoch zu gross, um sie in einem morphologischen Kasten systematisch zu erfassen. In diesem Fall wird der Lösungsraum nur noch grob durch Nennung der wichtigsten Entscheidungsvariablen oder durch einen Fachausdruck um-

schrieben. So wird z.B. ein Aktor, der für eine Produktgruppe eine Geschäftsstrategie erarbeiten will, als zentrale Entscheidungsvariablen (1) die angestrebte Marktposition, (2) die zu erhaltenden oder zu entwickelnden Wettbewerbsvorteile im Angebot und (3) die zu erhaltenden oder zu entwickelnden Wettbewerbsvorteile bei den Ressourcen als Ansatz zur Erarbeitung strategischer Optionen nutzen (vgl. ROM-Modell bei Grünig/Kühn, 2011, S. 12). Ein Aktor, der die Marketingmassnahmen zur Lancierung einer neuen Produktgruppe entwickeln soll, wird seine Aufgabenstellung als „Erarbeitung eines Marketing-Mix-Konzeptes" verstehen. Aufgrund seiner Ausbildung und seiner Kenntnis der Literatur (vgl. z.B. Kühn/Pfäffli, 2010, S. 18) genügt diese Umschreibung, um den Lösungsraum zu verstehen.

Der Lösungsraum eines Wahlproblems ist in der Regel enger als der Lösungsraum eines Gestaltungsproblems:

- Wenn z.B. eine Maschine zur Bearbeitung von grossen Hartmetallblöcken benötigt wird, so dürften die in Frage kommenden Angebote in vielen Variablen praktisch identisch sein. Der Grund liegt in den Rahmenbedingungen, dass die Maschine in der Lage sein muss, grosse Metallblöcke zu bearbeiten und dass es sich bei diesen Blöcken um Hartmetalllegierungen handelt. Entsprechend existieren nur wenige Variablen, in denen sich die Angebote unterscheiden.
- Eine völlig andere Situation besteht, wenn ein grosses Industrieareal einer neuen Nutzung zugeführt werden soll. Auch wenn die politischen Behörden Auflagen wie z.B. maximale und/oder minimale Ausnützungsziffern vorgeben, besteht ein grosser Lösungsraum mit zahlreichen Entscheidungsvariablen. Zu denken ist beispielsweise an die Arten der Nutzung, die Durchmischung oder Trennung der verschiedenen Nutzungen, die Umnutzung bestehender Gebäude oder ihr Abbruch, die Erschliessung des Geländes etc.

Vertiefungsfenster 8.1: Beispiel zum morphologischen Kasten (Text basiert auf Kaufmann, Fustier und Devret, 1972, S. 191 ff.)

Ein Hersteller von elektrischen Sicherungen sieht die Chance, Umsatz und Marktanteil durch eine Sortimentsverbreitung zu vergrössern. Im Rahmen der Problemanalyse definiert er als zentrales Teilproblem die Bestimmung der Hauptmerkmale eines neuen Produkttyps.

Abbildung 8.3 zeigt den morphologischen Kasten zur Entwicklung von elektrischen Sicherungen. Wie der Abbildung entnommen werden kann, unterscheiden sich die Sicherungen in vier Dimensionen. Je nach Dimension existieren zwischen zwei und sechs Ausprägungen.

Von den 72 theoretisch denkbaren Sicherungen sind deren 25 technisch nicht realisierbar. Von den verbleibenden technisch möglichen Lösungen sind weitere sieben durch die Konkurrenten oder durch das Unternehmen selbst bereits realisiert. Es bleiben somit 40 neue, technisch realisierbare Lösungen.

Dimensionen	Ausprägungen					
Isolations-verfahren W	Isoliertes Gehäuse W_1			Nicht isoliertes Gehäuse W_2		
Gehäusetyp X	Bakelit-gehäuse X_1		Kunststoff-gehäuse X_2		Gegossenes Gehäuse X_3	
Anschlussstück Y	Zinkverlötetes Anschlussstück Y_1			Unverstärktes, im Lötbad erstelltes Anschlussstück Y_2		
Spulenart Z	Z_1	Z_2	Z_3	Z_4	Z_5	Z_6

Z_1 = Normaler verstärkter Draht und Petersonwicklung
Z_2 = Verstärkter, heiss lötbarer Draht und Petersonwicklung
Z_3 = Polymerisierbarer verstärkter Draht und Petersonwicklung
Z_4 = Normaler verstärkter Draht und automatische Wicklung
Z_5 = Verstärkter, heiss lötbarer Draht und automatische Wicklung
Z_6 = Polymerisierbarer verstärkter Draht und automatische Wicklung

Abbildung 8.3: Morphologischer Kasten für elektrische Sicherungen (in Anlehnung an Kaufmann, Fustier und Devret, 1972, S. 191 f.)

8.2.4   Erarbeitung von Varianten

Die Erarbeitung der Varianten in Unterschritt 3.3 ist für alle Probleme mit eindimensionalem Lösungsraum einfach: Die möglichen Ausprägungen des Lösungsraums stellen in diesem Fall die Varianten dar. Immerhin kann es sich lohnen, in die Auffindung interessanter „Ausprägungen" Zeit zu investieren. So dürfte es sich z.B. lohnen, für eine Spezialmaschine Zeit in die Suche bisher nicht bekannter Lieferanten zu investieren.

Bei Problemen mit mehrdimensionalen Lösungsräumen wird die Erarbeitung der Varianten dagegen vielfach zu einer zeitaufwändigen Arbeit. Dies gilt besonders für Gestaltungsprobleme: Die Erarbeitung von Varianten des Marketing-Mix oder von Alternativen für die Aufbauorganisation kann Wochen oder auch Monate in Anspruch nehmen. Die Arbeit hat sich konsequent an den Ergebnissen der Analyse zu orientieren. Je nach Problemstellung kann die Entwicklung der Varianten Kreativität und unkonventionelle Ideen erfordern. Man denke z.B. an die Entwicklung alternativer Werbekonzepte oder neuer technischer Varianten zur Lösung eines Verpackungsproblems. In der Literatur wird vorgeschlagen, in diesen Fällen auf Kreativitätstechniken wie Brainstorming, Brainwriting, Synektik usw. zurückzugreifen (vgl. z.B. Nöllke, 2012).

Unabhängig vom notwendigen Aufwand sind mindestens zwei Lösungsvarianten zu entwickeln. Der Grund für diese Forderung liegt im Umstand, dass ansonsten die nachfolgenden Bewertungsschritte keinen Sinn machen. Die Forderung nach zwei Lösungsvarianten ist allerdings sofort wieder zu relativieren: Sofern nämlich die Weiterführung des Status Quo eine echte Möglichkeit darstellt, bildet sie eine Alternative. Die Forderung beschränkt sich in diesem Fall auf die Erarbeitung von mindestens einer zusätzlichen Variante. Wenn beispielsweise die Zentrale eines internationalen Konzerns über ein viel zu kleines Verwaltungsgebäude verfügt und deshalb in der Umgebung in verschiedenen Liegenschaften zusätzlich Büroraum einmietet, so kann diese Lösung auch in Zukunft weitergeführt werden. Es genügt somit eine zusätzliche Variante, zum Beispiel der Kauf eines grösseren Bürogebäudes, damit ein Bewertungs- und Wahlproblem entsteht.

Der Einbezug des Status Quo bietet zudem methodische Vorteile: Im Allgemeinen sind die Konsequenzen des Status Quo, weil entsprechende Erfahrungszahlen vorliegen, leichter zu bestimmen als für die neuen Varianten. Es kann deshalb sinnvoll sein, den Status Quo als Bewertungsbasis zu verwenden und für die neuen Varianten die Konsequenzendifferenzen zu schätzen.

Um in Schritt 7 eine gute Lösung wählen zu können, sollten die in Schritt 3 erarbeiteten Varianten den Lösungsraum gut abdecken. Wird nur ein Teil des Lösungsraumes mit Varianten abgedeckt, kann sich die optimale Variante im restlichen Raum befinden. Entsprechend ist die gewählte Lösung weit weg vom Optimum. **Abbildung 8.4** visualisiert diesen Sachverhalt.

Gute Abdeckung des
Lösungsraumes mit Varianten

Schlechte Abdeckung des
Lösungsraumes mit Varianten

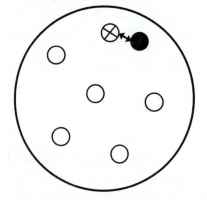
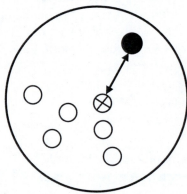

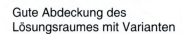 = Lösungsraum
● = Optimale, dem Aktor jedoch nicht bekannte Variante
○ = In Schritt 3 erarbeitete Varianten
⊗ = In Schritt 7 gewählte Variante
↔ = Distanz zwischen optimaler und gewählter Variante

Abbildung 8.4: Gute und schlechte Abdeckung des Lösungsraumes mit Varianten

Die angestrebte gute Abdeckung des Lösungsraumes kommt jedoch keinesfalls der Erarbeitung einer grossen Zahl von Alternativen gleich. Aus praktischer Sicht sollten für jedes in Schritt 2 gebildete Teilproblem

nicht mehr als ein halbes Dutzend Lösungen entwickelt und anschliessend bewertet werden. Bei einer grösseren Zahl von Varianten besteht
die Gefahr, dass die Varianten sich zu wenig unterscheiden.

Falls mehr als sechs Varianten als Problemlösungen in Frage kommen, ist die Heuristik der Problemfaktorisation anzuwenden und zwei-
stufig vorzugehen. Zu diesem Zweck sind zunächst deutlich unterscheidbare, oft Extrempositionen beinhaltende Hauptvarianten zu ermitteln und einander gegenüberzustellen. Anschliessend sind dann
ausgehend von der gewählten Hauptvariante Untervarianten zu definieren und zu beurteilen. Diese Untervarianten können dabei vorteil-
hafte Aspekte der in der ersten Stufe verworfenen Hauptvarianten wieder aufnehmen. So kann es sich zum Beispiel bei einer Entscheidung
zur Bestimmung des Entlöhnungssystems für Verkäufer als zweckmässig erweisen, zunächst die Hauptvarianten "Feste Entschädigung
ohne Leistungskomponente", "Ergebnisabhängiger Leistungslohn" und
"Verhaltensabhängiger Leistungslohn" miteinander zu vergleichen.
Falls die Hauptvariante "Feste Entschädigung" gewählt wird, können in
der Folgeentscheidung Untervarianten diskutiert werden, die einen
hohen Fixlohnanteil mit beschränkten Leistungslohnkomponenten
kombinieren.

8.3 Festlegung der Entscheidungskriterien resp. Konsequenzenarten

8.3.1 Einleitung

Da Ziele oft vage formuliert sind, müssen sie konkretisiert werden, bevor sie zur Bewertung von Varianten eingesetzt werden können. Dazu
sind in Schritt 4 des allgemeinen heuristischen Entscheidungsverfahrens Entscheidungskriterien zu definieren.

Unter einem Entscheidungskriterium wird die konkrete Formulierung
eines Ziels im Hinblick auf die Bewertung der Varianten in einer speziellen Entscheidung verstanden. Häufig müssen mehrere Entscheidungskriterien definiert werden, um die Wirkungen der Varianten in
Bezug auf ein Ziel messen zu können.

Der Zusammenhang zwischen Ziel und Entscheidungskriterium resp. Entscheidungskriterien soll anhand eines Beispiels erläutert werden: Als Zielsetzung wird die Sicherung einer "optimalen" Produktequalität angenommen. Wenn nun ein Händler von Elektrowerkzeugen für Hobbybastler sein Sortiment bestimmen möchte, könnten die Reparaturanfälligkeit, die Anzahl der Funktionen und die Unfallsicherheit mögliche Entscheidungskriterien zur Beurteilung der Produktequalität sein. Ein Hersteller von Werkzeugmaschinen könnte die Qualität der hergestellten Drehbänke dagegen in erster Linie über die erreichte Genauigkeit der darauf gedrehten Teile messen.

Da eine Zielsetzung unter Umständen bereits durch mehrere Entscheidungskriterien repräsentiert wird und ein Aktor in der Regel mehrere Zielsetzungen gleichzeitig verfolgt, sind zur Variantenbeurteilung fast immer mehrere Entscheidungskriterien notwendig.

Sofern die Variantenbeurteilung ausnahmsweise bloss aufgrund eines Entscheidungskriteriums erfolgt, wird von einem einwertigen Entscheidungsproblem gesprochen. Ein einwertiges Entscheidungsproblem liegt auch vor, wenn zwar mehrere Entscheidungskriterien vorhanden sind, diese jedoch in einem arithmetischen Verhältnis zueinander stehen. Dies ist beispielsweise der Fall, wenn in einer Sortimentsentscheidung die Varianten anhand der zwei Entscheidungskriterien "Nettoerlöse pro Stück" und "variable Kosten pro Stück" beurteilt werden. Die Evaluation der Varianten könnte genauso gut anhand der Differenz der beiden Kriterien, das heisst anhand des Deckungsbeitrages pro Stück, erfolgen.

Falls zur Variantenbewertung mehrere Entscheidungskriterien zum Einsatz kommen und diese nicht in einem arithmetischen Verhältnis zueinander stehen, wird von einer mehrwertigen Entscheidung gesprochen. Komplexe Entscheidungsprobleme sind fast immer mehrwertig.

Die Festlegung der Entscheidungskriterien resp. Konsequenzenarten in Schritt 4 erfolgt in drei Unterschritten gemäss **Abbildung 8.5**. Die drei Unterschritte werden in den nachfolgenden Unterabschnitten erläutert.

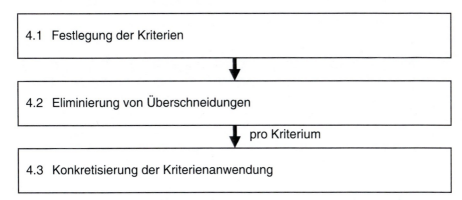

Abbildung 8.5: Unterschritte der Festlegung der Entscheidungskriterien resp. Konsequenzenarten

8.3.2   Festlegung der Kriterien

Ausgehend von den verfolgten Zielen sind in Unterschritt 4.1 die Entscheidungskriterien festzulegen. Ein Entscheidungskriterium muss dabei zwei Anforderungen erfüllen.

Das Kriterium muss einerseits das repräsentierte Ziel oder einen Ausschnitt des repräsentierten Zieles abdecken. Diese Bedingung dürfte beispielsweise im Falle des Entscheidungskriteriums „Pro Arbeitsstunde produzierte Stück" zur Beurteilung der Produktivität erfüllt sein. Häufig werden mehrere Entscheidungskriterien benötigt, um ein Ziel vollständig abzubilden. So lässt sich z.B. das Ziel einer hohen Kundenbindung über die Wiederkaufrate und die Bereitschaft der Kunden zur Weiterempfehlung des Anbieters messen. Um ein möglichst vollständiges Bild zu erhalten, dürfte es sinnvoll sein, beide Kriterien gleichzeitig zu verwenden.

Andererseits soll ein Entscheidungskriterium die Bewertung der Varianten ermöglichen. Dies setzt eine klare Vorstellung voraus, was mit dem Entscheidungskriterium gemeint ist. Diese Vorstellung muss von allen an der Entscheidung beteiligten Personen mitgetragen werden.

8.3.3   Eliminierung von Überschneidungen

In komplexen Entscheidungsproblemen basiert die Bewertung der Varianten beinahe immer auf mehreren Entscheidungskriterien. Diese sollten weitgehend voneinander unabhängig sein bzw. einander nicht überschneiden. Sonst misst man mit zwei Kriterien – unter Umständen ohne sich dessen bewusst zu sein – die gleichen Wirkungen der Alternativen zweimal und bevorzugt damit Alternativen, die diese Kriterien gut erfüllen.

Die Eliminierung von Überschneidungen setzt ihre Identifikation voraus:

- Bei präzise definierten Kriterien kann untersucht werden, ob gemeinsame Komponenten hinter ihnen stehen. Dies ist beispielsweise bei Deckungsbeitrag und Gewinn der Fall: Der Deckungsbeitrag ist die Differenz zwischen Erlös und variablen Kosten. Um den Gewinn zu berechnen, werden lediglich zusätzlich die fixen Kosten abgezogen. Deckungsbeitrag und Gewinn haben somit gemeinsame Komponenten und überschneiden sich.
- Bei weniger präzis definierten Kriterien basiert die Identifizierung von Überschneidungen auf gesundem Menschenverstand. Wenn beispielsweise im Rahmen einer Reorganisation zur Beurteilung der Varianten die Kriterien „Widerstand der Betroffenen gegen die Organisationsvariante" und „Akzeptanz und Unterstützung der Organisationsvariante durch die Betroffenen" als Entscheidungskriterien vorgeschlagen werden, lassen sich die beiden Kriterien kaum in Komponenten aufteilen. Es ist jedoch offensichtlich, dass aus verschiedenen Blickwinkeln zweimal mehr oder weniger die gleiche Auswirkung der Organisationsvarianten beurteilt werden soll. Es liegt somit eine erhebliche Überschneidung der beiden Kriterien vor.

Die anschliessende Eliminierung von identifizierten Überschneidungen kann auf zwei Wegen erfolgen:

- Es kann eines der Kriterien gestrichen werden. Dieses Vorgehen ist zum Beispiel bezüglich der Kriterien „Deckungsbeitrag" und „Gewinn" sinnvoll. Wenn die Problemlösungsvarianten auch eine Auswirkung auf die fixen Kosten haben, sollte der Deckungsbeitrag weggelassen werden. Sind hingegen nur Erlös und variable Kosten betroffen, genügt der Deckungsbeitrag als Entscheidungskriterium.

- Die zweite Möglichkeit besteht in der Verbindung der vorgeschlagenen Kriterien. So kann beispielsweise das Kriterium „Beurteilung der Organisationsvariante durch die Betroffenen" als Verbindung gewählt werden. Um alle Aspekte mit zu berücksichtigen, müsste die Beurteilung der Varianten auf einer ordinalen Skala mit folgenden Ausprägungen erfolgen: „Starke Ablehnung der Organisationsvariante und Widerstand", „Ablehnung der Organisationsvariante", „Akzeptanz der Organisationsvariante" und „Starke Akzeptanz der Organisationsvariante und aktive Unterstützung".

8.3.4   Konkretisierung der Kriterienanwendung

In Unterschritt 4.3 wird für jedes Entscheidungskriterium festgelegt, wie es zur Beurteilung der Varianten angewendet werden soll. Dazu ist zuerst das Messniveau festzulegen und anschliessend die Messskala zu definieren.

Die Beurteilung von Problemlösungsvarianten kann auf drei Skalenniveaus (vgl. Anderson, Sweeney, Williams, 2008, S. 6 f.) erfolgen:

- Das höchste Niveau ist die Ratioskala. Wenn beispielsweise die mit den verschiedenen Varianten verbundenen Investitionsausgaben in EUR angegeben werden können, erfolgt die Messung der Investitionen auf einer Ratioskala. Haben drei Varianten A, B und C Investitionsausgaben von EUR 0, EUR 100'000 und EUR 300'000, so lassen sich daraus mehrere Schlüsse ziehen: Ein banaler aber im Hinblick auf die nachfolgend erklärte Intervallskala wichtiger Schluss ist, dass die Variante A keine Investitionen benötigt. Ein zweiter Schluss besteht darin, dass der Abstand zwischen Variante B und C doppelt so gross ist wie der Abstand zwischen Variante A und B. Ein dritter zulässiger Schluss besteht darin, dass die Investitionsausgaben von Variante C dreimal so hoch sind wie diejenigen von Variante B.
- Das nächsttiefere Niveau ist die Intervallskala. Sie kommt beispielsweise zur Anwendung, wenn die Temperatur der Abwärme von drei zur Auswahl stehenden Kehrichtverbrennungsanlagen erfasst werden soll. Wenn drei zur Diskussion stehende Anlagen A, B und C Abwärme von 0°F, 100°F und 300°F ergeben, lassen sich daraus weniger Schlüsse ziehen: Das Projekt A mit 0°F produziert durchaus Abwärme. Der Wert Null bedeutet hier nicht, dass die gemessene

Konsequenz gar nicht existiert. Der Schluss, dass der Abstand zwischen Variante B und C doppelt so gross ist wie zwischen Variante A und B, ist zulässig. Nicht zutreffend ist hingegen die Aussage, die Temperatur der Abwärme von Projekt C sei dreimal höher als die Abwärme von Projekt B. Dies weil der Skalenwert von Null nicht bedeutet, dass das Phänomen nicht existiert.

- Das tiefste, für die Messung der Auswirkungen von Varianten in Frage kommende Niveau, ist die Ordinalskala. Sie wird beispielsweise angewendet, wenn die Konsequenzen von drei Organisationsvarianten A, B und C durch die Betroffenen mit „Starke Akzeptanz und aktive Unterstützung", „Akzeptanz" und „Ablehnung" erfasst wird. Ohne Schwierigkeiten lassen sich die Varianten rangieren: A wird besser als B und B wird besser als C beurteilt. Es können jedoch keine Aussagen zum Abstand zwischen den Varianten gezogen werden. Es ist denkbar, dass A nur wenig besser beurteilt wird als B, der Abstand zwischen B und C hingegen gross ist. Es ist aber auch denkbar, dass die Abstände zwischen A, B und C ungefähr gleich gross sind.

Falls zur Anwendung des Entscheidungskriteriums eine Ratio- oder eine Intervallskala gewählt wird, ist lediglich noch die Skaleneinheit bzw. die Messeinheit zu bestimmen. So ist beispielsweise festzulegen, in welcher Währung die Investitionsausgaben oder auf welcher Temperaturskala die Abwärme gemessen werden soll. Etwas aufwändiger ist die Bestimmung der Messeinheit, wenn auf einer Ordinalskala gemessen wird. Hier kommt es einerseits darauf an, wesentliche Fälle unterscheiden zu können. Auf der anderen Seite darf die Zahl der Ausprägungen nicht zu differenziert sein, weil sonst die Bestimmung der Konsequenzenwerte der Varianten sehr aufwändig wird oder im Extremfall gar nicht mehr möglich ist. So scheint z.B. die Akzeptanz von Reorganisationsvarianten durch die Betroffenen mit den Skaleneinheiten

- starke Ablehnung und Widerstand
- Ablehnung
- Akzeptanz
- starke Akzeptanz und aktive Unterstützung

sinnvoll erfassbar.

8.4   Festlegung von Umfeldszenarien

8.4.1   Einleitung

Die Konsequenzen der Varianten hängen nicht nur von den Varianten selbst ab, sondern werden auch durch unkontrollierte Situationsmerkmale beeinflusst. Der Aktor muss sich deshalb vor der Konsequenzenermittlung in Schritt 5 mit den unkontrollierbaren Situationsmerkmalen auseinandersetzen. Falls ihre zukünftige Entwicklung unsicher ist, sind Umfeldszenarien zu erarbeiten. Diese bilden anschliessend die Basis für eine differenzierte Ermittlung der Konsequenzen in Schritt 6.

Der Schritt 5 wird gemäss der heuristischen Regel der Faktorisation in drei Teilprobleme aufgeteilt. **Abbildung 8.6** zeigt die drei resultierenden Unterschritte.

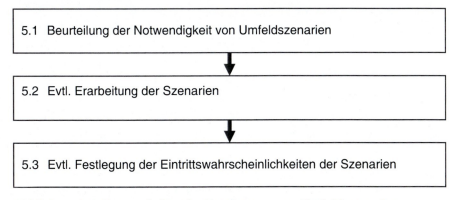

Abbildung 8.6: Unterschritte der Festlegung von Umfeldszenarien

8.4.2   Beurteilung der Notwendigkeit von Umfeldszenarien

Die Auswirkungen von Entscheidungen liegen immer in der Zukunft. Da nie jemand in der Lage sein wird, die Zukunft präzis vorauszusagen, sind die Konsequenzen einer Entscheidung immer unsicher. Entsprechend müssten eigentlich immer verschiedene Umfeldszenarien entwickelt werden und die Konsequenzen der Varianten müssten eigentlich immer pro Umfeldszenarium ermittelt werden.

Aus praktischer Sicht gibt es jedoch viele Entscheidungen, für die sich der Aufwand der Entwicklung von Umfeldszenarien und der Bewertung der Varianten für jedes dieser Szenarien nicht lohnt. Wenn die Unsicherheit relativ gering ist oder wenn sich die Unsicherheit kaum auf die Rangierung der Varianten auswirkt, kann auf Umfeldszenarien verzichtet werden. Dies sei anhand eines einfachen Beispiels erläutert: Ein Lastwagen ist aus Altersgründen zu ersetzen. Es stehen drei Varianten zur Diskussion, welche die Anforderungen bezüglich Nutzlast, Ladevorrichtung usw. erfüllen:

- Wenn der Aktor das relevante Umfeld als relativ stabil einstuft, werden keine Umfeldszenarien benötigt. Dies ist der Fall, wenn der Bedarf nach den Transportleistungen, der Dieselpreis, die gesetzlich zulässigen Gewichtslimiten usw. für die ganze Nutzungsdauer des neuen Lastwagens als weitgehend konstant beurteilt werden.

- Wenn der Dieselverbrauch der drei Lastwagen praktisch gleich ist, braucht es auch keine Umfeldszenarien, falls der Aktor den Dieselpreis als unsicher einstuft. Die Rangfolge der Varianten bleibt nämlich in den verschiedenen Treibstoffpreisszenarien gleich.

- Weisen die drei Lastwagenmodelle jedoch einen unterschiedlichen Dieselverbrauch auf und wird der Dieselpreis als unsicher beurteilt, müssen die Auswirkungen der Varianten für verschiedene Dieselpreisszenarien ermittelt werden. Bei einem tiefen Dieselpreis schneidet nämlich tendenziell ein billiger Lastwagen mit hohem Dieselverbrauch gut ab, während bei einem hohen Dieselpreis ein teurer Lastwagen mit niedrigem Dieselverbrauch vorteilhaft ist.

Das einfache Beispiel zeigt, dass die Entscheidung, ob die Konsequenzenermittlung auf der Basis von Umfeldszenarien erfolgen muss oder nicht, vom konkreten Einzelfall abhängt. Im Zweifelsfall sind Umfeldszenarien zu entwickeln und der Variantenbewertung zugrundezulegen.

8.4.3   Erarbeitung der Szenarien

Für die Definition der Szenarien stehen dem Aktor zwei Wege offen.

Falls viele unkontrollierbare Situationsmerkmale unsicher sind und ihre Wirkungen auf die Konsequenzen der Varianten diffus sind, kann der Aktor direkt Szenarien definieren. So ist beispielsweise denkbar, die Konsequenzen von Markteintrittsvarianten in Frankreich für ein optimistisches, ein mittleres und ein pessimistisches Szenarium zu ermitteln. Diese Szenarien können sich dabei in der französischen Konjunktur, in der französischen Steuergesetzgebung, in der Nachfrage der französischen Bevölkerung nach dem angebotenen Produkt, im Kurs des Euro und in weiteren unkontrollierbaren Situationsmerkmalen unterscheiden.

Falls hingegen wenige unkontrollierbare Situationsmerkmale einen wesentlichen Einfluss auf die Konsequenzen ausüben, empfiehlt sich folgendes schrittweise Vorgehen:

- Zuerst sind die unkontrollierbaren Situationsvariablen zu identifizieren, die einen wesentlichen Einfluss auf die Konsequenzen der Varianten ausüben und gleichzeitig unsicher sind. Das kann beispielsweise bei der Lancierung eines neuen Produktes die Konjunkturlage oder bei einer Produktentwicklung die mögliche oder nicht mögliche Patentierung des neuen Produktes sein. Es ist jedoch auch denkbar, dass in einem Entscheidungsproblem mehrere unsichere unkontrollierbare Situationsmerkmale einen wesentlichen Einfluss auf die Konsequenzen der Alternativen ausüben. Dies ist beispielsweise bei einer Entscheidung über eine neue Sessel- und Skiliftanlage der Fall: Die Wirtschaftlichkeit des Projektes dürfte erheblich von den Wetter- und von den Schneeverhältnissen im Winter und von den Wetterverhältnissen im Sommer abhängen.
- Auf der Basis der unsicheren unkontrollierbaren Situationsmerkmale sind anschliessend Szenarien zu formulieren. So können der Beurteilung der Lancierung oder Nicht-Lancierung eines neuen Produktes zum Beispiel drei Konjunkturlagen zugrunde gelegt werden, die je durch Wachstumssätze des Bruttoinlandproduktes gekennzeichnet sind. Beispielsweise könnte eine schlechte Konjunktur durch ein negatives Wachstum, eine mittlere Konjunktur durch ein Wachstum zwischen 0 und 2% und eine gute Konjunktur durch ein Wachstum über 2% umschrieben werden. Etwas schwieriger wird die Szenari-

enbildung, wenn mehrere unsichere unkontrollierbare Situationsmerkmale zu berücksichtigen sind. In diesem Fall stellen die Szenarien Kombinationen von Werten oder Wertebereichen dieser unsicheren unkontrollierbaren Situationsmerkmale dar. **Vertiefungsfenster 8.2** zeigt die Bildung von Szenarien als Basis für die Beurteilung eines Projektes für eine neue Sessel- und Skiliftanlage.

8.4.4   Festlegung der Eintrittswahrscheinlichkeiten der Szenarien

Schliesslich ist in Unterschritt 5.3 zu prüfen, ob den Umfeldszenarien
Wahrscheinlichkeiten zugeordnet werden können. Die Zuordnung von
Wahrscheinlichkeiten ist nicht zwingend und sollte deshalb nur vorgenommen werden, wenn sie auf Fakten abgestützt werden kann. Dies
ist beispielsweise für die Wetter- und Schneeszenarien in Vertiefungsfenster 8.2 der Fall: Meteorologische Aufzeichnungen erlauben es, den
Szenarien Wahrscheinlichkeiten zuzuordnen. Ob es hingegen sinnvoll
ist, den zwei Szenarien "Patentierung gelingt" und "Patentierung gelingt nicht" Wahrscheinlichkeiten zuzuordnen, darf bezweifelt werden.
Ist die Neuentwicklung unbestritten patentwürdig oder unbestritten
nicht patentwürdig, wird man auf die Unterscheidung der zwei Szenari-
en sowieso verzichten. Ist die Patentierung jedoch fraglich und müssen
deshalb die beiden Szenarien unterschieden werden, dürfte eine gesi-
cherte Aussage über ihre Eintretenswahrscheinlichkeiten kaum möglich sein.

**Vertiefungsfenster 8.2: Festlegung von Umfeldszenarien als
Grundlage der Beurteilung eines Sessel- und Skiliftprojektes**

Für ein kleineres Skigebiet mit alten Skiliften ist ein Gesamterneue-
rungsprojekt ausgearbeitet worden. Seine wirtschaftliche Beurteilung soll auf der Basis mehrerer Szenarien der Wetter- und
Schneebedingungen erfolgen.

Der Aktor geht davon aus, dass auf den wirtschaftlichen Erfolg des
Sessel- und Skiliftprojektes drei unsichere unkontrollierbare Situationsmerkmale einen wesentlichen Einfluss ausüben:

- die Wetterverhältnisse im Sommer,
- die Wetterverhältnisse im Winter sowie
- die Schneeverhältnisse im Winter.

Um nun die Szenarien zu bilden, wird wie folgt vorgegangen:

- Da die Anlage jeweils im November für eine Generalrevision still steht, ergeben sich 335 Betriebstage. Diese werden aufgrund der Möglichkeit, Skisport zu betreiben, in 100 Tage Wintersaison und 235 Tage Sommersaison aufgeteilt.
- Aufgrund meteorologischer Daten werden schlechte, mittlere und gute Sommersaisons resp. Wintersaisons unterschieden. Sie setzen sich je aus einem Mix aus wetter- und schneemässig schlechten, mittleren und guten Tagen zusammen. Der Unterschied zwischen einem schlechten, einem mittleren und einem guten Sommer resp. Winter besteht im Mix dieser Tage. So hat beispielsweise ein guter Sommer im Durchschnitt 96 gute und nur 56 schlechte Tage, während ein schlechter Sommer im Durchschnitt nur 68 gute, dafür aber 70 schlechte Tage aufweist.
- **Abbildung 8.7** zeigt das Resultat der bisherigen Überlegungen: Für schlechte, mittlere und gute Winter und Sommer sind in der Abbildung die im Durchschnitt anfallenden wetter- und schneemässig schlechten, mittleren und guten Tage ersichtlich.
- Auf Basis der Abbildung lassen sich nun neun Szenarien bilden: ein schlechter Winter und Sommer, ein schlechter Winter und mittlerer Sommer etc.

Da ein mittlerer Winter und Sommer aufgrund der meteorologischen Aufzeichnungen doppelt so wahrscheinlich ist wie ein schlechter und ein guter Winter und Sommer, können den neun Szenarien folgende Wahrscheinlichkeiten zugeordnet werden:

- schlechter Winter und Sommer : 0.0625
- schlechter Winter und guter Sommer: 0.0625
- schlechter Winter und mittlerer Sommer: 0.125
- mittlerer Winter und schlechter Sommer: 0.125
- mittlerer Winter und Sommer: 0.25
- mittlerer Winter und guter Sommer: 0.125
- guter Winter und mittlerer Sommer: 0.125
- guter Winter und schlechter Sommer: 0.0625
- guter Winter und Sommer: 0.0625

Qualität der Winter und Sommer	Anzahl Tage		Aufteilung der Tage nach Wetter- und Schneequalität											
	Winter	Sommer	Winterwetter									Sommerwetter		
			Schlecht			Mittel			Gut			Schlecht	Mittel	Gut
			Schnee: Schlecht	Mittel	Gut	Schlecht	Mittel	Gut	Schlecht	Mittel	Gut			
schlechter Winter	100		6	12	6	11	23	12	7	15	8			
mittlerer Winter	100		5	11	6	11	22	12	8	16	9			
guter Winter	100		5	10	5	11	22	11	9	18	9			
schlechter Sommer		235										70	97	68
mittlerer Sommer		235										63	90	82
guter Sommer		235										56	83	96

Abbildung 8.7: Gute, mittlere und schlechte Winter und Sommer

Auf der Basis der verschiedenen Arten von Tagen und ihrer Häufigkeit lassen sich die Besucherzahlen und damit die Erträge der verschiedenen Szenarien schätzen. Die neun Szenarien definieren somit nicht nur die benötigten Konsequenzenwerte, sondern liefern auch wichtige Informationen zu deren Ermittlung.

8.5 Konfiguration des Entscheidungsproblems als Folge der Schritte 3, 4 und 5

In den Schritten 3, 4 und 5 werden der Reihe nach die Elemente bestimmt, welche für die Konfiguration des Entscheidungsproblems in Form einer Entscheidungsmatrix nötig sind:

- In Schritt 3 werden die Varianten formuliert.
- Darauf werden in Schritt 4 die zur Variantenbeurteilung einzusetzenden Entscheidungskriterien festgelegt.
- Falls notwendig werden in Schritt 5 die Szenarien festgelegt.

Aufgrund der Resultate dieser drei Verfahrensschritte kann nun die Entscheidungsmatrix erstellt werden. **Abbildung 8.8** zeigt ein Beispiel. Es geht im Entscheidungsproblem um die Ausweitung der Geschäftstätigkeit eines bisher nur in der Schweiz aktiven Familienunternehmens im Eigentum polnischer Emigranten. Wie der Abbildung entnommen werden kann, wurden vier konkrete Alternativen erarbeitet, die mit Hilfe von zwei Entscheidungskriterien bewertet werden sollen. Bei einem Kriterium sind die Konsequenzen davon abhängig, ob die Integration der geplanten Tochtergesellschaft im Ausland gelingt und damit die möglichen Synergien verwirklicht werden können. Es werden deshalb zwei Szenarien berücksichtigt.

Damit ein Entscheidungsproblem entsteht, müssen immer mindestens zwei Varianten vorliegen. Hingegen ist es nicht zwingend, dass die Variantenbewertung, wie in der Abbildung gezeigt, aufgrund mehrerer Entscheidungskriterien erfolgt. Wie bereits dargelegt wurde, kann zwischen ein- und mehrwertigen Entscheidungsproblemen unterschieden werden:

Kriterien und Szenarien / Alternativen	**K$_1$:Diskontierter Cash-Flow der nächsten 5 Jahre in Mio. EUR**		**K$_2$:Schaffung von Arbeitsplätzen in Polen ***
	S$_1$:Integration gelingt gut	**S$_2$:Integration gelingt schlecht**	
A$_1$:Kauf des Herstellers U mit Produktionsstätten in Deutschland und Polen	k$_{111}$	k$_{112}$	k$_{12}$
A$_2$:Kauf des Herstellers V mit einer Produktionsstätte in Polen und Vertriebsniederlassungen in Deutschland	k$_{211}$	k$_{212}$	k$_{22}$
A$_3$:Aufbau von Vertriebsniederlassungen in Deutschland und Polen für Produkte aus der Schweiz	k$_{311}$	k$_{312}$	k$_{32}$
A$_4$:Verzicht auf eine Geschäftserweiterung	k$_{41}$		k$_{42}$

A$_x$ = Alternativen
K$_y$ = Kriterien
S$_z$ = Szenarien
k$_{xy}$ = Einzelkonsequenz der Alternative x bezüglich Kriterium y
k$_{xyz}$ = Einzelkonsequenz der Alternative x bezüglich Kriterium y und Szenarium z
*   = Gemessen auf der Ordinalskala mit den Ausprägungen "sehr viele", "viele", "einige", "wenige" und "keine"

Abbildung 8.8: Beispiel einer Entscheidungsmatrix

- Ein einwertiges Entscheidungsproblem liegt vor, wenn die Variantenbewertung aufgrund eines Entscheidungskriteriums erfolgt. Von einem einwertigen Entscheidungsproblem wird auch dann gesprochen, wenn zur Beurteilung der Varianten zwar mehrere Entscheidungskriterien verwendet werden, diese jedoch in einem arithmetischen Verhältnis zueinander stehen.
- Um ein mehrwertiges Entscheidungsproblem handelt es sich, wenn zur Beurteilung der Alternativen mehrere, nicht in einem arithmetischen Verhältnis zueinander stehende Entscheidungskriterien eingesetzt werden.

Auch die in Abbildung 8.8 aufgeführten Szenarien sind nicht zwingend. Es lassen sich, wie ebenfalls bereits gezeigt, drei verschiedene Situationen unterscheiden:

- Es gibt keine unsicheren unkontrollierbaren Situationsmerkmale mit einem wesentlichen Einfluss auf das Entscheidungsproblem. Es handelt sich in diesem Fall um eine Entscheidung unter Sicherheit.
- Es existieren ein oder mehrere unsichere unkontrollierbare Situationsmerkmale, die einen wesentlichen Einfluss auf die Variantenbewertung ausüben. Auf ihrer Basis werden Szenarien gebildet, für die Eintretenswahrscheinlichkeiten angegeben werden können. Man spricht in dieser Situation vom Fall der Unsicherheit.
- Es sind, gleich wie in der oben geschilderten Situation, mehrere Umfeldszenarien denkbar. Nur lassen sich für diese keine Eintretenswahrscheinlichkeiten angeben. Dies wird als Fall der Ungewissheit bezeichnet.

Da sich die Fälle der ein- und der mehrwertigen Entscheidung mit den Fällen der Entscheidung unter Sicherheit, unter Unsicherheit und unter Ungewissheit kombinieren lassen, ergeben sich sechs mögliche Entscheidungskonstellationen. Sie sind in **Abbildung 8.9** dargestellt.

Kriterien Umfeld-szenarien	Entscheidung unter Einwertigkeit	Entscheidung unter Mehrwertigkeit
Entscheidung unter Sicherheit	Entscheidung unter Einwertigkeit und Sicherheit	Entscheidung unter Mehrwertigkeit und Sicherheit
Entscheidung unter Unsicherheit	Entscheidung unter Einwertigkeit und Unsicherheit	Entscheidung unter Mehrwertigkeit und Unsicherheit
Entscheidung unter Ungewissheit	Entscheidung unter Einwertigkeit und Ungewissheit	Entscheidung unter Mehrwertigkeit und Ungewissheit

Abbildung 8.9: Die sechs Entscheidungskonstellationen

8.6   Ermittlung der Konsequenzen der Varianten

8.6.1   Einleitung

Die relevanten Folgen einer Variante werden als ihre Konsequenzen bezeichnet. Welche Wirkungen relevant sind und deshalb Konsequenzenarten darstellen, geben die Entscheidungskriterien vor. Die Konsequenzen sind nicht nur Wirkungen der Varianten, sondern hängen auch von unkontrollierbaren Situationsmerkmalen ab. Im Falle unsicherer unkontrollierbarer Situationsmerkmale müssen deshalb die Konsequenzen der Varianten für die verschiedenen denkbaren Umfeldszenarien ermittelt werden. Die verschiedenen Konsequenzen der Varianten können im Hinblick auf die Entscheidung zu ihren Gesamtkonsequenzen zusammengefasst werden. Wie **Abbildung 8.10** zeigt, besitzen die Konsequenzen der Varianten damit eine zentrale Stellung im Entscheidungsprozess.

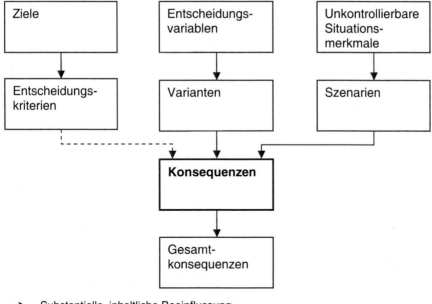

→ = Substantielle, inhaltliche Beeinflussung
- → = Formale Beeinflussung

Abbildung 8.10: Die zentrale Stellung der Konsequenzen im Entscheidungsprozess

Die Ermittlung der Konsequenzen der Varianten lässt sich in drei Unterschritte gemäss **Abbildung 8.11** unterteilen.

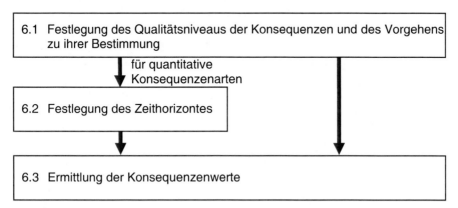

Abbildung 8.11: Unterschritte der Ermittlung der Konsequenzen der Varianten

8.6.2 Festlegung des Qualitätsniveaus der Konsequenzen und des Vorgehens zu ihrer Bestimmung

Aus praktischer Sicht lassen sich drei Qualitätsniveaus der Konsequenzenbestimmung unterscheiden:

- Häufig begnügen sich Aktoren damit, Konsequenzen subjektiv auf der Basis ihres Erfahrungswissens zu schätzen. Dieses Vorgehen macht Sinn, wenn viele Einzelkonsequenzen zu bestimmen sind und/oder die Anwendung fundierterer Prognosemodelle aus Zeit- oder Aufwandsgründen nicht angebracht erscheint. Der Aktor sollte jedoch auch bei subjektiven Schätzungen nicht darauf verzichten, die in der Problemanalyse herausgearbeiteten Ursache-Wirkungs-Zusammenhänge bei der Bestimmung der Konsequenzen zu berücksichtigen.
- Eine höhere Qualitätsstufe wird erreicht, wenn Aktoren zur Stützung ihrer Beurteilungen empirische Erhebungen über Wirkungen von Alternativen durchführen. So kann man zum Beispiel durch eine Marktforschung die möglichen Wirkungen von TV-Spots oder von Verpackungen ermitteln. Auch praktische Funktionstests von Prototypen entsprechen dieser Qualitätsstufe. Die genannten empirischen Erhebungen finden in der Gegenwart und oft unter "Laborbedingungen" statt. Die Verwendung der Untersuchungsresultate als Konsequenzen basiert auf der Annahme, dass die festgestellten Wirkungen sich im Zeitablauf nicht wesentlich ändern und dass sie auch im "Feld" gelten.
- Das höchste Qualitätsniveau wird erreicht, wenn die Konsequenzenermittlung auf wissenschaftlich gestützten Prognosemethoden beruht. Diese setzen Erklärungsmodelle voraus, welche die Zusammenhänge zwischen den wichtigsten relevanten Variablen abbilden. Über derartige Modelle verfügt man primär bei rein technischen Problemstellungen, bei denen naturwissenschaftliche Gesetzmässigkeiten eine zentrale Rolle spielen. Bei komplexen betriebswirtschaftlichen Entscheidungsproblemen kann man höchstens hoffen, zur Bestimmung eines Teils der interessierenden Konsequenzen wissenschaftliche Prognoseverfahren einsetzen zu können. So ist zum Beispiel vorstellbar, dass zur Schätzung der Nachfrage als Konsequenz alternativer Preise statistisch fundierte Nachfragefunktionen existieren. Oder zur Bestimmung des optimalen Werbebudgets können unter Umständen empirisch ermittelte Werbewirkungsfunktionen eingesetzt werden. Generell ist jedoch davon auszuge-

hen, dass bei komplexen betriebswirtschaftlichen Entscheidungsproblemen fundierte Prognosen zur Bestimmung der Konsequenzen
nur ausnahmsweise möglich sind.

Das gewählte Qualitätsniveau der Konsequenzen hängt von verschiedenen Faktoren ab:

- Es wird durch die Bedeutung des Entscheidungsproblems beeinflusst. Je wichtiger ein Entscheidungsproblem für den Aktor ist, desto mehr Aufwand wird er zur Beurteilung der Lösungsvarianten akzeptieren.
- Das Qualitätsniveau hängt zudem von den Möglichkeiten ab, empirische Erhebungen durchzuführen oder Prognosen zu erstellen. Dies
  ist nicht immer möglich. Insbesondere, wenn die Entscheidung unter
  Zeitdruck gefällt werden muss, bleibt oft nur eine Konsequenzenermittlung auf dem tiefsten Qualitätsniveau.
- Schliesslich wird das Qualitätsniveau der Konsequenzenermittlung
  auch von dem in Schritt 4 festgelegten Skalenniveau der einzelnen
  Konsequenzenarten beeinflusst. Im Allgemeinen wird sich eine Konsequenzenbestimmung auf höherem Niveau eher lohnen, wenn die
  Konsequenzenart auf einer Ratio- oder Intervallskala gemessen
  wird.

Auf der Grundlage des Qualitätsniveaus kann für jede Konsequenzenart das konkrete Vorgehen zur Bestimmung der Konsequenzenwerte
festgelegt werden. Es hängt vom konkreten Entscheidungsproblem ab.
Deshalb können hierzu keine allgemeingültigen Ausführungen gemacht
werden.

In den meisten Fällen werden die Konsequenzen geschätzt. Ein damit
verbundenes Problem ist, dass Menschen ihr Wissen in der Regel
überschätzen und deshalb ihren subjektiven Beurteilungen ein zu
grosses Vertrauen entgegenbringen. "It's not what we don't know that
gives us trouble, it's what we know that ain't so" (Rogers zitiert in Rus-
so/Schoemaker, 1990, S. 95).

Um verlässliche Bewertungen der Varianten zu erhalten, ist somit dieser Tendenz zur Selbstüberschätzung des eigenen Wissens entgegen-
zuwirken. Folgende Massnahmen erscheinen dazu tauglich:

- Die Konsequenzen können zuerst unabhängig durch mehrere Einzelpersonen ermittelt werden. Anschliessend ist jede von ihnen mit den Urteilen der anderen Personen zu konfrontieren und die Unterschiede sind auszudiskutieren. Dieser, einer Delphistudie ähnliche, aber viel weniger aufwendige Prozess führt zu einem Gruppenurteil, das wesentlich besser ist als die Einzelurteile. Das Gruppenurteil ist aber auch besser als der Durchschnitt der Einzelurteile, weil in der Diskussion Fehlüberlegungen aufgedeckt werden und damit einzelne Personen ihre Beurteilungen revidieren.
- Die Diskussion in der Gruppe kann zusätzlich durch verunsichernde Fragen (disconfirming questions) angeregt werden. Diese können beispielsweise das Erfahrungswissen anzweifeln, auf dem die Konsequenzenschätzungen basieren oder Annahmen in Frage stellen, die implizit hinter den angegebenen Konsequenzen stehen (vgl. Russo/Schoemaker, 1990, S. 103 ff.).
- Wesentlich erscheint auch, dass die Personen im Nachhinein mit den effektiven Auswirkungen der gewählten Variante konfrontiert werden. Dadurch lassen sich Lerneffekte erzielen, die sich in einem nächsten, ähnlich gelagerten Entscheidungsproblem positiv auswirken (vgl. Russo/Schoemaker, 1990, S. 98 ff.).

8.6.3   Festlegung des Zeithorizontes

Die Konsequenzen der Varianten entsprechen immer künftigen Zuständen bzw. künftigen Entwicklungen. Die als Konsequenzen relevanten Auswirkungen der Varianten beginnen, nachdem die Entscheidung getroffen worden ist und dauern in der Regel wesentlich länger als die Realisierung der Varianten. In vielen Entscheidungsproblemen lässt sich während der Problembearbeitung nicht oder nur sehr grob bestimmen, während welcher Zeitperiode mit entscheidungsrelevanten Auswirkungen der Varianten zu rechnen ist. **Abbildung 8.12** visualisiert diese Aussagen.

Ausgehend von den in Abbildung 8.12 zusammengefassten Überlegungen hat der Aktor für die quantitativen Konsequenzenarten den Zeithorizont festzulegen, bis zu dem die Auswirkungen der Varianten erfasst werden sollen. Es handelt sich bei den quantitativen Konse-

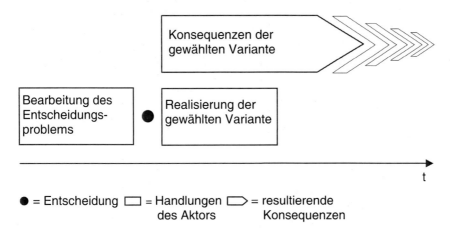

● = Entscheidung ☐ = Handlungen ▷ = resultierende
des Aktors   Konsequenzen

**Abbildung 8.12: Abfolge von Entscheidungsprozess,
Entscheidungsrealisierung und Entscheidungskonsequenzen**

quenzenarten um alle Konsequenzenarten, die auf einer Ratioskala oder auf einer Intervallskala gemessen werden (vgl. dazu Unterabschnitt 8.3.4). Da die Wirkungen der Varianten in der Regel mit der Zeit abnehmen, kann nach einer gewissen Zeit die Konsequenzenermittlung "abgeschnitten" werden, ohne allzu grosse Beurteilungsfehler in Kauf nehmen zu müssen. Wo allerdings dieser Zeitpunkt liegt und wie lang damit die Periode wird für welche die Auswirkungen der Varianten zu erfassen sind, ist eine nicht leicht zu beantwortende Frage. Die Antwort darauf dürfte in den meisten Fällen auf einer subjektiven Beurteilung beruhen. Aber es existieren durchaus auch Entscheidungen, in denen klare Anhaltspunkte für die Fixierung des Zeithorizontes der Konsequenzenbestimmung existieren. So gibt zum Beispiel für Investitionsentscheidungen die vorgesehene Nutzungsdauer der potentiellen Investitionsobjekte einen eindeutigen Hinweis darauf, über welchen Zeitraum hinweg die Konsequenzen erfasst werden sollten.

8.6.4   Ermittlung der Konsequenzenwerte

Die zu ermittelnden Konsequenzenwerte sind durch die Entscheidungsmatrix (vgl. z.B. Abbildung 8.8) vorgegeben.

Die eigentliche Ermittlung der Konsequenzenwerte basiert auf den in den Unterschritten 6.1, 6.2 und 6.3 angestellten Überlegungen und dem Wissen des Aktors über das Entscheidungsproblem. Es lassen sich deshalb zum Unterschritt 6.4 keine zusätzlichen Hinweise geben.

9 Die Entscheidungsmaximen zur Bildung der Gesamtkonsequenzen der Varianten

9.1 Einleitung

In den Kapitel 7 und 8 wurden der Reihe nach die Schritte 1 bis 6 des allgemeinen heuristischen Entscheidungsverfahrens behandelt. Bevor nun der noch verbleibende Schritt 7 diskutiert werden kann, muss eine wichtige Grundlage geschaffen werden. Dies geschieht in Kapitel 9. Es handelt sich um die Vorstellung der Entscheidungsmaximen.

Entscheidungsmaximen sind Regeln, mit deren Hilfe die einzelnen Konsequenzen der Varianten zu ihren Gesamtkonsequenzen zusammengefasst werden können. Sie bilden einen zentralen Teil der Entscheidungslogik (vgl. dazu Vertiefungsfenster 2.1).

Abbildung 9.1 gibt einen Überblick über die verschiedenen Entscheidungsmaximen und ihre Anwendung. Wie der Abbildung entnommen werden kann, hängt es von der Entscheidungskonstellation ab, welche Entscheidungsmaximen zur Anwendung kommen können:

- Für den Fall der Einwertigkeit und Sicherheit ist keine Entscheidungsmaxime notwendig. Die Konsequenzen der Varianten entsprechen ihren Gesamtkonsequenzen.
- Für Entscheidungskonstellationen unter Einwertigkeit und Unsicherheit kann der Erwartungswert berechnet werden. Ein komplexeres Verfahren, welches die Risikoeinstellung des Aktors mit berücksichtigt, ist von Bernoulli entwickelt worden. Daneben sind auch die Maximen für den Fall der Ungewissheit anwendbar. Dies allerdings nur unter Vernachlässigung vorhandener Informationen, da dann zwar die verschiedenen Szenarien, nicht aber ihre Eintretenswahrscheinlichkeiten berücksichtigt werden.
- Liegt eine Entscheidungskonstellation mit Einwertigkeit und Ungewissheit vor, so kommen als einfache Regeln zur Bildung der Gesamtkonsequenz die Maximen des Maximax, des Minimax von Wald und der Gleichwahrscheinlichkeit von Laplace in Frage. Des Weiteren stehen mit dem Optimismus-Pessimismus-Index von Hurwicz

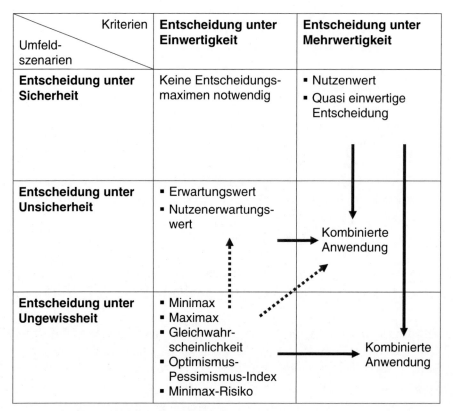

Umfeld-szenarien \ Kriterien	Entscheidung unter Einwertigkeit	Entscheidung unter Mehrwertigkeit
Entscheidung unter Sicherheit	Keine Entscheidungs-maximen notwendig	▪ Nutzenwert ▪ Quasi einwertige Entscheidung
Entscheidung unter Unsicherheit	▪ Erwartungswert ▪ Nutzenerwartungs-wert	Kombinierte Anwendung
Entscheidung unter Ungewissheit	▪ Minimax ▪ Maximax ▪ Gleichwahr-scheinlichkeit ▪ Optimismus-Pessimismus-Index ▪ Minimax-Risiko	Kombinierte Anwendung

──▶ = Uneingeschränkt anwendbar

••••▶ = Nur unter Vernachlässigung von Informationen anwendbar

Abbildung 9.1: Die Entscheidungsmaximen und ihre Anwendung

und der Minimax-Risiko-Regel von Niehans und Savage zwei weitere, in der Anwendung etwas anspruchsvollere Maximen zur Verfügung.

▪ Bei Mehrwertigkeit und Sicherheit bedarf es lediglich einer Maxime zur Überwindung der Mehrwertigkeit. Das Nutzenwertverfahren und die Betrachtung des Entscheidungsproblems als quasi-einwertig stellen solche Maximen dar.

▪ Für den Fall der Mehrwertigkeit und Unsicherheit ist eine Maxime zur Überwindung der Mehrwertigkeit mit einer Maxime zur Überwindung der Unsicherheit zu kombinieren. Darüber hinaus kann anstelle einer Maxime zur Überwindung der Unsicherheit auch hier eine Maxime zur Überwindung der Ungewissheit eingesetzt werden. Dabei werden jedoch wiederum Informationen vernachlässigt.

• Entscheidungen unter Mehrwertigkeit und Ungewissheit schliesslich bedürfen einer Kombination einer Maxime zur Überwindung der Mehrwertigkeit und einer Maxime zur Überwindung der Ungewissheit.

In den Abschnitten 9.2 bis 9.4 werden der Reihe nach die Maximen zur Überwindung der Mehrwertigkeit, der Unsicherheit und der Ungewissheit vorgestellt. Anschliessend wird die Kombination der Maximen erläutert und eine Beurteilung vorgenommen.

9.2   Entscheidungsmaximen zur Überwindung der Mehrwertigkeit

9.2.1   Nutzenwertmaxime

Die Anwendung der Nutzenwertmaxime (vgl. Bamberg/Coenenberg, 2002, S. 47 ff.; Eisenführ/Weber, 2003, S. 115 ff.; Rommelfanger/ Eickemeier, 2002, S. 140 ff.) umfasst folgende Teilaufgaben:

1. Zuerst sind die Konsequenzenwerte in Nutzenwerte zu transformieren. Dies geschieht parallel für jede Konsequenzenart. Um nicht indirekte Gewichtungen der Konsequenzenwerte vorzunehmen, ist für jede Konsequenzenart die gleiche Summe von Nutzenwerten zu vergeben. Es wird empfohlen, als Summe der Nutzenwerte einer Konsequenzenart den Wert "1" zu wählen. Die Nutzenwerte der Varianten liegen damit für jede Konsequenzenart zwischen 0 und 1. Es dürfte ferner zweckmässig sein, den höchsten Nutzenwert für die günstigste und den tiefsten Nutzenwert für die ungünstigste Konsequenz zu vergeben. Dies würde zum Beispiel beim Kauf einer Werkzeugmaschine in Bezug auf den Anschaffungspreis bedeuten, dass die Maschine mit dem tiefsten Preis den höchsten Nutzenwert erhält.
2. Der zweite Schritt besteht in der Gewichtung der Konsequenzenarten. Die auf subjektiven Urteilen beruhenden Gewichte sollten die relative Bedeutung der Kriterien für die Erreichung des Ziels resp. der Ziele wiederspiegeln. Zur Normierung der Gewichtung der Konsequenzenarten wird vorgeschlagen, als Summe aller Gewichte den Wert 1 zu wählen.

3. Sind die Konsequenzenwerte in Nutzenwerte transformiert und die Gewichte der Entscheidungskriterien bzw. Konsequenzenarten bestimmt, so können die Gesamtkonsequenzen ermittelt werden. Zu diesem Zweck sind die Nutzenwerte mit ihren Gewichten zu multiplizieren und die gewichteten Nutzenwerte zu addieren.

Der aufwändigste und gleichzeitig schwierigste Schritt bei Anwendung der Nutzenwertmaxime ist der erste Schritt. **Vertiefungsfenster 9.1** zeigt, wie für verschiedene Kategorien von Entscheidungskriterien resp. Konsequenzenarten diese Transformation der Konsequenzenwerte in Nutzenwerte vorzunehmen ist.

Vertiefungsfenster 9.1: Transformation der Konsequenzenwerte in Nutzenwerte

Bei der Transformation der Konsequenzenwerte in Nutzenwerte sind vier verschiedene Kategorien von Konsequenzenarten zu unterscheiden:

- Quantitative Konsequenzenarten, bei denen ein hoher Wert positiv ist, wie zum Beispiel der Deckungsbeitrag
- Quantitative Konsequenzenarten, bei denen ein hoher Wert negativ ist, wie zum Beispiel die Kosten
- Qualitative Konsequenzenarten, bei denen eine hohe Bewertung positiv ist, wie zum Beispiel die Ästhetik
- Qualitative Konsequenzenarten, bei denen eine hohe Bewertung negativ ist, wie zum Beispiel die Geruchsbelastung

Im Haupttext wird empfohlen, die Transformation der Konsequenzenwerte einer Konsequenzenart in Nutzenwerte so vorzunehmen, dass die Summe der Nutzenwerte 1 ergibt. Indem bei sämtlichen Konsequenzenarten so vorgegangen wird, ergibt sich keine implizite Gewichtung.

Für die Transformation in Nutzenwerte wird bei den vier Kategorien von Konsequenzenarten wie folgt vorgegangen:

- Quantitative, positive Konsequenzenarten, wie zum Beispiel der Gewinn, werden in Nutzenwerte transformiert, indem die einzelnen Konsequenzenwerte zur Summe aller Konsequenzenwerte ins Verhältnis gesetzt werden.

- Quantitative, negative Konsequenzenarten, wie zum Beispiel die Kosten, werden in Nutzenwerte transformiert, indem für jeden Konsequenzenwert zunächst der Kehrwert ermittelt wird und dann die Kehrwerte zur Summe aller Kehrwerte ins Verhältnis gesetzt werden. Das Vorgehen sei an folgendem Beispiel illustriert: Eine Firma sucht in einem neuen Marktgebiet Verkaufsräumlichkeiten und hat drei Varianten zur Auswahl. Dabei ist der monatliche Mietzins ein Entscheidungskriterium und damit eine Konsequenzenart. **Abbildung 9.2** zeigt die drei Mietzinse und ihre Transformation in Nutzenwerte. Bei Anwendung dieses Prozederes erhält vernünftigerweise das Büro mit dem tiefsten Mietzins den höchsten Nutzenwert und das Büro mit dem höchsten Mietzins den tiefsten Nutzenwert.

- Qualitative, positive Konsequenzenarten, wie zum Beispiel die Ästhetik, werden zunächst anhand einer zu definierenden Skala in quantitative Konsequenzenwerte übersetzt. Dabei ist darauf zu achten, dass die Transformation die "Abstände" zwischen den verbalen Konsequenzenwerten möglichst gut widerspiegelt. Darauf können gleich wie bei quantitativen, positiven Konsequenzenarten die Nutzenwerte errechnet werden. Das Vorgehen soll wiederum am Beispiel der Entscheidung über die Büroräumlichkeiten illustriert werden: Die Firma hat neben dem Mietzins als

Varianten	Mietzins in CHF	Kehrwerte der Mietzinse	Nutzenwerte
Büro A	1'000	0.001	0.32
Büro B	1'100	0.000909	0.29
Büro C	800	0.00125	0.39
Summe	–	0.003159	1.00

Abbildung 9.2: Beispiel für die Transformation quantitativer negativer Konsequenzenwerte in Nutzenwerte

weiteres Entscheidungskriterium die Lage gewählt und die drei Varianten auf einer qualitativen Skala mit den vier Werten "ausgezeichnet", "sehr gut", "gut" und "genügend" bewertet. **Abbildung 9.3** zeigt seine Bewertung und die anschliessende Transformation in Nutzenwerte. Die Evaluation der Lage basiert, wie die Abbildung zeigt, auf einer Viererskala. Allerdings hat in der Bewertung kein Büro den Wert "sehr gut" erhalten. Diesem Umstand muss nun bei der Transformation der verbalen Konsequenzen in numerische Werte Rechnung getragen werden, indem der Abstand zwischen "ausgezeichnet" und "gut" doppelt so gross festzulegen ist wie der Abstand zwischen "gut" und "genügend".

Varianten	Lage*	Quantitative Werte der Lage	Nutzenwerte
Büro A	Gut	2	0.29
Büro B	Ausgezeichnet	4	0.57
Büro C	Genügend	1	0.14
Summe	–	7	1.00

* Gemessen auf der Skala: ausgezeichnet, sehr gut, gut, genügend

Abbildung 9.3: Beispiel für die Transformation qualitativer positiver Konsequenzenwerte in Nutzenwerte

- Qualitative, negative Konsequenzenarten, wie zum Beispiel die Geruchsbelastung, werden zuerst ebenfalls anhand einer Skala in quantitative Grössen übersetzt. Dabei wird jedoch gleichzeitig die negative Konsequenzenart in eine positive Konsequenzenart transformiert. Dazu ist der für den Aktor nachteiligsten verbalen Konsequenz der kleinste und der für den Aktor vorteilhaftesten verbalen Konsequenz der grösste numerische Wert zuzuordnen. Zudem ist wiederum darauf zu achten, dass die "Abstände" gut wiedergegeben werden. Darauf kann auch hier gleich wie bei quantitativen, positiven Konsequenzenarten die Transformation in Nutzenwerte vorgenommen werden.

Bei den quantitativen Konsequenzenarten kann es vorkommen, dass die Konsequenzenwerte sich von negativen Grössen über den Nullpunkt bis zu positiven Grössen erstrecken. Dies ist beispielsweise bei einer Konsequenzenart wie der Rentabilität möglich. In diesem Fall ist die Umrechnung in Nutzenwerte, wie sie oben vorgeschlagen wird, nicht möglich. Deshalb sind die Konsequenzenwerte vor ihrer Umrechnung in Nutzenwerte zuerst in einen Wertebereich ≥ 0 zu transformieren. Dies geschieht durch Addition einer Konstanten zu allen Konsequenzenwerten (Diese Erhöhung der Konsequenzenwerte um einen konstanten Betrag ist messtechnisch deshalb nicht störend, weil die Nutzenwerte unabhängig von dieser Operation in jedem Fall bloss eine Intervallskala darstellen. Vgl. zur Intervallskala Unterabschnitt 8.3.4.). **Abbildung 9.4** erläutert das vorgeschlagene Vorgehen an einem Beispiel: Vier mögliche Akquisitionen werden unter anderem anhand ihres ROI des vergangenen Jahres beurteilt. Das Wertespektrum reicht dabei von negativen bis zu positiven Grössen. Die Abbildung zeigt nun, wie diese Renditewerte in Nutzenwerte zu transformieren sind.

Varianten	ROI	transformierter ROI	Nutzenwerte
Akquisition A	8%	10%	0.53
Akquisition B	- 2%	0%	0.00
Akquisition C	0%	2%	0.10
Akquisition D	5%	7%	0.37
Summe	–	19%	1.00

Abbildung 9.4: Beispiel für die Transformation quantitativer Konsequenzen mit negativen und positiven Werten in Nutzenwerte

Zum besseren Verständnis wird die Nutzenwertmaxime nun auf ein Beispiel angewandt: Ein Unternehmen hat in einem neuen Marktgebiet drei Büroräumlichkeiten zur Auswahl. **Abbildung 9.5** zeigt die Entscheidungsmatrix mit drei Konsequenzenarten. Die drei Konsequenzenarten haben unterschiedliche Eigenschaften:

- Der Mietzins ist eine quantitative, negative Konsequenz.
- Die Fläche ist eine quantitative, positive Konsequenz.
- Die Lage stellt schliesslich eine qualitative, positive Konsequenz dar.

Kriterien / Varianten	Mietzins in CHF	Fläche in m²	Lage
Büro A	1'000	120	Gut
Büro B	1'100	120	Ausgezeichnet
Büro C	800	90	Genügend

Abbildung 9.5: Ausgangslage des Beispiels zur Anwendung der Nutzenwertmaxime

Abbildung 9.6 zeigt das Resultat der Verfahrensanwendung. Es ist wie folgt entstanden:

- Zuerst wurden die Konsequenzenwerte in Nutzenwerte transformiert, wobei die Summe der Nutzenwerte einer Konsequenzenart je 1 ergibt.
- Darauf wurden die Konsequenzenarten gewichtet.
- Schliesslich wurden die gewichteten Nutzenwerte errechnet und addiert. Da die Summe der Nutzenwerte jeder Konsequenzenart 1 ist und die Gewichte auch eine Summe von 1 aufweisen, ergibt sich auch eine Summe der gewichteten Nutzenwerte aller drei Varianten von 1.

Auf der Grundlage der Summe der gewichteten Nutzenwerte ist Büro B zu wählen.

Kriterien und Gewichte / Varianten	Mietzins in CHF	Fläche in m²	Lage	Summe der gewichteten Nutzenwerte
	0.5	0.3	0.2	
Büro A	0.32	0.36	0.29	–
	0.16	0.11	0.06	0.33
Büro B	0.29	0.36	0.57	–
	0.14	0.11	0.11	0.36
Büro C	0.39	0.28	0.14	–
	0.20	0.08	0.03	0.31
Summe	1.00	1.00	1.00	–
	0.5	0.3	0.2	1.00

Obere Zahl   = Nutzenwerte
Untere Zahl   = Gewichtete Nutzenwerte

Abbildung 9.6: Beispiel zur Anwendung der Nutzenwertmaxime

9.2.2   Maxime der quasi einwertigen Entscheidung

Eine verbreitete aber auch problematische Maxime zur Überwindung der Mehrwertigkeit ist diejenige der quasi einwertigen Entscheidung. Sie stellt eine Kombination der beiden von Rommelfanger und Eickemeier beschriebenen Maximen der Zielunterdrückung und des Anspruchsniveau-Konzepts dar (vgl. Rommelfanger/Eickemeier, 2002, S. 138 f.). Ihre Anwendung beinhaltet drei Schritte:

1. Zuerst ist die wichtigste Konsequenzenart zu bestimmen. Im Beispiel der Bürowahl gemäss Abbildung 9.5 könnte dies beispielsweise der Mietzins sein.
2. Darauf sind für die anderen Konsequenzenarten Mindestanforderungen zu formulieren und die Varianten zu streichen, die diese Mindestanforderungen nicht erfüllen. Beispielsweise könnte, wiederum bezug nehmend auf das Beispiel in Abbildung 9.5, die minimale Fläche mit 100 m² und die minimale Lage mit "gut" festgelegt werden. Dadurch fällt die Variante C weg.

3. Schliesslich sind die verbleibenden Varianten nach der wichtigsten Konsequenzenart zu rangieren. Dies bedeutet, dass im Beispiel Büro A zu wählen ist, weil es den tieferen Mietzins hat als Büro B.

Die Maxime der quasi einwertigen Entscheidung ist einfach und deshalb in der Praxis beliebt. Es sind jedoch mit ihrer Anwendung zwei Probleme verbunden, die dazu führen, dass von der Anwendung dieser Maxime abgeraten wird:

- Wenn an die Varianten Mindestanforderungen gestellt werden, sind diese bereits im Rahmen der Problemanalyse in Schritt 2 oder im Rahmen der Variantenerarbeitung in Schritt 3 festzulegen. Im Beispiel der Bürosuche muss bereits in Schritt 2 oder in Schritt 3 entschieden werden, ob Büro C eine Variante ist oder nicht. Genügen 90 m^2 Fläche und eine genügende Lage, ist Büro C eine Alternative. Sind jedoch 100 m^2 Fläche und eine gute Lage verlangt, sollte Büro C gar nicht in die Entscheidungsmatrix aufgenommen werden.

- Werden für die weniger wichtigen Konsequenzenarten nicht spürbar einschränkende Nebenbedingungen formuliert, wird de facto nur aufgrund der wichtigsten Konsequenzenart entschieden. Dies wäre beispielsweise der Fall, wenn 90 m^2 Fläche und eine genügende Lage die Rahmenbedingungen darstellen. In diesem Fall wird ausschliesslich aufgrund des Mietzinses entschieden und Büro C gewählt. Werden jedoch für die weniger wichtigen Konsequenzenarten strenge Nebenbedingungen erlassen, wird de facto nur aufgrund von ihnen entschieden. Dies wäre beispielsweise der Fall, wenn 100 m^2 Fläche und eine sehr gute Lage verlangt würden. In diesem Fall würden sowohl Büro A als auch Büro C aufgrund der Nebenbedingungen wegfallen. Büro B würde gewählt, obschon es in Bezug auf die wichtigste Konsequenzenart, den Mietzins, am schlechtesten abschneidet.

9.3   Entscheidungsmaximen zur Überwindung der Unsicherheit

9.3.1   Maxime des Erwartungswertes

Im Falle der Unsicherheit werden die Konsequenzen für verschiedene denkbare Szenarien ermittelt. Der Aktor ist im Unsicherheitsfall zudem in der Lage, den Szenarien und damit den unsicheren Konsequenzen Eintretenswahrscheinlichkeiten zuzuordnen. Eine naheliegende Regel in dieser Entscheidkonstellation besteht nun darin, jede unsichere Konsequenz mit ihrer Wahrscheinlichkeit zu multiplizieren und anschliessend für jede Variante die mit ihren Wahrscheinlichkeiten gewichteten Konsequenzenwerte zu addieren. Die so gebildete Summe wird als Erwartungswert bezeichnet. Zu wählen ist die Alternative mit dem besten Erwartungswert.

Die Entscheidung aufgrund des Erwartungswertes ist jedoch problematisch. Dies soll anhand eines Beispiels veranschaulicht werden. Ein Aktor hat zwischen zwei Investitionsprojekten zu wählen, wobei der Erfolg davon abhängig ist, ob die Patentierung eines darauf gefertigten Artikels gelingt. **Abbildung 9.7** zeigt die Konsequenzen und Erwartungswerte der beiden Varianten. Wie der Abbildung entnommen werden kann, ist vom Erwartungswert her die Investition A eindeutig vorzuziehen. Wenn jedoch der unwahrscheinlichere Fall eintritt, dass eine Patentierung abgelehnt wird, ergibt das Projekt A einen viel schlechteren Erfolg als das Projekt B. Sofern der entstehende Verlust von 0.5 Mio. CHF die Weiterführung des Unternehmens in Frage stellt, darf die Alternative A trotz ihres höheren Erwartungswertes nicht gewählt werden.

Der Erwartungswert stellt letztlich nur dann eine gute Entscheidungsmaxime dar, wenn die gleiche Entscheidung sich oft wiederholt. Der Erwartungswert ist in diesem Fall nicht bloss eine Durchschnittskonsequenz, die nie effektiv eintritt. Er wird vielmehr zu einem Wert, der über alle Entscheidungen hinweg tatsächlich erwartet werden kann (vgl. Rommelfanger/Eickemeier, 2002, S. 65 ff.). Aus praktischer Sicht kann jedoch immerhin auch dann mit der Entscheidungmaxime des Erwartungswertes gearbeitet werden, wenn die Einzelkonsequenzen

Kriterium, Szenarien und Wahrscheinlichkeiten / Varianten	Erfolg in Mio. CHF		Erwartungswert
	Patentierung möglich	Patentierung nicht möglich	
	Wahrscheinlichkeit 0.8	Wahrscheinlichkeit 0.2	
Investition A	+ 1	- 0.5	+ 0.7
Investition B	+ 0.4	+ 0.1	+ 0.34

Abbildung 9.7: Beispiel zum Erwartungswert

keine ins Gewicht fallenden Risiken beinhalten und deshalb als "tragbar" beurteilt werden. Dies wird allerdings im Allgemeinen nur bei wenigen der wichtigen Entscheidungen der Fall sein. Die wichtigen Entscheidungen sind nämlich meist einmalige Entscheidungen mit ins Gewicht fallenden Risiken.

9.3.2   Maxime des Nutzenerwartungswertes

Die Idee dieser auf Bernoulli zurückgehenden Maxime besteht darin, dass der Aktor vor der Berechnung des Erwartungswertes seine Konsequenzenwerte in Nutzenwerte transformiert und dabei seine Risikoeinstellung einfliessen lässt (vgl. Bamberg/Coenenberg, 2002, S. 81 ff.; Bitz, 1981, S. 153 ff.; Rommelfanger/Eickemeier, 2002, S. 72 ff.). Die Anwendung der Maxime beinhaltet zwei Arbeitsschritte:

1. In einem ersten Schritt sind die Konsequenzenwerte in Nutzenwerte zu transformieren, welche die Risikoeinstellung mitberücksichtigen.
2. Liegen die Nutzenwerte vor, wird anschliessend im zweiten Schritt analog zum Erwartungswert der Nutzenerwartungswert gebildet.

Die Anwendung der Maxime soll nun anhand eines Beispiels erläutert werden. Ein Aktor erhält von zwei Lieferanten die Generalvertretung für ihr Produkt angeboten. Da sich die beiden Produkte konkurrieren, kann er nur eines der beiden übernehmen. **Abbildung 9.8** zeigt die Deckungsbeiträge der Produkte in EUR nach Abzug aller entscheidungsabhängigen Kosten.

Kriterium, Szenarien u. Wahrscheinlichkeiten / Varianten	Gesamtdeckungsbeitrag in EUR		
	Schlechte Konjunktur	Mittlere Konjunktur	Gute Konjunktur
	Wahrscheinlichkeit 0.25	Wahrscheinlichkeit 0.4	Wahrscheinlichkeit 0.35
Produkt A	0	15'000'000	30'000'000
Produkt B	-30'000'000	15'000'000	70'000'000

Abbildung 9.8: Ausgangslage des Beispiels zur Maxime des Nutzenerwartungswertes

Diese Konsequenzenwerte werden nun in einem ersten Schritt in Nutzenwerte transformiert. **Abbildung 9.9** zeigt die Transformationskurve. Wie der Abbildung entnommen werden kann, ordnet der Aktor den Konsequenzenwerten Nutzenwerte zu, die deutlich über der Diagonalen liegen. Darin kommt ein ausgeprägt risikoaverses Verhalten des Aktors zum Ausdruck: Beispielsweise weist der Aktor dem Deckungsbeitrag 0 einen Nutzen von 0.8 zu. Bei einer risikoneutralen Umwandlung der Konsequenzen hätte der Deckungsbeitrag 0 hingegen lediglich einen Nutzenwert von 0.3 erhalten.

Nachdem die Transformation in Nutzenwerte erfolgt ist, werden in einem zweiten Schritt die Nutzenerwartungswerte berechnet. **Abbildung 9.10** zeigt die Berechnung der Nutzenerwartungswerte für die beiden Varianten. Die risikoaverse Haltung führt dazu, dass der Aktor Produkt A wählt. Damit verzichtet er zwar auf die mit Produkt B verbundene Gewinnchance von 70 Mio. EUR. Gleichzeitig schaltet er jedoch das Verlustrisiko von 30 Mio. EUR aus.

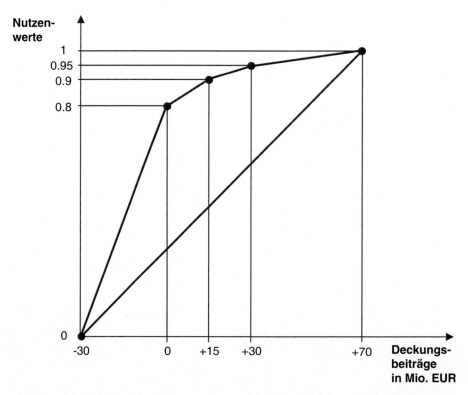

Abbildung 9.9: Kurve zur Transformation der Konsequenzenwerte in Nutzenwerte

Kriterium, Szenarien und Wahrscheinlichkeiten / Varianten	Nutzen in Abhängigkeit vom Gesamtdeckungsbeitrag			Nutzen-Erwartungswert
	Schlechte Konjunktur	**Mittlere Konjunktur**	**Gute Konjunktur**	
	Wahrscheinlichkeit 0.25	**Wahrscheinlichkeit 0.4**	**Wahrscheinlichkeit 0.35**	
Produkt A	0.80 0.20	0.90 0.36	0.95 0.33	– 0.89
Produkt B	0.00 0.00	0.90 0.36	1.00 0.35	– 0.71

Obere Zahl = Nutzenwerte
Untere Zahl = Mit der Eintretenswahrscheinlichkeit gewichtete Nutzenwerte

Abbildung 9.10: Berechnung der Nutzenerwartungswerte im Beispiel

Im Beispiel sind die Konsequenzenwerte mit Hilfe einer Kurve in Nutzenwerte transformiert worden. In der Literatur wird hingegen oft empfohlen, die Transformation mit Hilfe eines Spiels vorzunehmen. **Vertiefungsfenster 9.2** erläutert dieses von Ramsey (1931) vorgeschlagene Spiel.

Vertiefungsfenster 9.2: Ermittlung der Nutzenwerte durch fiktive Spiele

Die der Risikoeinstellung des Aktors entsprechende Transformation der Konsequenzenwerte in Nutzenwerte mit Hilfe eines fiktiven Spiels geht auf Ramsey (1931) zurück (vgl. Bamberg/Coenenberg, 2002, S. 90; Rommelfanger/Eickemeier, 2002, S. 74).

Der Aktor hat in diesem fiktiven Spiel jeweils die Wahl zwischen einem sicheren Geschenk und einem Lotterielos mit zwei möglichen Resultaten, wobei eines höher und eines tiefer ist als das sichere Geschenk. Der Aktor wird nun gefragt, ab welcher Eintretenswahrscheinlichkeit des höheren Resultats des Lotterieloses er Lotterielos und sicheres Geschenk als gleichwertig ansieht. In dieser Einschätzung drückt sich die Risikoneigung des Aktors aus: Je geringer seine Risikoneigung, desto höher muss die Eintretenswahrscheinlichkeit des höheren Resultates sein, damit er Lotterielos und sicheres Geschenk als gleichwertig ansieht. Umgekehrt führt eine hohe Risikoneigung des Aktors bereits bei einer relativ geringen Eintretenswahrscheinlichkeit des höheren Resultates des Lotterieloses zu einer Gleichwertigkeit von Lotterielos und sicherem Geschenk.

Bei den Werten, um die es in den fiktiven Spielen geht, handelt es sich nun um die Konsequenzenwerte des realen Entscheidungsproblems:

- Der hohe und der tiefe Wert der Lotterielose entsprechen in allen Spielen dem höchsten und dem tiefsten Konsequenzenwert.
- Bei dem sicheren Geschenk handelt es sich in jedem Spiel um einen der anderen Konsequenzenwerte.

Abbildung 9.11 zeigt noch einmal die Entscheidungsmatrix des Beispiels zur Nutzenerwartungsberechnung aus dem Haupttext.

Zusätzlich wird in der Abbildung dargelegt, wie die Konsequenzenwerte in die fiktiven Spiele einfliessen. In der Matrix gibt es fünf verschiedene Konsequenzenwerte. Der höchste und der tiefste Wert bilden stets die Beträge des Lotterieloses und erhalten die Nutzenwerte 1 und 0. Es sind deshalb drei Spiele durchzuführen, um die Nutzenwerte der anderen drei Konsequenzenwerte zu ermitteln.

Szenarien und Wahrscheinlichkeiten / Varianten	Schlechte Konjunktur / Wahrscheinlichkeit 0.25	Mittlere Konjunktur / Wahrscheinlichkeit 0.4	Gute Konjunktur / Wahrscheinlichkeit 0.35
Produkt A	0 Geschenk Spiel I	15'000'000 Geschenk Spiel II	30'000'000 Geschenk Spiel III
Produkt B	-30'000'000 Tiefes Resultat des Lotterieloses	15'000'000 Geschenk Spiel II	70'000'000 Hohes Resultat des Lotterieloses

Abbildung 9.11: Konsequenzen des Entscheidungsproblems als Ausgangslage der fiktiven Spiele

Ein fiktives Spiel lässt sich algebraisch wie folgt darstellen:

$$\text{Sicheres Geschenk} \approx p^* \cdot \text{Hohes Resultat des Lotterieloses} + (1\text{-}p^*) \cdot \text{Niedriges Resultat des Lotterieloses}$$

p^* entspricht dabei der Eintretenswahrscheinlichkeit des hohen Resultats in der Lotterie. Der Aktor legt p^* so fest, dass für ihn das sichere Geschenk und die Teilnahme an der Lotterie gleichwertig sind. Je höher er p^* festlegt, desto risikoscheuer ist er.

Im ersten Spiel wird der Aktor p^* für folgende Situation festlegen müssen:

$$0 \approx p^* \cdot (70'000'000) + (1\text{-}p^*) \cdot (-30'000'000)$$

Entscheidet der Aktor analog zur Transformationskurve gemäss Abbildung 9.9 im Haupttext, verlangt er für p^* einen Wert von 0.8. Damit sind für ihn die beiden Optionen im fiktiven Spiel gleichwertig.

Falls in den weiteren zwei Spielen p* mit 0.9 resp. mit 0.95 festgelegt werden, ergeben sich die gleichen fünf Nutzenwerte wie in der Transformationskurve in Abbildung 9.9:

- -30'000'000 → 0
- 0 → 0.8
- 15'000'000 → 0.9
- 30'000'000 → 0.95
- 70'000'000 → 1

Auf der Basis dieser fünf Nutzenwerte lassen sich nun, wie im Haupttext gezeigt, die Nutzenerwartungswerte der Varianten des ursprünglichen Entscheidungsproblems berechnen.

Die Maxime des Nutzenerwartungswertes basiert auf der Annahme, dass der Aktor in der Lage ist, mit Hilfe einer Transformationskurve oder mit Hilfe fiktiver Spiele seine Risikoeinstellung zum Ausdruck zu bringen. Studien von Kahneman und Tversky (1982, S. 136 ff.) lassen jedoch Zweifel daran aufkommen, dass diese zentrale Annahme der Maxime erfüllt ist. Sie weisen nach, dass die Art wie der Aktor befragt wird, einen wesentlichen Einfluss auf die manifestierte Risikoeinstellung ausübt. **Vertiefungsfenster 9.3** stellt diese sogenannten Framing-Effekte vor.

Vertiefungsfenster 9.3: Verzerrte Erfassung der Risikoeinstellung durch Framing-Effekte

Kahneman und Tversky (1982, S. 136 ff.) haben empirisch nachgewiesen, dass die Art der Darstellung des Problems zu einer unterschiedlichen Angabe der Risikoeinstellung führt.

Das nachfolgende Beispiel von von Nitzsch (2002, S. 113 ff.) zeigt, wie sich das Risikoverhalten manipulieren lässt. Das Beispiel vergleicht zwei Entscheidungssituationen:

- "Situation A: Sie erhalten in einem Briefumschlag 1'000 EUR und können wählen, ob Sie weitere 500 EUR bekommen wollen oder an einem Spiel teilnehmen, in dem Sie jeweils mit 50% Wahrscheinlichkeit entweder nichts oder einen zusätzlichen Gewinn von 1'000 EUR erhalten.

- Situation B: Sie erhalten in einem Briefumschlag 2'000 EUR und müssen wählen, ob Sie 500 EUR an die Spielleitung abgeben oder an einem Spiel teilnehmen, in dem Sie mit jeweils 50% Wahrscheinlichkeit entweder 1'000 EUR oder nichts abgeben müssen" (von Nitzsch, 2002, S. 113).

Wie **Abbildung 9.12** zeigt, handelt es sich in beiden Situationen "um die Entscheidung, ob man einen sicheren Betrag von 1'500 EUR einem Spiel vorzieht, in dem man mit 50% Wahrscheinlichkeit 1'000 EUR gewinnt und mit den restlichen 50% einen Gewinn von 2'000 EUR erzielt" (von Nitzsch, 2002, S. 113 f.).

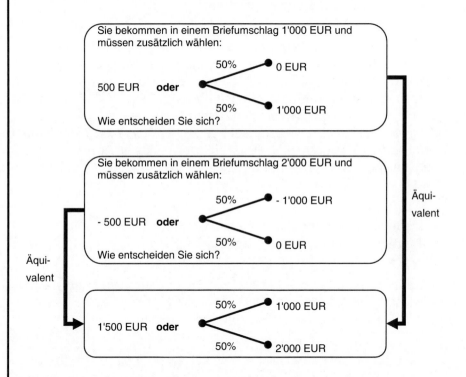

Abbildung 9.12: Zwei unterschiedliche Darstellungen desselben Entscheidungsproblems
(von Nitzsch, 2002, S. 113)

Wie empirische Untersuchungen von Kahneman und Tversky (1982, S. 136 ff.) nun zeigen, entscheiden sich die meisten Menschen in den beiden Situationen anders: Sie wählen in der Situation

A die sicheren 1'500 EUR und in der Situation B das Spiel. Dies aus folgendem Grund: "Betrachtet wird eine zweistufige Spielsituation, wobei in der ersten Stufe sichere Beträge relevant sind, die einen Bezugspunkt für die zweite Spielstufe suggerieren. In der zweiten Spielstufe werden riskante Beträge bewertet, wobei jeweils von einem anderen in der ersten Stufe bestimmten Bezugspunkt ausgegangen wird. In der Spielsituation A liegt der Bezugspunkt für die zweite Stufe bei 1'000 EUR, die zusätzlichen Beträge sind demnach relative Gewinne. In der Spielsituation B liegt der Bezugspunkt bei 2'000 EUR, die Risikobewertung behandelt relative Verluste" (von Nitzsch, 2002, S. 114).

9.3.3 Probleme bei der Anwendung der Entscheidungsmaximen zur Überwindung der Unsicherheit

Die Anwendung der zur Überwindung der Unsicherheit vorgeschlagenen Entscheidungsmaximen ist nicht unproblematisch:

- Die Maxime des Erwartungswertes ist voraussetzungsgemäss nur bei repetitiven Entscheidungen und bei Einzelentscheidungen mit geringem Entscheidungsrisiko anwendbar. Wichtige komplexe Entscheidungen sind jedoch tendenziell Einzelentscheidungen mit risikobehafteten Konsequenzen. Für ihre Lösung genügt die Bestimmung des Erwartungswertes nicht, weil dieser die Risikoeinstellung des Aktors nicht berücksichtigt.
- Diesen gravierenden Nachteil der Maxime des Erwartungswertes korrigiert die Maxime des Nutzenerwartungswertes. Durch die Definition einer Transformationsfunktion oder über fiktive Spiele kann der Aktor seine Risikoeinstellung in die Entscheidung einbringen. Allerdings ist die Anwendung der Maxime aufwendig und anspruchsvoll. Dies dürfte der Grund sein, wieso die Maxime in der Praxis kaum Verwendung findet. Hinzu kommt, dass die Erfassung der Risikoeinstellung durch Framing-Effekte verfälscht werden kann.

Den offensichtlichen Anwendungsproblemen der beiden Maximen kann man dadurch aus dem Weg gehen, dass man auf die Nutzung der Eintretenswahrscheinlichkeiten bewusst verzichtet und statt von Unsicherheit von Ungewissheit ausgeht. Dies führt dazu, dass eine Maxime zur Überwindung der Ungewissheit zur Anwendung kommt. Die Maximen zur Bewältigung der Ungewissheit sind - wie im folgenden Abschnitt gezeigt wird – teilweise sehr einfach anzuwenden. Falls sich ein Aktor zu einem solchen Vorgehen entschliesst, kann er zwar seine Risikoeinstellung gut in die Entscheidung einbringen. Gleichzeitig verzichtet er jedoch auf die Berücksichtigung des Wissens, das in den Eintretenswahrscheinlichkeiten steckt.

9.4   Entscheidungsmaximen zur Überwindung der Ungewissheit

Zur Überwindung von Ungewissheitssituationen werden vor allem fünf Entscheidungsmaximen empfohlen (vgl. Bamberg/Coenenberg, 2002, S. 129 ff.; Bitz, 1981, S. 62 ff.; Laux, 2002, S. 106 ff.; Rommelfanger/Eickemeier, 2002, S. 51 ff.). Es sind dies

- die Maxime des Minimax von Wald,
- die Maxime des Maximax,
- die Maxime der Gleichwahrscheinlichkeit von Laplace,
- die Maxime des Optimismus-Pessimismus-Index von Hurwicz sowie
- die Minimax-Risiko-Maxime von Niehans und Savage.

Nachfolgend werden die fünf Maximen zuerst kurz vorgestellt und anschliessend wird ihre Anwendung an einem Beispiel erläutert.

Die Maxime des Minimax vergleicht die Varianten ausschliesslich aufgrund ihrer schlechtesten Konsequenzen. Gewählt wird diejenige Alternative, bei der dieser schlechteste Konsequenzenwert am besten ist. Die Anwendung der Minimax-Regel entspricht einem extrem risikoscheuen Verhalten; sie basiert auf einer Worst Case-Haltung.

Die Maxime des Maximax entspricht genau dem Gegenteil. Sie besagt, dass der Aktor von jeder Variante nur den besten Konsequenzenwert betrachten soll. Es ist diejenige Alternative zu realisieren, bei der dieser Wert am besten ist.

Die Regel der Gleichwahrscheinlichkeit bildet einen Mittelweg zwischen den Maximen des Minimax und des Maximax. Wie ihr Name sagt, geht sie von der Annahme aus, dass alle Konsequenzenwerte gleichwahrscheinlich sind. Die Maxime sieht deshalb vor, dass für jede

Variante der durchschnittliche Konsequenzenwert zu ermitteln ist. Anschliessend ist diejenige Variante zu wählen, bei der dieser Wert am besten ist.

Gleich wie die Maxime der Gleichwahrscheinlichkeit sucht auch die Maxime des Optimismus-Pessimismus-Index einen Mittelweg zwischen den extremen Regeln des Maximax und des Minimax. Die Anwendung der Maxime erfolgt in drei Schritten:

1. Zuerst legt der Aktor einen Wert für den Optimismus-Pessimismus-Index zwischen 0 und 1 fest. Je höher dieser Wert festgelegt wird, desto optimistischer resp. risikofreudiger ist der Aktor.
2. Darauf werden für jede Variante der beste Konsequenzenwert mit dem Indexwert und der schlechteste Konsequenzenwert mit der Differenz zwischen dem Indexwert und 1 multipliziert.
3. Schliesslich werden die beiden Produkte addiert. Es ist diejenige Variante zu wählen, bei der diese Summe am besten ist. Bei positiven Konsequenzen ist dies die höchste und bei negativen Konsequenzen die tiefste Summe.

Einen grundsätzlich anderen Ansatz verfolgt die Minimax-Risiko-Maxime von Niehans und Savage. Sie betrachtet nicht wie die anderen vier Maximen aus einer mehr oder weniger pessimistischen oder optimistischen Haltung heraus die Konsequenzenwerte, sondern orientiert sich an den Differenzen zwischen den Konsequenzenwerten der verschiedenen Varianten in einem Szenario: Entscheidet sich der Aktor für Variante A und es tritt anschliessend das Szenarium 1 ein, so wird sich der Aktor für die Differenz zwischen der Konsequenz der Variante A und der Konsequenz der im Szenarium 1 optimalen Variante interessieren. Ist diese Differenz gross, führt dies zu einer grossen Enttäuschung. Ist die Differenz klein, ist der Aktor weniger enttäuscht. Hat er für das eingetretene Szenarium die optimale Variante gewählt, ergibt sich für ihn kein Grund, enttäuscht zu sein. Die Maxime versucht nun, die maximal mögliche Enttäuschung zu minimieren. Ihre Anwendung erfolgt in drei Schritten:

1. Zuerst werden für jedes Szenarium die Differenzen der Konsequenzenwerte zum besten Konsequenzenwert errechnet. Sie entsprechen den möglichen Enttäuschungen in den verschiedenen Szenarien.

2. Anschliessend wird für jede Variante die höchste mögliche Enttäuschung eruiert.
3. Schliesslich wird diejenige Variante bestimmt, bei der diese höchste mögliche Enttäuschung am geringsten ist.

Die fünf Maximen sollen nun auf ein Beispiel angewendet werden: Ein Aktor erhält von drei Lieferanten die Generalvertretung für ein Produkt angeboten. Da sich die Produkte konkurrieren, kann er nur eines von ihnen in sein Sortiment aufnehmen. **Abbildung 9.13** zeigt die Gesamtdeckungsbeiträge der Produkte in EUR nach Abzug aller entscheidungsabhängigen Kosten.

Kriterium und Szenarien / Varianten	Gesamtdeckungsbeitrag in Mio. EUR		
	Schlechte Konjunktur	**Mittlere Konjunktur**	**Gute Konjunktur**
Produkt A	0	15	30
Produkt B	- 30	15	70
Produkt C	- 10	10	60

Abbildung 9.13: Ausgangslage zur Anwendung der Maximen zur Überwindung der Ungewissheit

Nach der Maxime des Minimax ist Produkt A zu wählen. Von den tiefsten Konsequenzenwerten der drei Varianten ist das Nullergebnis der Variante A am besten.

Bei Anwendung der Maximax-Regel wird Produkt B bevorzugt. Die 70 Mio. EUR Deckungsbeitrag stellen den höchsten Konsequenzenwert dar.

Nach der Maxime der Gleichwahrscheinlichkeit sind für alle drei Varianten die Durchschnittskonsequenzen zu errechnen. Sie betragen

▪ 15 Mio. EUR für Variante A,

- 18,333 Mio. EUR für Variante B und
- 20 Mio. EUR für Variante C.

Es ist somit nach dieser Maxime Produkt C zu wählen.

Bei Anwendung der Maxime des Optimismus-Pessimismus-Index hängt das Resultat vom Optimismus resp. von der Risikobereitschaft des Aktors ab. Wählt er einen Indexwert von 1/3, bedeutet dies, dass er eher pessimistisch resp. risikoscheu ist. Unter dieser Annahme ergeben sich für die drei Varianten die folgenden Gesamtkonsequenzen:

- Var. A: $1/3 \bullet 30$ Mio. EUR + $2/3 \bullet 0$ EUR = 10 Mio. EUR
- Var. B: $1/3 \bullet 70$ Mio. EUR + $2/3 \bullet (-30)$ Mio. EUR = 3,333 Mio. EUR
- Var. C: $1/3 \bullet 60$ Mio. EUR + $2/3 \bullet (-10)$ Mio. EUR = 13,333 Mio. EUR

Es ist somit Variante C zu wählen.

Abbildung 9.14 zeigt schliesslich das Resultat der Anwendung der Minimax-Risiko-Regel. Wie der Abbildung entnommen werden kann, ist die maximale Enttäuschung bei Variante C am kleinsten. Sie ist deshalb dieser Maxime zufolge zu wählen.

Kriterium u. Szenarien / Varianten	Gesamtdeckungsbeitrag in Mio. EUR			Maximale Enttäuschung
	Schlechte Konjunktur	Mittlere Konjunktur	Gute Konjunktur	
Produkt A	0 - 0 = 0	15 - 15 = 0	70 - 30 = 40	40
Produkt B	0 - (-30) = 30	15 - 15 = 0	70 - 70 = 0	30
Produkt C	0 - (-10) = 10	15 - 10 = 5	70 - 60 = 10	10

Abbildung 9.14: Anwendung der Minimax-Risiko-Regel

9.5   Kombinierte Anwendung der Entscheidungsmaximen zur Überwindung der Mehrwertigkeit und der Unsicherheit resp. Ungewissheit

Falls gleichzeitig Mehrwertigkeit und Unsicherheit oder Mehrwertigkeit und Ungewissheit vorliegen, müssen zur Bestimmung der Gesamtkonsequenzen nacheinander zwei Maximen angewandt werden. Dies stellt zwar keine neuen methodischen Probleme, kompliziert jedoch die Bestimmung der Gesamtkonsequenzen. **Vertiefungsfenster 9.4** zeigt die Bestimmung der Gesamtkonsequenzen in einem Entscheidungsproblem unter Mehrwertigkeit und Ungewissheit und damit die kombinierte Anwendung von zwei Maximen.

Vertiefungsfenster 9.4 Bestimmung der Gesamtkonsequenzen in einem Entscheidungsproblem unter Mehrwertigkeit und Ungewissheit

Ein Unternehmen will seine Geschäftstätigkeit geographisch ausdehnen und neu in den deutschen und polnischen Markt eintreten will. Da die Firma im Eigentum einer polnischen Familie ist, bildet neben dem diskontierten Cash-Flow auch die Schaffung von Arbeitsplätzen in Polen ein Entscheidungskriterium zur Beurteilung der vier Varianten. Der diskontierte Cash-Flow hängt zudem davon ab, wie gut die Integration der neuen Aktivitäten gelingt und wie viele positive Synergien damit geschaffen werden können.

Abbildung 9.15 zeigt die Entscheidungsmatrix.

Ausgehend von der Entscheidungsmatrix wird zuerst mit Hilfe der Maxime der Gleichwahrscheinlichkeit die Ungewissheit überwunden. Die Anwendung dieser Maxime entspricht einer risikoneutralen Haltung und ist vertretbar, weil die Firma einen diskontierten Cash-Drain von vier Mio. EUR finanziell verkraften könnte. **Abbildung 9.16** zeigt das Resultat.

Alternativen \ Kriterien und Szenarien	K_1:Diskontierter Cash-Flow der nächsten 5 Jahre in Mio. EUR		K_2:Schaffung von Arbeitsplätzen in Polen *
	S_1:Integration gelingt gut	S_2:Integration gelingt schlecht	
A_1:Kauf des Herstellers U mit Produktionsstätten in Deutschland und Polen	$k_{111} = 10$	$k_{112} = -4$	k_{12} = viele
A_2:Kauf des Herstellers V mit einer Produktionsstätte in Polen und Vertriebsniederlassungen in Deutschland	$k_{211} = 5$	$k_{212} = 2$	k_{22} = sehr viel
A_3:Aufbau von Vertriebsniederlassungen in Deutschland und Polen für Produkte aus der Schweiz	$k_{311} = 2$	$k_{312} = 0$	k_{32} = wenige
A_4:Verzicht auf eine Geschäftserweiterung	$k_{41} = 0$		k_{42} = keine

A_x = Alternativen
K_y = Kriterien
S_z = Szenarien
k_{xy} = Einzelkonsequenz der Alternative x bezüglich Kriterium y
k_{xyz} = Einzelkonsequenz der Alternative x bezüglich Kriterium y und Szenarium z
* = Gemessen auf der Ordinalskala mit den Ausprägungen "sehr viele", "viele", "einige", "wenige" und "keine"

Abbildung 9.15: Entscheidungsmatrix

Kriterien	K$_1$:Diskontierter Cash-Flow der nächsten 5 Jahre in Mio. EUR	K$_2$:Schaffung von Arbeitsplätzen in Polen *
Alternativen		
A$_1$:Kauf des Herstellers U mit Produktionsstätten in Deutschland und Polen	k$_{11}$ = 3	k$_{12}$ = viele
A$_2$:Kauf des Herstellers V mit einer Produktionsstätte in Polen und Vertriebsniederlassungen in Deutschland	k$_{21}$ = 1.5	k$_{22}$ = sehr viele
A$_3$:Aufbau von Vertriebsniederlassungen in Deutschland und Polen für Produkte aus der Schweiz	k$_{31}$ = 1	k$_{32}$ = wenige
A$_4$:Verzicht auf eine Geschäftserweiterung	k$_{41}$ = 0	k$_{42}$ = keine

A$_x$ = Alternativen
K$_y$ = Kriterien
k$_{xy}$ = Einzelkonsequenz der Alternative x bezüglich Kriterium y
*   = Gemessen auf der Ordinalskala mit den Ausprägungen "sehr viele", "viele", "einige", "wenige" und "keine"

Abbildung 9.16: Entscheidungsmatrix nach Überwindung der Ungewissheit

Kriterien und Gewichte	K₁:Diskontierter Cash-Flow der nächsten 5 Jahre in Mio. EUR	K₂:Schaffung von Arbeitsplätzen in Polen *	Gesamtkonsequenz
	G_1: 0.67	G_2: 0.33	
Alternativen			
A₁:Kauf des Herstellers U mit Produktionsstätten in Deutschland und Polen	0.545 0.365	0.333 0.110	- 0.475
A₂:Kauf des Herstellers V mit einer Produktionsstätte in Polen und Vertriebsniederlassungen in Deutschland	0.273 0.183	0.417 0.138	- 0.321
A₃:Aufbau von Vertriebsniederlassungen in Deutschland und Polen für Produkte aus der Schweiz	0.182 0.122	0.167 0.055	- 0.177
A₄:Verzicht auf eine Geschäftserweiterung	0.000 0.000	0.083 0.027	- 0.027
Summe	1.000 0.670	1.000 0.330	- 1.000

A_x = Alternativen
K_y = Kriterien
G_z = Gewichte
* = Gemessen auf der Ordinalskala mit den Ausprägungen "sehr viele", "viele", "einige", "wenige" und "keine"
Obere Zahl = Nutzenwert
Untere Zahl = Gewichteter Nutzenwert

Abbildung 9.17: Entscheidungsmatrix nach Überwindung der Mehrwertigkeit

Anschliessend werden die Konsequenzenwerte in Nutzenwerte transformiert. Der diskontierte Cash-Flow wird dabei mit 0.67 und die Schaffung von Arbeitsplätzen in Polen mit 0.33 gewichtet. **Abbildung 9.17** zeigt die Nutzenwerte, die gewichteten Nutzenwerte und die Gesamtkonsequenzen der vier Varianten. Wie der Abbildung entnommen werden kann, weist die Variante A1 mit deutlichem Abstand den höchsten Gesamtnutzenwert aus. Sie ist deshalb zu wählen, obschon sie mit dem höchsten Risiko behaftet ist.

9.6   Beurteilung der Entscheidungsmaximen

Im Rahmen der Erläuterung der einzelnen Maximen in den vorangehenden Abschnitten wurde bereits auf Vor- und Nachteile hingewiesen. Zum Schluss des Kapitels erfolgt nun noch eine zusammenfassende Beurteilung der Maximen. **Abbildung 9.18** zeigt Anwendungsbereiche, Anwendungsaufwand, Stärken und Schwächen der verschiedenen Entscheidungsmaximen. Aufgrund der Ausführungen in den Abschnitten 9.2 bis 9.4 erscheinen mit einer Ausnahme keine zusätzlichen Erläuterungen notwendig.

Die Ausnahme betrifft die Aussage im Feld unten rechts, dass sich für jede Maxime zur Überwindung der Ungewissheit Entscheidungssituationen denken lassen, in denen die Anwendung der Maxime zu einem wenig plausiblen Resultat führt. **Abbildung 9.19** zeigt beispielsweise eine Entscheidungssituation, in der selbst ein risikoaverser Aktor nicht nach der Maxime des Minimax entscheiden sollte: Es macht auch für einen risikoscheuen Aktor kaum Sinn, Variante B zu wählen. Wegen einem Worst Case, der bei Variante A um 1% schlechter ist als bei Variante B, sollte auch ein risikoaverser Aktor nicht auf die Gewinnchancen der Variante A in den anderen Situationen verzichten (vgl. Krelle, 1968, S. 185; Rommelfanger/Eickemeier, 2002, S. 51 f.).

Entscheidungs-maxime	Anwendungs-bereich	Anwendungs-aufwand	Stärken	Schwächen / Probleme
Nutzenwert	Überwindung der Mehrwertigkeit	Bedeutend	Ermöglicht die korrekte Zusammenfassung untersch. Konsequenzen zu Gesamtkons.	—
Quasi einwertige Entscheidung		Beschränkt	—	▪ Die Festlegung von Anspruchsniveaus gehört im Prozess in die Problemanalyse oder in die Bildung der Gesamtkonsequenzen. ▪ Je nach Anspruchsniveaus haben die weniger wichtigen Konsequenzen eine zu grosse Bedeutung.
Erwartungswert	Überwindung der Unsicherheit	Beschränkt	—	▪ Berücksichtigt Risikoeinstellung des Aktors nicht. ▪ Ist deshalb nur für mehrmals zu treffende, gleichartige oder für risikoarme Entscheidungen sinnvoll.
Nutzenerwartungs-wert		Bedeutend	Ermöglicht die Berücksichtigung der Risikoeinstellung	▪ Die Erfassung der Risikoeinstellung des Aktors ist nicht ganz einfach. ▪ Framing-Effekte können die Erfassung der Risikoeinstellung verzerren.
Minimax	Überwindung der Unsicherheit oder der Ungewissheit	Beschränkt	Ermöglichen durch Wahl der Entscheidungs-maximen die Berücksichtigung der Risikoeinstellung	▪ Berücksichtigen in Entscheidungen unter Unsicherheit die Information der Eintretenswahrscheinlichkeiten der verschiedenen Szenarien nicht. ▪ Können in bestimmten Entscheidungssituationen zu wenig plausiblen Entscheidungen führen.
Maximax		Beschränkt		
Gleichwahrschein-lichkeit				
Optimismus-Pes-simismus-Index		Mittelmässig		
Minimax-Risiko				

Abbildung 9.18: Beurteilung der Entscheidungsmaximen

Szena- rien Varianten	Szenario 1	Szenario 2	Szenario 3	Szenario 4	Szenario 5
Variante A	0.99	10	10	10	10
Variante B	1	1	1	1	1

Abbildung 9.19: Beispiel einer Entscheidungssituation, in der die Minimax-Regel nicht angewendet werden sollte
(in Anlehnung an Krelle, 1968, S. 185)

10 Gesamtbeurteilung der Varianten und Entscheidung

10.1 Einleitung

Wie **Abbildung 10.1** zeigt, handelt es sich bei der Gesamtbeurteilung der Varianten und der Entscheidung um den letzten Schritt im Allgemeinen heuristischen Entscheidungsverfahren.

Die Ausganglage des Schrittes 7 bildet die ausgefüllte Entscheidungsmatrix. Daraus lassen sich die Varianten, die Entscheidungskriterien, die Szenarien und die Konsequenzen ersehen. Unter Umständen enthält die Entscheidungsmatrix zusätzlich Eintretenswahrscheinlichkeiten der Szenarien. **Abbildung 10.2** zeigt ein Beispiel einer solchen Entscheidungsmatrix. Es handelt sich um die Entscheidungsmatrix, die in Abschnitt 8.5 eingeführt und jetzt um die Konsequenzenwerte ergänzt wurde.

Die Gesamtbeurteilung der Varianten und die darauf aufbauende Entscheidung stellt eine komplexe Aufgabenstellung dar. Der Schritt 7 wird deshalb in Unterschritte gemäss **Abbildung 10.3** unterteilt.

10.2 Eliminierung von irrelevanten Varianten

Wenn eine Variante bezüglich aller Kriterien und/oder Szenarien gleich oder schlechter abschneidet als eine andere Variante, kann sie von vornherein ausgeschlossen werden. Sie ist irrelevant, weil eine natürliche Ordnung vorliegt.

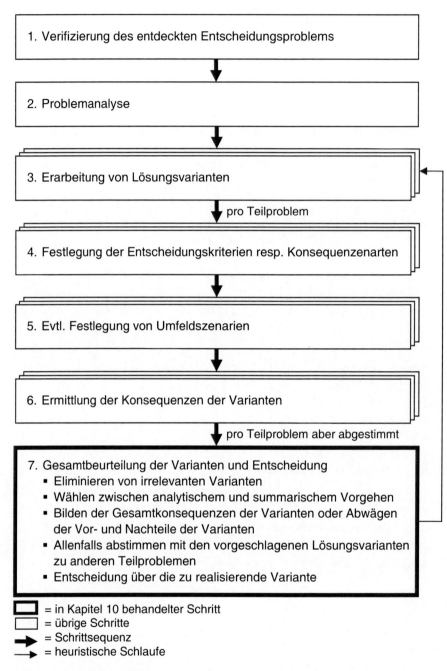

Abbildung 10.1: Der Schritt 7 im allgemeinen heuristischen Entscheidungsverfahren

Kriterien und Szenarien / Alternativen	K_1:Diskontierter Cash-Flow der nächsten 5 Jahre in Mio. EUR		K_2:Schaffung von Arbeitsplätzen in Polen *
	S_1:Integration gelingt gut	S_2:Integration gelingt schlecht	
A_1:Kauf des Herstellers U mit Produktionsstätten in Deutschland und Polen	$k_{111} = 10$	$k_{112} = -4$	k_{12} = viele
A_2:Kauf des Herstellers V mit einer Produktionsstätte in Polen und Vertriebsniederlassungen in Deutschland	$k_{211} = 5$	$k_{212} = 2$	k_{22} = sehr viel
A_3:Aufbau von Vertriebsniederlassungen in Deutschland und Polen für Produkte aus der Schweiz	$k_{311} = 2$	$k_{312} = 0$	k_{32} = wenige
A_4:Verzicht auf eine Geschäftserweiterung	$k_{41} = 0$		k_{42} = keine

A_x = Alternativen
K_y = Kriterien
S_z = Szenarien
k_{xy} = Einzelkonsequenz der Alternative x bezüglich Kriterium y
k_{xyz} = Einzelkonsequenz der Alternative x bezüglich Kriterium y und Szenarium z
*   = Gemessen auf der Ordinalskala mit den Ausprägungen "sehr viele", "viele", "einige", "wenige" und "keine"

Abbildung 10.2: Beispiel einer Entscheidungsmatrix

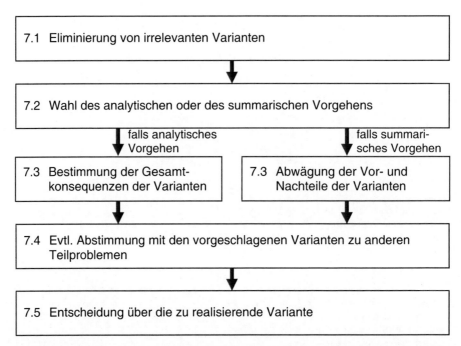

Abbildung 10.3: Unterschritte der Gesamtbeurteilung der Varianten und Entscheidung

Abbildung 10.4 zeigt ein Beispiel einer natürlichen Ordnung für den Fall der Mehrwertigkeit unter Sicherheit. Wie der Abbildung entnommen werden kann, ist die Werkzeugmaschine A der Werkzeugmaschine B in drei von vier Kriterien unterlegen. In Bezug auf das Kriterium "Kapazität" ist sie ihr ebenbürtig. Sie kann deshalb eliminiert werden. Der Aktor wird sich folglich nur noch zwischen den Werkzeugmaschinen B und C entscheiden müssen.

Aber auch in den vier Entscheidungskonstellationen der Ein- und der Mehrwertigkeit unter Unsicherheit und unter Ungewissheit sind natürliche Ordnungen denkbar. **Abbildung 10.5** zeigt ein Beispiel einer natürlichen Ordnung für den Fall der Mehrwertigkeit unter Ungewissheit. Da nur zwei Alternativen existieren und die Alternative B der Alternative A in jeder Hinsicht überlegen ist, kann sie direkt gewählt werden.

Kriterien / Varianten	Investitions-summe in CHF	Kapazität in Stück/h	Präzision in mm	Unfall-sicherheit
Werkzeug-maschine A	550'000	1'000	± 0.2	Gut
Werkzeug-maschine B	500'000	1'000	± 0.1	Sehr gut
Werkzeug-maschine C	380'000	1'050	± 0.15	Genügend

Abbildung 10.4: Beispiel einer natürlichen Ordnung in einem Entscheidungsproblem unter Mehrwertigkeit und Sicherheit

Kriterien und Szenarien / Varianten	Projektkosten in CHF		Kumulierter Gewinn der nächsten fünf Jahre in CHF		Techno-logie-gewinn
	Paten-tierung gelingt	Paten-tierung gelingt nicht	Paten-tierung gelingt	Paten-tierung gelingt nicht	
Entwicklungs-projekt A	480'000	440'000	1'250'000	625'000	Hoch
Entwicklungs-projekt B	430'000	390'000	1'500'000	975'000	Sehr hoch

Abbildung 10.5: Beispiel einer natürlichen Ordnung in einem Entscheidungsproblem unter Mehrwertigkeit und Ungewissheit

10.3   Wahl des analytischen oder des summarischen Vorgehens

Auf der Basis der um natürliche Ordnungen bereinigten Entscheidungsmatrix stehen dem Aktor zwei Wege offen:

- Er kann analytisch vorgehen und unter Anwendung von Entscheidungsmaximen die Gesamtkonsequenzen der Varianten ermitteln. Anschliessend kann er aufgrund dieser Gesamtkonsequenzen eine Variante wählen oder alle Varianten verwerfen.
- Er kann die zur Diskussion stehenden Varianten summarisch beurteilen und entweder eine von ihnen wählen oder im Sinne einer heuristischen Schlaufe auf Schritt 3 zurückgehen und neue Varianten entwickeln.

Sofern es sich um ein einwertiges Entscheidungsproblem unter Sicherheit handelt, entfällt die Frage, ob analytisch oder summarisch vorzugehen ist: Die Konsequenzen der Varianten entsprechen ihren Gesamtkonsequenzen und bilden damit die Grundlage der Entscheidung. **Abbildung 10.6** zeigt die Entscheidungsmatrix eines einwertigen Entscheidungsproblems unter Sicherheit: Ein Handelsunternehmen hat darüber zu entscheiden, welches von drei sich ausschliessenden Produkten neu ins Sortiment aufgenommen werden soll. Da alle drei Artikel den gleichen mengenmässigen Absatz ergeben, kann auf der Basis der Deckungsbeiträge pro Stück entschieden werden. Die Deckungsbeiträge der Varianten bilden nicht nur deren Einzelkonsequenzen, sondern gleichzeitig auch deren Gesamtkonsequenzen. Damit erübrigt sich die Frage, ob vor der Entscheidung mit Hilfe von Entscheidungsmaximen die Gesamtkonsequenzen der Varianten zu ermitteln sind oder ob summarisch vorgegangen werden soll.

Varianten von ins Sortiment aufzunehmenden Handelsprodukten	Deckungsbeiträge pro Stück in CHF als Konsequenzen
Variante A	50
Variante B	61
Variante C	46

Abbildung 10.6: Beispiel einer Entscheidungsmatrix unter Einwertigkeit und Sicherheit

Für Entscheidungen unter Mehrwertigkeit und/oder Unsicherheit resp. Ungewissheit – und dies ist in komplexen Entscheidungen der Normalfall – wird in der Literatur ein analytisches Vorgehen unter Anwendung einer oder mehrerer Entscheidungsmaximen empfohlen. Es gibt jedoch durchaus auch Argumente, die für ein summarisches Vorgehen sprechen:

- Die Gesamtkonsequenzen der Varianten sind wegen den hinter ihnen stehenden Rechenoperationen oft nicht einfach zu interpretieren. Es stellt sich deshalb durchaus die Frage, ob der Aktor den Gesamtkonsequenzen vertrauen will, wenn er eine Entscheidung von grosser Tragweite zu treffen hat (vgl. Little, 1970, S. B-466 ff.).
- Hinzu kommt, dass es Entscheidungssituationen gibt, in denen sich der Aufwand eines analytischen Vorgehens nicht rechtfertigt: Wenn alle Varianten schlecht abschneiden, drängt sich eine heuristische Schlaufe auch ohne Ermittlung der Gesamtkonsequenzen auf. Aber auch wenn eine Variante deutlich besser abschneidet als die anderen Varianten – und somit de facto eine natürliche Ordnung vorliegt – ist ein analytisches Vorgehen kaum zu rechtfertigen.
- Zur Überwindung der Mehrwertigkeit sind beim analytischen Vorgehen Nutzenwerte zu bestimmen. Dabei werden die auf Ratioskalen gemessenen Konsequenzen wie z.B. Deckungsbeiträge, Cash flow Werte etc. in intervallskalierte Nutzenwerte transformiert. Dabei gehen Informationen verloren, die beim summarischen Vorgehen erhalten bleiben.
- Kommt der Aktor nach der summarischen Beurteilung der Alternativen nicht zu einer eindeutigen Entscheidung, kann er immer noch auf analytischem Wege die Gesamtkonsequenzen ermitteln und die Ergebnisse vergleichen.

Die Entscheidung für ein analytisches oder ein summarisches Vorgehen dürfte in der Praxis nicht nur von einer Abwägung der Vor- und Nachteile der beiden Vorgehensweisen abhängen. Im Falle einer Einzelperson als Aktor wird sie auch von seinem Temperament und von seiner Einstellung zu analytischen Methoden abhängen. Im Falle eines Kollektivs in der Rolle des Aktors dürfte die Wahl des Vorgehens neben rationalen Argumenten zusätzlich durch die Unternehmenskultur beeinflusst werden.

Die Autoren haben persönlich mit der summarischen Vorgehensweise positive Erfahrungen gemacht. In der Praxis führt eine Abwägung aller in einer Entscheidungsmatrix zusammengefassten Konsequenzen zu bewussteren und klarer begründeten Entscheidungen als der Rückgriff auf rechnerisch ermittelte und häufig schwer verständliche Gesamtkonsequenzen. Man kann sich zudem fragen, ob eine Entscheidung auf der Basis einer subjektiven Abwägung aller Konsequenzen nicht verantwortungsvoller ist als eine Entscheidung aufgrund analytischer Regeln.

10.4   Bestimmung der Gesamtkonsequenzen der Varianten im Falle des analytischen Vorgehens

Wenn sich der Aktor in Unterschritt 7.2 für den analytischen Weg entscheidet, hat er in Unterschritt 7.3 die Gesamtkonsequenzen der Varianten zu ermitteln. Dazu sind je nach Entscheidungssituation eine oder zwei Entscheidungsmaximen anzuwenden. In Kapitel 9 wurde detailliert gezeigt, wie dies gemacht wird.

10.5   Abwägung der Vor- und Nachteile der Varianten im Falle des summarischen Vorgehens

Falls sich der Aktor für ein summarisches Vorgehen entscheidet, sind in Unterschritt 7.3 die wesentlichen Vor- und Nachteile der Varianten herauszuarbeiten. Dazu ist eine auf der Entscheidungsmatrix aufbauende Diskussion denkbar. Es ist jedoch auch möglich, dass ein Kommentar zur Entscheidungsmatrix verfasst wird. Dies kommt häufig vor, wenn die Vorbereitung der Entscheidung in den Schritten 1 bis 7.4 und die Entscheidung in Unterschritt 7.5 nicht durch die gleiche Person resp. das gleiche Gremium erfolgen. Da verbunden mit einem solchen Kommentar meist eine Variante vorgeschlagen wird, heisst das entsprechende Dokument in der Praxis häufig „Entscheidungsantrag".

10.6   Abstimmung mit den vorgeschlagenen Lösungsvarianten zu anderen Teilproblemen

Als Abschluss der Problemanalyse werden in Unterschritt 2.4 Teilprobleme gebildet und ihre Bearbeitung geregelt. Ein denkbares Resultat besteht darin, dass interdependente Teilprobleme gebildet werden und festgelegt wird, dass diese parallel weiter bearbeitet werden (vgl. Unterabschnitt 7.3.6). In Unterschritt 7.5 soll anschliessend für jedes Teilproblem die zu realisierende Problemlösungsvariante gewählt werden. Bevor dies geschieht, ist in Unterschritt 7.4 jedoch abzuklären, ob die vorgeschlagenen Lösungen der Teilprobleme miteinander kompatibel sind.

Es ist sehr schwierig, allgemein gültige Aussagen zum Unterschritt 7.4 zu machen. Es geht um die Beurteilung von Synergien zwischen den Lösungen der Teilprobleme. Bestehen positive Synergien oder keine Synergien, steht den Lösungsvorschlägen nichts im Wege. Existieren hingegen negative Synergien, muss der Aktor darüber befinden, ob er sie in Kauf nimmt. Er wird dies in der Regel nur tun, wenn sie nicht ins Gewicht fallen oder wenn er keine Möglichkeit sieht, sie zu eliminieren.

10.7   Entscheidung über die zu realisierende Variante

In Unterschritt 7.5 ist schliesslich die Entscheidung zu treffen und eine Variante zu wählen. Wenn der Aktor von keiner Variante überzeugt ist und die Hoffnung hat, dass eine bessere Lösung auffindbar ist, kann er auch die Erarbeitung weiterer Varianten beschliessen. Dies kommt dann einer heuristischen Schlaufe mit einem Zurückgehen auf Schritt 3 gleich.

Aus praktischer Sicht ist wichtig, dass der Entscheidungsprozess mit einer klaren Entscheidung endet. Es ist für die am Entscheidungsprozess beteiligten und von der Entscheidung betroffenen Personen wichtig zu wissen, ob eine Entscheidung gefällt wurde und wie diese ausgefallen ist. Es kommt nicht von ungefähr, dass die meisten Führungsreglemente von Armeen vorsehen, dass Entscheidungen des Kommandanten zu protokollieren sind.

11   Fallbeispiel zur Anwendung des Verfahrens

11.1   Ausgangslage

Die Spezialfahrzeug AG ist eine in der Ostschweiz domizilierte Herstellerin von Fahrzeugen für den Forstdienst, für den Unterhalt von Strassenböschungen und für den Unterhalt von Sport- und Golfplätzen. Die meisten Fahrzeuge werden in Deutschland, Österreich und der Schweiz über eigene Aussendienstmitarbeiter verkauft. Erst seit zwei Jahren werden die Produkte auch über Generalvertreter in Frankreich, Belgien und Italien abgesetzt. Der Erfolg ist allerdings bisher bescheiden ausgefallen.

Vor vier Jahren übernahm die Spezialfahrzeug AG einen in Schwierigkeiten steckenden Produzenten von Chassis. Die in der Agglomeration Zürich beheimatete Unternehmung baut ausschliesslich Fahrgestelle für Nutzfahrzeuge. Sie beliefert damit neben der Spezialfahrzeug AG auch andere schweizerische Produzenten von Nutzfahrzeugen.

Abbildung 11.1 zeigt das Organigramm der 600 Mitarbeiter zählenden Firmengruppe. Wie aus der Grafik ersichtlich ist, besass die Unternehmung bis zur Übernahme der Nutzfahrzeugchassis AG eine funktionale Struktur. Da nur Entwicklung, Rechnungswesen und Personalwesen der Nutzfahrzeugchassis AG in die funktionale Struktur integriert wurden, ist die Spezialfahrzeug AG seither auf der zweiten Hierarchiestufe gleichzeitig nach Funktionen und Produktgruppen strukturiert. Juristisch besitzt die Firmengruppe die Struktur eines Stammhauskonzerns.

Die Spezialfahrzeug AG erzielt einen unkonsolidierten Umsatz von etwa CHF 310 Mio.

Die Spezialfahrzeug AG befindet sich im Eigentum der Familien Keller und Strehl. Es entspricht der Policy der beiden Familien, dass keines ihrer Mitglieder operativ tätig ist. Geleitet wird die Firma seit mehreren Jahren vom promovierten Betriebswirtschaftler Herren. Dr. Herren geniesst grosses Vertrauen der Eigentümer und verfügt über weitreichen-

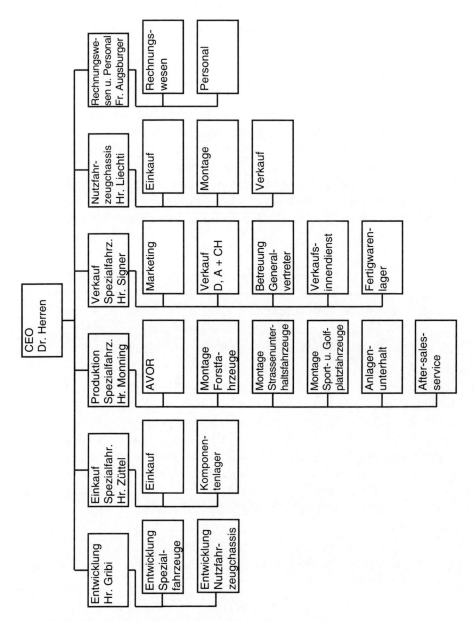

Abbildung 11.1: Organigramm der Spezialfahrzeug AG

de Entscheidungskompetenzen. Obschon im nachfolgend geschilderten Entscheidungsproblem aus juristischer Sicht der Verwaltungsrat entscheidet, trifft de facto Dr. Herren die Entscheidung. Dr. Herren ist damit der Aktor der zu fällenden Entscheidung.

11.2   Verifizierung der Problemdeckung

Ende Februar 20XX+1 erfährt Dr. Herren vom Gewinn des Vorjahres von CHF 1 Mio. Er ist sich sofort bewusst, dass dieser weit unter den Erwartungen der Familien Keller und Strehl liegt, denen die Spezialfahrzeug AG gehört. Dr. Herren hat zwar aufgrund der Verkaufszahlen und des Zwischenabschlusses per Ende Juni gewusst, dass das Jahr 20XX nicht gut werden wird. Er hat aufgrund des Halbjahresresultates mit einem Gewinn von ca. CHF 3,5 Mio. und damit einer Verschlechterung gegenüber dem Vorjahr um CHF 1 Mio. gerechnet.

Dr. Herren weiss, dass die dritte Eigentümergeneration, die bereits die Mehrheit der Aktien hält, eine Verzinsung des Eigenkapitals in mindestens der Höhe eines risikoavers zusammengesetzten Wertschriftenportefeuilles erwartet. Bei einem vorsichtig geschätzten Eigenkapital von CHF 60 Mio. und einer Verzinsung eines konservativen Portfeuilles von 5% ergeben bereits die von den Aktionären geforderten Ausschüttungen CHF 3 Mio. Hinzu kommen die bei einem so tiefen Erfolg allerdings bescheidenen Gewinnsteuern und die Notwendigkeit, Investitionen selbst zu finanzieren. Für Dr. Herren steht aufgrund dieser Überlegungen zweifelsfrei fest, dass eine erhebliche Soll-Ist-Abweichung besteht.

Damit ein Entscheidungsproblem vorliegt, muss des Weiteren verifiziert werden, ob die entdeckte Soll-Ist-Abweichung auf zuverlässigen Daten fusst. Bereits im Gespräch, in welchem Frau Augsburger ihn über den provisorischen Jahresabschluss informiert, fragt er deshalb nach der Wahrscheinlichkeit von Korrekturen. Die Antwort von Frau Augsburger kann wie folgt zusammengefasst werden:

- Dr. Herren wäre gar nicht informiert worden, wenn noch mit grossen Korrekturen gerechnet werden müsste.

- Aufgrund des tiefer als erwarteten Lagerbestandes wurde die Inventur zweimal durchgeführt. Auch die Warenbewertung und die Addition der verschiedenen Positionen wurden überprüft. Da nur marginale Differenzen auftraten, müssen die Warenbewertung und die sich daraus ergebenden Bestandeskorrekturen als richtig angesehen werden.
- Alle im vergangenen Jahr abgesetzten Produkte wurden fakturiert. Aufwendungen, für die noch keine Rechnungen eingetroffen sind, wurden transitorisch verbucht.
- Da die Abrechnung der Sozialversicherungen und der Mehrwertsteuer vollständig und weisungskonform erfolgte, erwartet Frau Augsburger auch bei einer AHV- oder Mehrwertsteuerrevision keine wesentlichen Aufrechnungen.
- Alles in allem kann sich Frau Augsburger nicht vorstellen, dass die im März stattfindende Prüfung des Abschlusses durch die Revisionsgesellschaft Änderungen am Gewinn von mehr als ± CHF 0,25 Mio. ergibt.

Dr. Herren kennt Frau Augsburger bereits seit vielen Jahren als zuverlässige Mitarbeiterin. Er vertraut deshalb ihren Darlegungen und geht davon aus, dass das schlechte Jahresergebnis den Tatsachen entspricht.

Schliesslich hat Dr. Herren im Rahmen der Verifizierung der Problemdeckung die Frage zu beantworten, ob sich die Bearbeitung des entdeckten Problems lohnt. Im vorliegenden Fall erachtet er die Frage als theoretisch: Die Tragweite des Problems rechtfertigt auf jeden Fall eine gründliche Analyse.

11.3   Problemanalyse

11.3.1 Abgrenzung und Strukturierung des Entscheidungsproblems

Die Problemanalyse beginnt bereits in der Besprechung, in der Frau Augsburger ihren Vorgesetzten über das schlechte Ergebnis orientiert. Sie erwähnt nämlich in diesem Gespräch zwei Tatsachen, die aussergewöhnlich sind:

- In der Nutzfahrzeugchassis AG waren Komponenten für Chassistypen am Lager, die gar nicht mehr hergestellt werden. Ihre Amortisation verursachte ausserordentliche Aufwendungen von CHF 0,45 Mio.
- Das Lager mit Komponenten für die Spezialfahrzeuge wurde 20XX um CHF 2,8 Mio. reduziert. Frau Augsburger unterhielt sich darüber bereits vor dem Treffen mit dem Einkaufsleiter, Herrn Züttel. Er begründete den Lagerabbau mit erheblichen Preiserhöhungen bei den Motoren und Antriebswellen. Da er hofft, dass die Preiserhöhungen von den Lieferanten zumindest teilweise zurückgenommen werden müssen, reduzierte er den Bestand auf das absolute Minimum.

Die an diese Informationen anschliessende Diskussion zwischen Frau Augsburger und Dr. Herren ergibt, dass die ausserordentliche Abschreibung auf dem Lager der Nutzfahrzeugchassis AG zu einer Resultatverschlechterung führt. Diese ist allerdings mit CHF 0,45 Mio. nur für einen Teil der Verschlechterung gegenüber dem erwarteten Erfolg und dem Vorjahresergebnis verantwortlich. Im Gegensatz zu den Abschreibungen der Tochtergesellschaft ist der Lagerabbau in der Muttergesellschaft erfolgsneutral. Da die Komponenten der Fahrzeuge dem Lager nach dem Prinzip First-in-first-out entnommen werden, wären die gleichen Materialkosten auch ohne Lagerabbau entstanden.

Die Besprechung zwischen Frau Augsburger und Dr. Herren schliesst mit der Fixierung einer Geschäftsleitungssitzung. An dieser Sitzung soll über den unbefriedigenden Jahresabschluss diskutiert werden. Darauf aufbauend soll das Entscheidungsproblem abgegrenzt und strukturiert werden.

Herr Dr. Herren umreisst zu Beginn der Sitzung die Zielsetzungen: Er möchte zuerst allen Anwesenden Gelegenheit geben, sich zu äussern. Anschliessend soll versucht werden, das Entscheidungsproblem in einem Frame zusammenzufassen.

Um die Diskussion etwas zu strukturieren, möchte Dr. Herren zuerst über den Chassisbau sprechen. Er bittet Herrn Liechti um ein Eintrittsvotum:

- Herr Liechti entschuldigt sich vorerst für die Tatsache, dass bei der vorletzten Inventur die veralteten und deshalb wertlosen Chassisbauteile nicht erkannt wurden. Da er erst einige Monate vor der vorletzten Inventur die Nachfolge des früheren Firmeneigentümers angetreten hatte, verfügte er zum Inventurzeitpunkt noch nicht über den notwendigen Überblick.

- Darauf orientiert Herr Liechti über die Kapazitätsauslastung: Die Kapazität von 10'000 Chassis pro Jahr konnte durch die Muttergesellschaft zu 33% ausgelastet werden. Für weitere 33% konnten Aufträge von Dritten akquiriert werden. Die restlichen 34% lagen brach. Obschon Herr Liechti teilweise Preisabschläge vornahm und die Muttergesellschaft 100 Chassis mehr übernahm, ging der Output gegenüber dem Vorjahr um 800 Chassis resp. 8% der Kapazität zurück.

- Als nächstes äussert sich Herr Liechti zur Marktstellung. Die Nutzfahrzeugchassis AG verkauft zwei Arten von Chassis: Einerseits werden Chassis für Spezialfahrzeuge gefertigt. Obschon die von ihm geleitete Firma konkurrenzfähige Produkte anbietet, sind seit der Übernahme durch die Spezialfahrzeug AG in diesem Teilmarkt viele Kunden verloren gegangen. Offensichtlich wollen sich die Unternehmen nicht bei ihrer Konkurrenz mit Bauteilen eindecken. Im vergangenen Jahr konnte die Nutzfahrzeugchassis AG neben der Muttergesellschaft nur zwei Kunden beliefern: Es handelt sich dabei um einen Produzenten von Löschfahrzeugen und einen Produzenten von Ambulanzen. Beide nehmen relativ kleine Stückzahlen ab, zahlen aber gute Preise. Andererseits produziert die Nutzfahrzeugchassis AG Anhängerchassis. Trotz Preissenkungen hat sie in diesem Teilmarkt im letzten Jahr massiv an Marktanteil eingebüsst. Ein asiatischer Hersteller bearbeitet seit zwei Jahren mit grossem Erfolg den deutschsprachigen Raum. Wie die Absatzzahlen zeigen, genügten die Preissenkungen nicht, um die Kunden halten zu können.

- Schliesslich kommt Herr Liechti auf die Lieferpreise an die Spezialfahrzeug AG zu sprechen. Er ist der Ansicht, dass diese mindestens 10% unter dem Marktpreis liegen. Dies wird von Herrn Züttel allerdings vehement bestritten. Er glaubt, dass die von ihm bezahlten Beträge über dem Marktniveau sind.

- Dr. Herren bricht die Diskussion über die Verrechnungspreise ab und bittet Herrn Liechti um Verbesserungsvorschläge. Herr Liechti sieht eine Möglichkeit in zusätzlichen Investitionen. Damit könnten die Produktivität verbessert und die variablen Kosten verringert werden. Dies würde die Vorraussetzung schaffen, um im Anhängergeschäft die Preise zu reduzieren und wieder Marktanteile dazuzugewinnen.

- Herr Züttel macht noch einmal darauf aufmerksam, dass auch die Spezialfahrzeug AG von Marktpreisen profitieren können sollte. Hier schreitet Dr. Herren ein und unterbindet weitere Diskussionen über die internen Verrechnungspreise.
- Frau Augsburger glaubt nicht, dass Investitionen der richtige Weg sind: Die Gruppe hat neben einem bilanzierten Eigenkapital von CHF 45 Mio. (das effektive Eigenkapital liegt bei mindestens CHF 60 Mio.) Schulden von CHF 65 Mio. Damit ist die Verschuldungskapazität mehr als erreicht; die Banken fordern seit Jahren substantielle Amortisationen. Das schlechte Jahresergebnis 20XX wird den Druck der Banken mit Sicherheit verstärken. Das sich verschlechternde Rating wird zudem die Zinskosten erhöhen.
- Herr Liechti erwidert auf diese Voten, es gehe ihm nur um das Aufzeigen der grundsätzlichen Möglichkeiten. Eine zweite solche Möglichkeit sieht er in einer Konzentration auf Spezialfahrzeugchassis. Dies würde allerdings eine im nächsten Jahr wirksame Sonderabschreibung eines Teils des Anlagevermögens bedingen.

Dr. Herren dankt Herrn Liechti für die Analyse und seine ersten Ideen zur Verbesserung der Situation und leitet über zum zweiten Pièce de Résistance, den Fahrzeugen für die Pflege von Sport- und Golfplätzen:

- Als vor drei Jahren der Entschluss gefasst wurde, in den Teilmarkt der Sport- und Golfplatzfahrzeuge einzusteigen, wurden für das Jahr 20XX-1 750 Stück und für das 20XX 1'500 Stück budgetiert. Effektiv verkauft wurden 450 und 500 Stück. Dieses Resultat ist für Dr. Herren sehr enttäuschend. Nach diesen einleitenden Bemerkungen bittet er Herrn Signer um eine Analyse aus Marktsicht.
- Herr Signer beginnt damit, dass er die Unterschiede zu den anderen beiden Kategorien von hergestellten Fahrzeugen darlegt: Während die Forst- und Böschungsfahrzeuge hohe Anforderungen bezüglich Geländegängigkeit und Sicherheit erfüllen müssen, gilt dies für die Sport- und Golfplatzfahrzeuge nicht. Auch die Anzahl und Art der Funktionen, welche die Fahrzeuge zu erbringen haben, sind unterschiedlich: An Forst- und Böschungsfahrzeuge werden generell hohe Erwartungen gestellt und viele Kunden verlangen zusätzlich individuelle Ausstattungen. Die Anforderungen an Sport- und Golfplatzfahrzeuge sind wesentlich bescheidener und die meisten Kunden begnügen sich mit der Standardausrüstung.
- Der Markt für Sport- und Golfplatzfahrzeuge ist mengenmässig stark wachsend und dieser Trend dürfte noch für längere Zeit anhalten.

Die hohe Konkurrenzintensität führt aber dazu, dass die Preise sinken und das wertmässige Marktwachstum wesentlich geringer ausfällt. Die Spezialfahrzeug AG hat im vergangenen Jahr ihre Preise um 10% gesenkt und ihren Marktanteil trotzdem nur knapp halten können. Dies zeigt, wie stark die Konkurrenz ist.

- Die Hauptkonkurrenz kommt nicht von Seiten der Hersteller von Spezialfahrzeugen, sondern von den Produzenten von Gartenmaschinen. Ihre Produkte sind wesentlich einfacher aufgebaut und gleichen eigentlich eher einem grossen Rasenmäher als einem Fahrzeug. Nach Ansicht von Herrn Signer hat die Spezialfahrzeug AG bei der Markteintrittsentscheidung diese Art von Konkurrenz schlicht übersehen.

- Dr. Herren bittet nun Herrn Gribi und Herrn Moning um Stellungnahmen. Herr Gribi weist darauf hin, dass es sich bei ihrem Sport- und Golfplatzfahrzeug um ein qualitativ hochstehendes Produkt handle. Im Gegensatz zu den "grossen Rasenmähern" der Konkurrenz sei die Reparaturanfälligkeit auch bei intensivem Gebrauch klein und die Lebensdauer hoch. Herr Moning macht auf die katastrophale Auslastung der Montageeinrichtung aufmerksam. Die Kapazität von 3'000 Stück werde nur zu 16% genutzt. Würde die Anlage auf voller Kapazität fahren, könnte auch beim reduzierten Durchschnittspreis von CHF 37'000 ein Deckungsbeitrag II von CHF 2 Mio. erzielt werden.

- Hier unterbricht Herr Signer und sagt noch einmal deutlich, dass bei einem Preis von CHF 37'000 bald kein einziges Fahrzeug mehr verkauft werden kann.

Bevor die Sitzung für die Mittagspause unterbrochen wird, möchte Dr. Herren noch wissen, wie die Marktentwicklung bei den anderen beiden Fahrzeuggruppen eingeschätzt wird und wie es in diesen beiden Bereichen um die Kapazitätsauslastung steht:

- Herr Signer geht davon aus, dass der Markt für Forstfahrzeuge mittelfristig weiter wachsen wird. Langfristig rechnet er entweder mit einem stagnierenden oder schwach wachsenden Markt, je nachdem in welchem Ausmass sich die naturnahe Waldbewirtschaftung durchsetzen wird. Für die Böschungsfahrzeuge rechnet er mit einem langfristig wachsenden Markt. Da im Forst und an Strassenböschungen erhebliche Unfallrisiken bestehen und die öffentliche Hand als Hauptarbeitgeberin in diesen Bereichen keine Risiken eingehen will, geht Herr Signer davon aus, dass es Billiganbieter auch in Zukunft schwer haben werden.

- Auch das Statement von Herrn Moning stimmt die Sitzungsteilnehmer vor der Mittagspause noch etwas positiver: Die Kapazitätsauslastung bei den Forstfahrzeugen lag 20XX bei über 90%. Bei den Böschungsfahrzeugen betrug sie in der gleichen Periode sogar mehr als 100%: Trotz Überstunden und temporären Mitarbeitern aus der Abteilung Sport- und Golfplatzfahrzeuge bestanden für gewisse Modelle Lieferfristen von mehreren Monaten. Herr Signer ergänzt mit der Feststellung, dass aufgrund des hohen Bestellungseingangs keine potentiellen Neukunden besucht wurden.

Nach der Mittagspause erarbeitet die Geschäftsleitung den Frame gemäss **Abbildung 11.2.** Wie die Grafik zeigt, wird das Entscheidungsproblem breit abgegrenzt. Mit den Forst- und den Böschungsfahrzeugen werden auch die beiden Produktgruppen einbezogen, die gut unterwegs sind. Wie Herr Dr. Herren ausführt, ermöglicht die Weiterentwicklung der beiden Produkte unter Umständen die Lösung von Problemen in den übrigen Bereichen.

Im Anschluss an die Erarbeitung des Frame regelt Herr Dr. Herren noch die Weiterarbeit:

- Frau Augsburger und Herr Walther erarbeiten die Kostentgrägerrechnung. Entgegen den bisherigen Gepflogenheiten geschieht dies bereits vor der Revision der Finanzbuchhaltung.
- Dr. Herren wird zusammen mit Frau Augsburger den Verwaltungsrat über das schlechte Resultat 20XX orientieren.

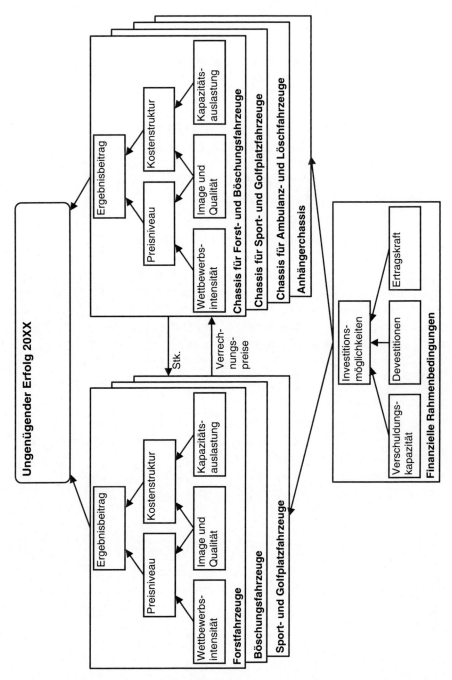

Abbildung 11.2: Frame des ungenügenden Erfolges der Spezialfahrzeug AG

11.3.2 Beschaffung der relevanten Daten

Frau Augsburger und Herr Walther erarbeiten im Anschluss an die Geschäftsleitungssitzung die Kostenträgerrechnung. **Abbildung 11.3** zeigt das Resultat einer Woche intensiver Arbeit. Die vorliegende Kostenträgerrechnung verzichtet auf jegliche Fixkostenaufschlüsselungen.

Herr Dr. Herren dankt für die rasche Erstellung der aus seiner Sicht zentralen Entscheidungsgrundlage. Wie Herr Liechti an der ausserordentlichen Geschäftsleistungssitzung ausführte, bestehen grosse Preisunterschiede und vermutlich auch Deckungsbeitragsunterschiede zwischen verschiedenen Arten von Chassis. Dr. Herren bittet deshalb Frau Augsburger und Herrn Walther um eine vertiefte Analyse. Sobald sie vorliegt möchte Dr. Herren an einer zweiten ausserordentlichen Geschäftsleitungssitzung die Zahlen diskutieren und die Problemursachen ermitteln.

11.3.3 Ermittlung der Problemursachen und Festlegung des weiteren Vorgehens

An der zweiten ausserordentlichen Geschäftsleitungssitzung orientiert Dr. Herren zuerst über die Verwaltungsratssitzung. Auf eine Wiedergabe der emotionalen Reaktionen verzichtet er. Sachlich sind zwei Resultate zu berichten:

- Eine Öffnung des Kapitals steht so wenig zur Diskussion wie eine Kapitalaufstockung durch die Familien Keller und Strehl.
- Der Verwaltungsrat erwartet Vorschläge für drastische Massnahmen, welche die Ertragskraft nachhaltig und rasch verbessern.

Darauf präsentieren Frau Augsburger und Herr Walther die Kostenträgerrechnung. Herr Liechti wirft die Frage auf, ob die CHF 3 Mio. kalkulatorische Zinsen wirklich notwendig sind. Der ihm antwortende Dr. Herren ist der Ansicht, dass der Betrag ein absolutes Minimum darstellt: Bei einer vorsichtigen Bewertung ergibt sich ein Eigenkapital von CHF 60 Mio. und darauf wird mit 5% ein Zinssatz angewendet, der unter dem durchschnittlichen Fremdkapitalzinssatz der Spezialfahrzeug AG liegt.

Text	Forst-fahrzeuge	Böschungs-fahrzeuge	Sport- und Golfplatz-fahrzeuge	Nutz-fahrzeug-chassis
Verkaufte Stück	1'100	1'900	500	6'800
	1'050	1'900	450	7'600
Nettoverkaufs-preis	82	67	37	10.5
	81	66	41	11
Umsatz	90'200	127'300	18'500	71'400
	85'050	125'400	18'450	83'600
Variable Pro-duktions-kosten pro Stück	61	59	35	10
	60.5	58	35	10
Variable Pro-duktions-kosten	67'100	112'100	17'500	68'000
	63'525	110'200	15'750	76'000
Deckungs-beitrag I	23'100	15'200	1'000	3'400
	21'525	15'200	2'700	7'600
Abschreibun-gen + Zinsen *	1'300	1'700	3'400	—
	1'300	1'700	3'400	—
Fixe Pro-duktions-kosten	1'100	1'000	800	—
	1'100	1'000	725	—
Deckungs-beitrag II	20'700	12'500	-3'200	3'400
	19'125	12'500	-1'425	7'600

Abbildung 11.3: Fixkostendeckungsrechnung der Spezialfahrzeug AG

Text	Forst-fahrzeuge	Böschungs-fahrzeuge	Sport- und Golfplatz-fahrzeuge	Nutz-fahrzeug-chassis
Abschreibungen + Zinsen *		1'100		4'000
		1'100		4'000
Fixe Produktionskosten		800		2'000
		800		2'200
Ausserordentliche Abschreibungen auf dem Lager		—		450
		—		—
Marketing- und Verkaufskosten		11'450		1'600
		11'950		2'350
Deckungsbeitrag III		16'650		-4'650
		16'350		-950
Abschreibungen + Zinsen*		500		
		500		
Kosten für Entwicklung, Einkauf, Rechnungs-wesen, Personal und Leitung		13'500		
		13'400		
Erfolg		- 2'000		
		1'500		
1. Zahl = Jahr 20XX 2. Zahl = Jahr 20XX-1 Wertm. Zahlen = CHF 1'000	*= In den Abschreibungen und Zinsen von CHF 12 Mio. sind CHF 3 Mio. kalkulatorische Zinsen auf dem Eigenkapital eingerechnet			

Abbildung 11.3: Fixkostendeckungsrechnung der Spezialfahrzeug AG (Fortsetzung)

Als nächstes bittet Dr. Herren Frau Augsburger und Herrn Walther, ihre Überlegungen bezüglich der Wirtschaftlichkeit der verschiedenen Chassistypen vorzustellen. Herr Walther verteilt die Zusammenstellung gemäss **Abbildung 11.4** und kommentiert diese wie folgt:

- Da alle Produkte auf der gleichen Produktions- und Verkaufsinfrastruktur basieren, erübrigte sich eine Aufteilung der Fixkosten und es wurde bloss der Deckungsbeitrag I auf die Kostenträger aufgeschlüsselt. Immerhin ist davon auszugehen, dass die Marketing- und Verkaufskosten von CHF 1,6 Mio. vor allem für die Produkte anfallen, die nicht an die Muttergesellschaft geliefert werden.
- Die ausgewiesenen Deckungsbeiträge I stellen Schätzungen und nicht genaue Berechnungen dar. Da es nachträglich nicht mehr möglich war, die Werte für 20XX-1 zu ermitteln, zeigt die Tabelle zudem bloss das Jahr 20XX.
- Frau Augsburger und Herr Walther sind der Ansicht, dass die an die Muttergesellschaft verrechneten Preise gerechtfertigt sind. Sie liegen wenig höher als die Marktpreise. Die Spezialfahrzeug AG hat

Text	Chassis für eigene Forst- und Böschungs- fahrzeuge	Chassis für eigene Sport- und Golf- platz- fahrzeuge	Chassis für Ambu- lanz- und Lösch- fahrzeuge	Chassis für Anhä- nger	Total
Verkaufte Stück	3'000	500	900	2'400	6'800
Nettoverkaufspreis	13,1	6	19	5	10,5
Umsatz	39'300	3'000	17'100	12'000	71'400
Variable Produktions- kosten pro Stück	12,4	6,2	16	5,542	10
Variable Produktions- kosten	37'200	3'100	14'400	13'300	68'000
Deckungsbeitrag I	2'100	-100	2'700	-1'300	3'400

Wertmässige Zahlen = CHF 1'000

Abbildung 11.4: Die Deckungsbeiträge I der Kostenträger der Nutzfahrzeugchassis AG für das Jahr 20XX

auf der anderen Seite gegenüber einer Belieferung durch Fremdlieferanten Kosteneinsparungen bei der Qualitätskontrolle des Wareneingangs und bei der Beschaffung der Ersatzteile.

- Das Resultat der Deckungsbeitragsrechnung zeigt, dass die Anhängerchassisproduktion sofort gestoppt werden sollte.

Niemand bestreitet die Schlussfolgerungen von Herrn Walther.

Die Diskussionen an der ersten ausserordentlichen Geschäftsleitungssitzung und das vorliegende Zahlenmaterial ergeben aus Sicht von Dr. Herren zwei Problemursachen:

- Das Unternehmen hat mir den „Anhängerchassis" und den „Sport- und Golffahrzeugen" zwei Produktgruppen mit ungenügendem Ertrag. Unklar ist für Dr. Herren die Situation bei den „Spezialfahrzeugchassis".
- Es bestehen teilweise katastrophale Kapazitätsauslastungen. Gleichzeitig verhindern fehlende Kapazitäten die Nutzung von Absatzpotentialen.

Die fehlende Verschuldungskapazität bildet bei der Problemlösung eine zentrale Restriktion. Sie ist der Grund dafür, wieso Dr. Herren das Problem nicht in die Teilprobleme „Bereinigung des Produktportfolios" und „Anpassung der Produktionskapazitäten" unterteilen möchte. Die Problemlösungsvarianten müssen vielmehr teilproblemübergreifend erarbeitet werden. Nur so kann sichergestellt werden, dass sie finanzierbar sind.

Dr. Herren möchte rasch voranschreiten und das Eisen schmieden solange es heiss ist. Er fixiert die nächste ausserordentliche Geschäftsleitungssitzung bereits für den nächsten Samstagmorgen und bitte alle Anwesenden, sich bis zu dieser Zusammenkunft Lösungsansätze zu überlegen.

11.4   Erarbeitung von Problemlösungsvarianten

Dr. Herren begrüsst die Anwesenden zur dritten ausserordentlichen Geschäftsleitungssitzung. Ohne Umschweife fordert er seine Geschäftsleitung auf, Lösungsansätze zu präsentieren:

- Frau Augsburger beginnt mit dem radikalen Vorschlag, die Produktion von Nutzfahrzeugchassis und von Sport- und Golfplatzfahrzeugen zu schliessen und die Assets bestmöglich zu veräussern. Insbesondere das Grundstück der Nutzfahrzeugchassis AG in der Agglomeration Zürich dürfte einiges einbringen.
- Herr Moning ist einverstanden mit der Schliessung der Nutzfahrzeugchassis AG, möchte jedoch die Produktionsstrasse der Sport- und Golfplatzfahrzeuge auf Böschungsfahrzeuge umpolen.
- Herr Züttel unterstützt diese Variante und betont gleichzeitig, dass er die Chassis von Dritten zu den gleichen Preisen beschaffen kann wie von der Nutzfahrzeugchassis AG.
- Nun meldet sich Herr Gribi zu Wort und stellt vorerst fest, dass die Chassis ein wichtiger Bestandteil der Forst- und Böschungsfahrzeuge sind. Sie sind wesentlich für die Stabilität und damit für die Unfallsicherheit der Fahrzeuge. Er würde es deshalb bedauern, die Kompetenz im Chassisbau wieder zu verlieren und schlägt vor, den Chassisbau anstelle der Sport- und Golfplatzfahrzeuge im Stammhaus zu machen. Dies würde die Realisierung des Grundstückverkaufs in der Agglomeration Zürich trotz Weiterführung des Chassisbaus ermöglichen.
- Herr Liechti findet dies eine gute Idee. Er weist jedoch darauf hin, dass mit dieser Beschränkung auf hochpreisige Chassis jedoch keine Reduktion der Produktionsfixkosten verbunden ist.
- Dr. Herren wirft die Frage auf, ob bei den Böschungsfahrzeugen nicht eine Zweischichtproduktion eingeführt werden sollte. Ohne Mehrinvestitionen könnte dadurch die Nachfrage vollständig abgedeckt und wertvoller zusätzlicher Deckungsbeitrag realisiert werden.
- Frau Augsburger ergänzt den Vorschlag mit der Idee, bei einer Schliessung der Produktion von Sport- und Golfplatzfahrzeugen die zweite Schicht mit Mitarbeitern aus diesem Bereich zu bilden.
- Schliesslich unterbreitet Herr Liechti den Vorschlag, mit einem zusätzlichen qualifizierten Verkäufer Neukunden für Chassis für Spezialfahrzeuge zu suchen. Er denkt insbesondere auch an Erbauer von geländegängigen Kleinlastwagen für Armeen. Dr. Herren findet es bedauerlich, dass dies nicht schon im vergangenen Jahr versucht wurde.

Da keine weiteren Lösungsansätze mehr vorgebracht werden, versucht Dr. Herren diese gemeinsam mit der Geschäftsleitung zu Varianten zusammenzufassen. **Abbildung 11.5** zeigt das nach einer Stunde am

White Board stehende Resultat. Wie der Matrix entnommen werden kann, entstanden fünf Varianten:

- Die Variante 1a entspricht dem Vorschlag von Frau Augsburger. Sie sieht die vollständige Aufgabe der Chassisproduktion und der Produktion von Sport- und Golfplatzfahrzeugen mit radikaler Devestition und Schuldenamortisation vor.
- Die Variante 1b kombiniert den Vorschlag von Frau Augsburger mit dem von Dr. Herren: Ein Zweischichtbetrieb bei den Böschungsfahrzeugen erlaubt eine gleichzeitige Nutzung von Marktchancen und Devestitionsmöglichkeiten.
- Die Variante 2 geht in ihrem Kern auf die Idee von Herrn Moning zurück: Die Anlagen, welche bisher für den Bau von Sport- und Golffahrzeugen genutzt wurden, werden für die Produktion zusätzlicher Böschungsfahrzeuge eingesetzt. Zusätzlich werden im Chassisbau unrentable Produkte aufgegeben und durch Chassis mit einem attraktiveren Deckungsbeitrag ersetzt.
- Die Variante 3a gibt nicht nur die unrentablen Produkte sondern dem Vorschlag von Herrn Gribi folgend zusätzlich den Standort Zürich auf.
- Die Variante 3b sieht schliesslich zusätzlich zur Variante 3a den Zweischichtbetrieb bei den Böschungsfahrzeugen vor.

11.5   Variantenbeurteilung

Dr. Herren ist mit den fünf entwickelten Varianten sehr zufrieden und möchte den Entscheidungsprozess nun zügig zu Ende führen. Er will deshalb, auch wenn dies nicht auf der Traktandenliste steht, noch gleich die Entscheidungskriterien festlegen und die Variantenbewertung organisieren.

Die ersten drei Entscheidungskriterien gibt Dr. Herren gleich selber vor: Dies sind die Veränderungen im Jahresergebnis und die mit den Varianten verbundenen Investitionen und Devestitionen. Frau Augsburger möchte die notwendig werdenden Entlassungen als Entscheidungskriterium. Herr Signer schlägt die Veränderung der Marktposition und Herr Gribi die Veränderung des Know-how vor.

Variante / Einzel-massnahmen	1a Radikale Devesti-tion	1b Radikale Devesti-tion und Zwei-schicht-betrieb	2 Aufgabe unren-tabler Produkte	3a Aufgabe unren-tabler Produkte und von Zürich	3b Aufgabe unren-tabler Produkte und von Zürich so-wie Zwei-schicht-betrieb
Aufgabe Anhängerchassis			X	X	X
Aufgabe aller Chassis und Devestition	X	X			
Umzug Spezialchassis und Devestition Grundstück				X	X
Akquisition von Neukunden für Spezialchassis			X	X	X
Aufgabe Sport- und Golfplatzfahrzeuge und Devestition Anlagen	X	X		X	X
Aufgabe Sport- und Golfplatzfahrzeuge und Umnutzung der Anlagen für Böschungsfahrzeuge			X		
Zweischichtbetrieb bei Böschungs-fahrzeugen		X			X

Abbildung 11.5: Die fünf Varianten

Niemand ergreift Opposition gegenüber einem dieser Kriterien. Dr. Herren geht zudem davon aus, dass die Kriterien weitgehend unabhängig voneinander sind und beschliesst deshalb, die Varianten danach zu bewerten. Die Auswirkungen der Varianten auf das Ergebnis und die sich ergebenden Investitionen und Devestitionen sind durch Frau Augsburger in Zusammenarbeit mit Herrn Signer, Herrn Moning und Herrn Liechti zu bestimmen. Erneut hilft Herr Walther bei der Erarbeitung der Zahlen mit. Die Entlassungen sind durch die Herren Moning und Liechti zu ermitteln. Die verbleibenden zwei Gesichtspunkte sollen durch alle Geschäftsleistungsmitglieder, speziell jedoch durch die Herren Signer und Gribi beurteilt werden.

Es liegt auf der Hand, dass die Konsequenzen der fünf Varianten teilweise unsicher sind. Insbesondere die Erträge aus der Veräusserung von Produktionsanlagen und der Umfang der Akquisition von Zusatzaufträgen scheinen schwer abschätzbar. Da eine Angabe von Eintrittswahrscheinlichkeiten unmöglich erscheint, unterliegt das Entscheidungsproblem dem Fall der Ungewissheit. In Anbetracht der schwierigen Lage, in der sich die Spezialfahrzeug AG befindet, kommt für Dr. Herren jedoch nur eine Worst Case-Betrachtung in Frage. Vom Spektrum möglicher Konsequenzenwerte wird er somit in jedem Fall nur den ungünstigsten in seine Überlegungen einbeziehen. Er legt deshalb fest, dass nur gerade pessimistische Werte zu ermitteln sind.

Die nächste Sitzung soll bereits drei Tage später stattfinden.

Bei Sitzungsbeginn verteilen Frau Augsburger und Herr Walther eine detaillierte Zusammenstellung der finanziellen Auswirkungen (vgl. **Abbildung 11.6**). Sie erläutern Zahl für Zahl. Anschliessend stellt Dr. Herren zwei Fragen:

- Sind die Absatzsteigerungen um 400 Böschungsfahrzeuge und um 300 Spezialchassis auch unter ungünstigen Bedingungen erreichbar? Die Herren Signer und Liechti bestätigen noch einmal, dass sie diese Zahlen als pessimistische Wachstumsziele betrachten.
- Sind die Devestitionserlöse realistisch? Frau Augsburger antwortet bezüglich der Liegenschaft in der Agglomeration Zürich: Wenn die Liegenschaft nicht innerhalb eines Monats verkauft werden muss, sondern der Verkauf in den kommenden zwei Jahren erfolgen kann,

Variante	Resultat-verbesserungen	Investi-tionen	Devesti-tionen
1a Radikale Devestitionen	• 3 Mio. Wegfall Sport- und Golf-platzfahrzeuge; vom negativen DB II bleiben lediglich Abschrei-bungen • 3,1 Mio. Wegfall Chassisbau, vom negativen DB III bleiben le-diglich Abschreibungen • 1,5 Mio. Zinseinsparungen auf den Devestitionen	—	• 20 Mio. Grundst. • 6 Mio. Chas-sisbau • 4 Mio. Mon-tage Sport- u. Golfplatz-fahrzeuge
1b Radikale Devestitionen und Zweischicht-betrieb	• 3 Mio. Wegfall Sport- und Golf-platzfahrzeuge; vom negativen DB II bleiben lediglich Abschrei-bungen • 3,1 Mio. Wegfall Chassisbau, vom negativen DB III bleiben lediglich Abschreibungen • 2 Mio. zusätzlicher DB von 400 Böschungsfahrzeugen unter Ab-zug der Schichtkosten • 1,5 Mio. Zinseinsparungen auf den Devestitionen	—	• 20 Mio. Grundst. • 6 Mio. Chas-sisbau • 4 Mio. Mon-tage Sport- u. Golfplatz-fahrzeuge
2 Aufgabe unrentabler Produkte	• 3 Mio. Wegfall Sport- und Golf-platzfahrzeuge; vom negativen DB II bleiben lediglich Abschrei-bungen • 1,2 Mio. Wegfall Anhängerchas-sis und Chassis für Sport- und Golfplatzfahrzeuge • 3 Mio. zusätzlicher DB von 400 Böschungsfahrzeugen • 0,2 Mio. zusätzlicher DB auf 400 Chassis für Böschungsfahrzeuge • 0,9 Mio. zusätzlicher DB auf 300 zusätzlicher Spezialchassis für Dritte • -0,8 Mio. Zinsen u. Amortisatio-nen Neuinvestitionen	4 Mio. Um-nutzung Anlage für Sport- u. Golfplatz-fahrz.	—

Abbildung 11.6: Die finanziellen Auswirkungen der fünf Varianten

Variante	Resultat-verbesserungen	Investitionen	Devestitionen
3a Aufgabe unrentabler Produkte und von Zürich	• 3 Mio. Wegfall Sport- und Golf-platzfahrzeuge; vom negativen DB II bleiben lediglich Abschrei-bungen • 1,2 Mio. Wegfall Anhängerchas-sis und Chassis für Sport- und Golfplatzfahrzeugen • 0,9 Mio. zusätzlicher DB auf 300 zusätzlichen Spezialchassis für Dritte • -1,0 Mio. Zinsen u. Amortisatio-nen Neuinvestitionen • 1,2 Mio. Zinseinsparungen auf den Devestitionen	5 Mio. zügeln Chassis-bauanlage	• 20 Mio Grundst. • 4 Mio Mon-tage Sport- u. Golf-platzfahr-zeuge
3b Aufgabe unrentabler Produkte und von Zürich sowie Zweischicht-betrieb	• 3 Mio. Wegfall Sport- und Golf-platzfahrzeuge, vom negativen DB II bleiben lediglich Abschreibungen • 1,2 Mio. Wegfall Anhängerchas-sis und Chassis für Sport- und Golfplatzfahrzeuge • 2 Mio. zusätzlicher DB von 400 Böschungsfahrzeugen unter Ab-zug der Schichtkosten • 0,2 Mio. zusätzlicher DB auf 400 Chassis für Böschungsfahrzeuge • 0,9 Mio. zusätzlicher DB auf 300 zusätzlichen Spezialchassis für Dritte • -1,0 Mio. Zinsen u. Amortisatio-nen Neuinvestitionen • 1,2 Mio. Zinseinsparungen auf den Devestitionen	5 Mio. zügeln Chassis-bauanlage	• 20 Mio Grundst. • 4 Mio Mon-tage Sport- u. Golf-platzfahr-zeuge

Abbildung 11.6: Die finanziellen Auswirkungen der fünf Varianten
(Fortsetzung)

erachtet sie die CHF 20 Mio. als ein absolutes Minimum. Bezüglich der Anlagen fallen die Antworten von Herrn Liechti und Herrn Moning weniger eindeutig aus: Obschon die eingesetzten Werte wesentlich unter dem Gebrauchswert liegen, muss zuerst eine Firma gefunden werden, welche Interesse an solchen Montageeinrichtungen hat. Potentielle Abnehmer befinden sich vor allem in den Staaten der ehemaligen Sowjetunion, zu denen kein direkter Kontakt besteht. Aufgrund dieser Antwort halbiert Dr. Herren die Devestitionseinnahmen der Anlagen und die darauf berechneten Zinseinsparungen.

Anschliessend wendet sich die Gruppe den Konsequenzen der Varianten im Markt zu. Hier liegt als Basis eine von Herrn Signer erarbeitete Zusammenstellung vor (vgl. **Abbildung 11.7**). Wie die kurze Diskussion zeigt, wird die Tabelle als richtig und vollständig erachtet.

Darauf wird am White Board die Konsequenzenmatrix erstellt. **Abbildung 11.8** zeigt das Resultat dieser Arbeit, das die Grundlage für die Entscheidung bildet.

11.6   Entscheidung

Aufgrund der Entscheidungsmatrix gemäss Abbildung 10.8 ist für Dr. Herren klar, dass er dem Verwaltungsrat die Variante 3b vorschlagen wird.

Folgende Überlegungen führen Dr. Herren zu dieser summarischen Priorisierung der Variante 3b:

- Eine Variante ohne substantielle Schuldenamortisation erachtet er finanzierungsmässig als schwierig. Das schlechte Resultat wird den Druck der Banken erhöhen und Finanzierungen über Darlehen von Privatpersonen sind sehr teuer. Damit ist die Variante 2 nicht realisierbar.
- Da der Zweischichtbetrieb im Bereich der Böschungsfahrzeuge CHF 2 Mio. Zusatzdeckungsbeitrag verspricht, sollte diese Option realisiert werden. Dadurch fallen die Varianten 1a und 3a ausser Betracht.

Variante	Veränderungen in der Marktposition
1a Radikale Devestitio- nen	• Ausstieg aus dem Branchenmarkt der Chassis • Ausstieg aus dem Teilmarkt der Sport- und Golfplatzfahrzeuge, der preissensitiv ist und nicht zu den Ressourcen passt • Erhalt der starken Positionen in den attraktiven Teilmärkten der Forst- und Böschungsfahrzeuge
1b Radikale Devestitio- nen und Zweischicht- betrieb	• Ausstieg aus dem Branchenmarkt der Chassis • Ausstieg aus dem Teilmarkt der Sport- und Golfplatzfahrzeuge, der preissensitiv ist und nicht zu den Ressourcen passt • Verstärkung der bereits starken Position im attraktiven Teilmarkt der Böschungsfahrzeuge, Erhalt der starken Position im attraktiven Teilmarkt der Forstfahrzeuge
2 Aufgabe unrentabler Produkte	• Konzentration des Chassisbaus auf den Teilmarkt der Spezial-fahrzeugchassis, der attraktiv ist, zu den Ressourcen passt und Synergien mit dem Fahrzeugbau ergibt • Ausstieg aus dem Teilmarkt der Sport- und Golfplatzfahrzeuge, der preissensitiv ist und nicht zu den Ressourcen passt • Verstärkung der bereits starken Position im attraktiven Teilmarkt der Böschungsfahrzeuge, Erhalt der starken Position im attraktiven Teilmarkt der Forstfahrzeuge
3a Aufgabe unrentabler Produkte und Zürich	• Konzentration des Chassisbaus auf den Teilmarkt der Spezial-fahrzeugchassis, der attraktiv ist, zu den Ressourcen passt und Synergien mit dem Fahrzeugbau ergibt • Ausstieg aus dem Teilmarkt der Sport- und Golfplatzfahrzeuge, der preissensitiv ist und nicht zu den Ressourcen passt • Erhalt der starken Positionen in den attraktiven Teilmärkten der Forst- und Böschungsfahrzeuge
3b Aufgabe unrentabler Produkte und von Zürich sowie Zweischicht- betrieb	• Konzentration des Chassisbaus auf den Teilmarkt der Spezial-fahrzeugchassis, der attraktiv ist, zu den Ressourcen passt und Synergien mit dem Fahrzeugbau ergibt • Ausstieg aus dem Teilmarkt der Sport- und Golfplatzfahrzeuge, der preissensitiv ist und nicht zu den Ressourcen passt • Verstärkung der bereits starken Position im attraktiven Teilmarkt der Böschungsfahrzeuge, Erhalt der starken Position im attraktiven Teilmarkt der Forstfahrzeuge

Abbildung 11.7: Die Auswirkungen der fünf Varianten auf die Marktposition

Kriterien Varianten	Resultat- verbesse- rung	Investi- tionen	Devesti- tionen	Entlas- sungen	Markt- positio- nen	Know- how
1a Radikale Devestitio- nen	7.35 Mio.	—	25 Mio.	145	1 Markt; Erhalt der Nischen- positionen	Verlust Chassis Know-how
1b Radikale Devestitio- nen und Zwei- schicht- betrieb	9.35 Mio.	—	25 Mio.	110	1 Markt; Ausbau der Ni- schen- positionen	Verlust Chassis Know-how
2 Aufgabe unrentabler Produkte	7.5 Mio.	4 Mio.	—	50	2 Märkte; Ausbau der Ni- schen- positionen	Erhalt Chassis Know-how
3a Aufgabe unrentabler Produkte und von Zürich	5.2 Mio.	5 Mio.	22 Mio.	95	2 Märkte; Erhalt der Nischen- positionen	Erhalt Chassis Know-how
3b Aufgabe unrentabler Produkte und von Zürich sowie Zweischicht- betrieb	7.4 Mio.	5 Mio.	22 Mio.	50	2 Märkte; Ausbau der Ni- schen- positionen	Erhalt Chassis Know-how

Abbildung 11.8: Entscheidungsmatrix

- Von den verbleibenden zwei Varianten 1b und 3b ist die erst genannte kurzfristig finanziell attraktiver: Sie erlaubt höhere Devestitionen, bedingt keine Neuinvestitionen und eliminiert die Verlustquellen. Die Alternative 3b schafft hingegen die Möglichkeit, im Chassisbau durch eine Konzentrationsstrategie einen zweiten Anlauf zu nehmen. Gelingt dieser zweite Anlauf, steht die Spezialfahrzeug AG auf drei anstatt bloss auf zwei Beinen. Zudem sind 60 Arbeitsplätze gerettet worden. Misslingt der zweite Anlauf, wird rasch zur Variante 1b übergegangen werden müssen. In diesem Fall sind die Investitionen in den Umzug von CHF 5 Mio. zusätzlich abzuschreiben.

Dr. Herren bittet Herrn Walther, innerhalb Wochenfrist einen Bericht zu erarbeiten, der als Grundlage der nächsten Verwaltungsratssitzung aber auch als Basis für die Gespräche mit den Banken und Gewerkschaften dienen soll. Er möchte darin

- den Betriebsabrechnungsbogen, der um die Deckungsbeiträge I der Produktgruppen im Chassisbau ergänzt wird,
- die Vorstellung der Varianten,
- die Bewertung der Varianten sowie
- seinen Vorschlag mit Begründung.

Teil III

Sonderprobleme und Ansätze zu ihrer Lösung

Die bisherigen Ausführungen konzentrierten sich auf komplexe Entscheidungsprobleme, die zum Entscheidungszeitpunkt unabhängig von Folgeproblemen bearbeitet und entschieden werden können. Es kann jedoch durchaus vorkommen, dass mehrere Entscheidungsprobleme in einer sachlich-zeitlichen Entscheidungssequenz verknüpft sind.

Im Rahmen der Bearbeitung eines Entscheidungsproblems kann zudem die Frage auftauchen, ob auf der Grundlage der bestehenden Informationen weitergefahren werden soll oder ob zuerst zusätzliche Informationen zu beschaffen sind. Diese praxisrelevante Problemstellung auf der Metaebene wurde aus den bisherigen Ausführungen ausgeklammert.

Auch die zusätzlichen Schwierigkeiten von Gruppenentscheidungen wurden in den Teilen I und II nicht behandelt. Dies, obschon viele der wichtigen Entscheidungen von Gruppen gefällt werden.

In Teil III sollen nun diese drei aus praktischer Sicht wesentlichen aber bisher aus didaktischen Gründen nicht behandelten Themen angegangen werden.

Nach der Lektüre des Teils III

- sind die Leserinnen und Leser mit dem Begriff der Entscheidungssequenz vertraut und wissen, wie Entscheidungssequenzen dargestellt und bearbeitet werden können.
- wissen die Leserinnen und Leser was Informationsbeschaffungsentscheidungen sind und wie sie angegangen werden können.
- kennen die Leserinnen und Leser die mit Kollektiventscheidungen verbundenen Probleme und sind mit möglichen Regeln und Verfahren zum Treffen von Entscheidungen im Gruppenrahmen vertraut.

Der Teil III besteht aus drei Kapiteln:

- In Kapitel 12 werden die Entscheidungssequenzen behandelt. Zuerst werden die Entscheidungssequenzen gegenüber anderen komplexen Entscheidungsverfahren abgegrenzt. Darauf werden mit der Entscheidungsbaumtechnik und dem Roll-Back-Verfahren Methoden zur Darstellung und Bearbeitung von Entscheidungssequenzen vorgestellt. Schliesslich wird anhand eines Fallbeispiels gezeigt, wie die zwei Methoden einzusetzen sind.

- Kapitel 13 beschäftigt sich mit den Informationsbeschaffungsentscheidungen. Zuerst werden die Informationsbeschaffungsentscheidungen im Problemlösungsprozess als Metaentscheidungen positioniert. Darauf werden praktische Empfehlungen zum Treffen von Informationsbeschaffungsentscheidungen gegeben. Sie basieren teilweise auf praktischen Erfahrungen der Verfasser. Zu einem wesentlichen Teil bauen sie jedoch auf den Überlegungen von Bayes auf. Sein auf restriktiven Überlegungen basierendes Modell wird in einem Vertiefungsfenster vorgestellt.

- Mit Kollektiventscheidungen setzt sich Kapitel 14 auseinander. Zuerst wird gezeigt, was Kollektiventscheidungen überhaupt sind und wieso sie eine grosse Bedeutung besitzen. Darauf werden mit den Zielsystemen und dem Entscheidungsverhalten von Gruppen zwei zentrale Rahmenbedingungen von Kollektiventscheidungen beschrieben. Zum Schluss werden in einem längeren Abschnitt Ansätze zum Treffen von Kollektiventscheidungen vorgestellt. Bevor klassische Regeln und komplexere Verfahren zur kollektiven Rangierung von Varianten präsentiert werden, erfolgt eine Zusammenfassung der Überlegungen von Arrow: Er hat Anforderungen an vernünftige und demokratische Mechanismen der kollektiven Entscheidungsfindung formuliert und nachgewiesen, dass sie nicht alle gleichzeitig erfüllbar sind.

12 Entscheidungssequenzen

12.1 Entscheidungssequenzen und ihre Abgrenzung gegenüber Entscheidungen mit mehreren Teilproblemen

In Kapitel 6 wurde ein allgemeines heuristisches Entscheidungsverfahren eingeführt, das sich zur Lösung komplexer Entscheidungsprobleme eignet. Dabei wurde gezeigt, dass komplexe Probleme vielfach mehrere Ursachen haben. Daraus ergeben sich in der Problemanalyse häufig mehrere Teilprobleme, die nebeneinander oder hintereinander zu lösen sind. Beispielsweise kann eine ungenügende Leistung des Verkaufspersonals auf unklare Verkaufszielsetzungen und ein Entlöhnungssystem mit ungenügenden Leistungsanreizen zurückgeführt werden. Da wirkungsvolle Leistungsanreize erst festgelegt werden können, wenn die Zielsetzungen klar sind, muss das Teilproblem der Verkaufsziele vor dem Teilproblem der Aussendienstentlöhnung bearbeitet werden. Der Aktor hat damit eine Sequenz von zwei aktuell zur Lösung anstehenden Teilproblemen zu bearbeiten. Dabei kann er das Teilproblem der Aussendienstentlöhnung ohne Zeitverzug anpacken, sobald er das Teilproblem der Verkaufsziele gelöst hat. Je nachdem welche Dringlichkeit er dem Problem der mangelnden Leistung des Verkaufspersonals beimisst, wird er das erste Teilproblem innerhalb einer Woche oder einiger Monate lösen. In jedem Fall wird er jedoch versuchen, das zwei Teilprobleme umfassende Gesamtproblem der ungenügenden Leistung seiner Verkäufer in nützlicher Frist zu lösen.

Im Kapitel 12 geht es nicht um derartige Sequenzen von Teilproblemen, die "Bestandteile" eines aktuell zu lösenden Gesamtproblems darstellen. Eine Entscheidungssequenz im Sinne dieses Kapitels bezeichnet das Phänomen, dass eine, mehrere oder alle der heute zur Diskussion stehenden Varianten zu einem späteren Zeitpunkt, z.B. nach einigen Jahren, zu weiteren, heute bereits absehbaren Entscheidungen führen. Um in der jetzt anstehenden Entscheidung die richtige Variante auswählen zu können, muss der Aktor die zukünftigen Entscheidungen mit ihren Varianten und Konsequenzen mitberücksichtigen. Selbstverständlich kann er dies nur insoweit tun, als er heute die zukünftigen Entscheidungen mit ihren Varianten und Konsequenzen bereits erkennt.

12.2 Visualisierung von Entscheidungssequenzen mit Hilfe von Entscheidungsbäumen

In Teil II wurden Entscheidungsprobleme mit Hilfe von Entscheidungsmatrizen zusammengefasst. Diese Form eignet sich für Entscheidungssequenzen mit Entscheidungen zu verschiedenen Zeitpunkten nicht. Um die verschiedenen miteinander verknüpften Entscheidungen mit ihren Varianten und Konsequenzen übersichtlich darstellen zu können, wird sinnvollerweise ein Entscheidungsbaum erstellt. Mit einem Entscheidungsbaum lassen sich auch komplexe Entscheidungssituationen wie z.b. Realoptionen in Investitionsentscheidungen übersichtlich darstellen und beurteilen (vgl. Copeland/Tuffano, 2004, S. 74 ff.)

Ein Entscheidungsbaum

- ist eine graphische Darstellung,
- die miteinander verknüpfte Entscheidungen auf mindestens zwei Ebenen
- mit ihren Varianten und eventuell mit ihren Konsequenzen zeigt.
- In Entscheidungen unter Risiko und Ungewissheit enthält der Entscheidungsbaum zusätzlich mindestens eine weitere Ebene mit Szenarien (vgl. Bamberg, 1993, S. 886 ff.).

Abbildung 12.1 zeigt zwei Entscheidungsbäume. Der erste Entscheidungsbaum stellt eine Entscheidungssequenz unter Sicherheit mit Entscheidungen auf zwei Ebenen dar. Der zweite Baum gibt eine Entscheidungssequenz unter Ungewissheit wieder. Neben zwei Entscheidungsebenen enthält er eine Ebene mit Szenarien. Im Zusammenhang mit den beiden Grafiken soll speziell auf folgende zwei Punkte hingewiesen werden:

- Es ist denkbar, dass eine heute gewählte Entscheidungsvariante später keine weiteren Entscheidungen notwendig macht resp. ermöglicht. Dies ist in beiden Entscheidungsbäumen für die Variante 1 der Fall. Diese Situation liegt zudem auch im unteren Entscheidungsbaum im Falle der Wahl von Variante 3 und des Eintretens von Szenario 2 vor.
- In Entscheidungsbäumen für Risiko- und Ungewissheitssituationen ist es möglich, dass die Szenarien nur für einzelne Varianten be-

Entscheidungsbaum unter Sicherheit

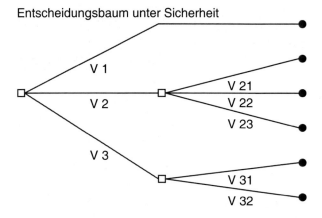

Entscheidungsbaum unter Ungewissheit

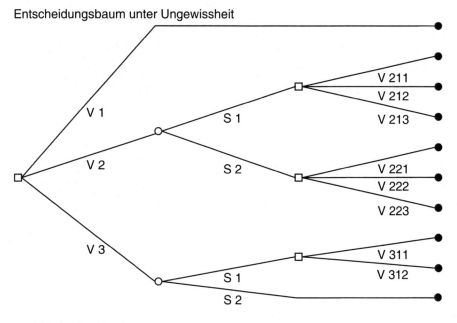

☐ = Entscheidungsknoten
O = Ereignisknoten
● = Konsequenz
V = Variante
S = Szenarium

Abbildung 12.1: Zwei Beispiele von Entscheidungsbäumen

deutsam sind. Dies bedeutet, dass es Varianten geben kann, deren Konsequenzen sicher vorausgesagt werden können. Dies ist in der unteren Grafik für Variante 1 der Fall: Sie ergibt nicht nur keine Folgeentscheidung, sondern lässt sich auch unabhängig von den zwei Szenarien bewerten.

12.3   Wahl der besten Variante in einer Entscheidungssequenz

Wie in Abschnitt 12.1 gezeigt, handelt es sich bei einer Entscheidungssequenz um eine Verknüpfung von Entscheidungen zu (klar) verschiedenen Zeitpunkten. Dabei beinhaltet eine heute anstehende Entscheidung Varianten, die zu einem späteren Zeitpunkt zu weiteren, heute bereits absehbaren, Entscheidungen führen. Diese Verknüpfung von zeitlich auseinanderliegenden Entscheidungen bedeutet nicht, dass bereits heute alle Entscheidungen getroffen werden müssen. Da sich die Varianten und/oder die Konsequenzen der erst in einigen Jahren anstehenden Entscheidungen noch ändern können, wäre eine Entscheidung darüber zum heutigen Zeitpunkt nicht rational. Nur die anstehende Entscheidung sollte zum jetzigen Zeitpunkt getroffen werden. Bei der Beurteilung der Varianten der heute anstehenden Entscheidung müssen jedoch die sich aus den zukünftigen Entscheidungen ergebenden Varianten und Konsequenzen mitberücksichtigt werden. Wird dies nicht gemacht, fliessen zukünftige Chancen und Gefahren und damit unter Umständen wesentliche Auswirkungen der heute zur Diskussion stehenden Varianten nicht in die Entscheidung ein.

Ausgangspunkt der Wahl der besten Variante der anstehenden Entscheidung ist der Entscheidungsbaum. Die Handlungskonsequenzen befinden sich, wie in Abbildung 12.1 dargestellt, ganz rechts neben den Baumenden (vgl. Bamberg, 1993, S. 891). Dies bedeutet, dass die sich aus den heutigen Varianten ergebenden Konsequenzen durch die Konsequenzen der Varianten der späteren Entscheidungen ergänzt werden müssen. Wie in den unabhängigen Entscheidungen im Teil II auch, sind bei der Konsequenzenermittlung zudem die Einflüsse allfälliger Szenarien zu berücksichtigen.

Die Wahl der optimalen Variante der anstehenden Entscheidung kann, gleich wie in einer unabhängigen Entscheidung, entweder summarisch oder analytisch erfolgen.

Beim summarischen Vorgehen studiert der Aktor den erstellten Entscheidungsbaum. Auf der Basis dieser Grafik beurteilt er die heute zur Wahl stehenden Varianten ganzheitlich und entscheidet. Da Entscheidungsbäume auch relativ komplexe Entscheidungssequenzen übersichtlich abzubilden vermögen, ist das summarische Vorgehen durchaus tauglich.

Das analytische Vorgehen sieht die Bestimmung der Gesamtkonsequenzen der Varianten und die Wahl der Variante mit der besten Gesamtkonsequenz vor. Die Bildung der Gesamtkonsequenzen erfolgt dabei im sogenannten Roll-Back-Verfahren (vgl. Bamberg, 1993, S. 891 ff.):

1.   Falls es sich um ein mehrwertiges Entscheidungsproblem handelt, ist die Mehrwertigkeit direkt an den Baumenden zu überwinden. Dabei kann auf eine in Kapitel 9 beschriebene Entscheidungsmaxime zurückgegriffen werden.

2.   Anschliessend sind die Konsequenzen von den Baumenden auf der rechten Seite gegen die Baumwurzel auf der linken Seite zu verdichten.

2.1.   In den Entscheidungsknoten ist die Variante mit den jeweils besseren Konsequenzen zu wählen.

2.2.   In den Ereignisknoten ist ein Konsequenzenwert zu errechnen oder auszuwählen. Dazu ist im Unsicherheitsfall eine Maxime zur Überwindung der Unsicherheit und im Ungewissheitsfall eine Maxime zur Überwindung der Ungewissheit gemäss Kapitel 9 zu verwenden.

Das Roll-Back-Verfahren soll nun anhand eines Beispiels erläutert werden: **Abbildung 12.2** zeigt den bereits aus Abbildung 12.1 bekannten Entscheidungsbaum unter Ungewissheit. An den Baumenden sind nun jedoch als Konsequenzen abgezinste Einzahlungsüberschüsse aufgeführt. Da keine anderen Konsequenzen erwähnt sind, handelt es sich um ein einwertiges Entscheidungsproblem:

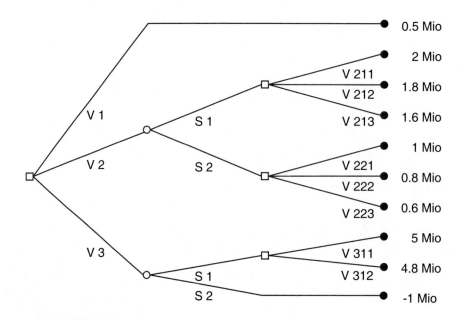

□ = Entscheidungsknoten
O = Ereignisknoten
● = Abgezinste Einzahlungsüberschüsse
V = Variante
S = Szenarium

Abbildung 12.2: Entscheidungsbaum unter Ungewissheit

- Zuerst wird für die drei Entscheidungsknoten auf der rechten Seite je die beste Variante identifiziert. Es sind dies die Varianten V 211: 2 Mio, V 221: 1 Mio und V 311: 5 Mio.
- Darauf werden für die beiden Ereignisknoten in der Mitte die Konsequenzenwerte errechnet. Wenn z.B. die Entscheidungsmaxime der Gleichwahrscheinlichkeit angewendet wird, ergibt dies für den oberen Ereignisknoten 1.5 Mio und für den unteren Ereignisknoten 2 Mio (Bei Anwendung der Minimax-Maxime wären die Werte 1 Mio und -1 Mio.).
- Anschliessend ist zwischen den drei Varianten des Entscheidungsknotens auf der linken Seite zu wählen. Von den drei Varianten V 1: 0.5 Mio, V 2: 1.5 Mio und V 3: 2 Mio wählt der Aktor V 3. Er geht damit ein nicht unerhebliches Risiko ein. Je nachdem ob S 1 oder S 2 eintreten, wird sein Einzahlungsüberschuss 5 Mio oder -1 Mio sein (Ein risikoscheuer Aktor hätte im Ereignisknoten die Minimax-Ma-

xime angewendet. Er hätte anschliessend zwischen V 1: 0.5 Mio, V 2: 1 Mio und V 3: -1 Mio entscheiden müssen und V 2 gewählt.).

12.4   Fallbeispiel einer Entscheidungssequenz

Die Obelix AG ist eine Produzentin von hochwertigen Spritzgussprodukten mit Sitz in der Agglomeration von Zürich. Das Werk besitzt bei Dreischichtbetrieb eine Jahreskapazität von 160'000 Maschinenstunden. 2009 verlor die Obelix AG einen wichtigen Kunden in der Schweiz. Um den Ertragsausfall zu kompensieren, begann man Kunden im EU Raum zu akquirieren. Bereits 2009 konnten in Deutschland und Polen Erfolge erzielt werden. Anfang 2010 wurde mit Herrn Kessler ein versierter Verkäufer als Exportleiter eingestellt. Es gelang ihm, weitere Kunden zu akquirieren und schrittweise die zu Beginn unbefriedigende Marge anzuheben. Parallel dazu konnten auch im Schweizer Markt neue Kunden hinzugewonnen werden.

Anfangs 2012 ist die Obelix AG erstmals mit der Situation konfrontiert, dass die Kapazität nicht ausreichen wird, um alle Aufträge selber erfüllen zu können. Einfachere Teile werden deshalb an Unterakkordanten vergeben werden müssen. Wie **Abbildung 12.3** zeigt, wird für die Zukunft in der Schweiz von einer Stagnation der Aufträge auf hohem Niveau ausgegangen. In Deutschland und Polen wird weiterhin ein Wachstum erwartet. Da das Preisniveau aber auch das Produktionskostenniveau in der EU tiefer sind als in der Schweiz, schlug Herr Kessler bereits im Jahr 2010 eine Produktion im EU Raum vor. In Anbetracht der 2012 nicht mehr genügenden Kapazität erteilte die Geschäftsleitung Herrn Kessler im Spätsommer 2011 den Auftrag, bis Ende Jahr entsprechende Vorschläge auszuarbeiten.

Im Januar 2012 findet ein ganztägiger Strategieworkshop statt. Zu Beginn fasst der Unternehmensleiter, Herr Signer, noch einmal die Rahmenbedingungen zusammen, die er im August 2011 formulierte:

- Weitgehende Trennung des Geschäftes in der Schweiz und im EU Raum.

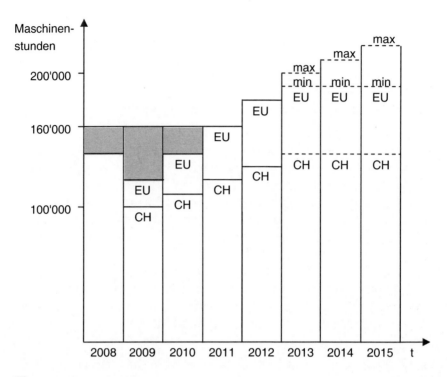

CH̄ = effektives Auftragsvolumen CH
EŪ = effektives Auftragsvolumen EU
▨ = ungenutzte Kapazität CH
CH̃ = prognostiziertes Auftragsvolumen CH
EŨ = prognostiziertes Auftragsvolumen EU

Abbildung 12.3: Entwicklung des Auftragsvolumens der Obelix AG

- Die ab 2013 eingeplante Differenz von 20'000 Maschinenstunden zwischen der Kapazität in der Schweiz und den Aufträgen in der Schweiz ist primär als Kapazitätsreserve für die Schweiz gedacht.
- Da die Nachfrageentwicklung im EU Raum schwer abschätzbar ist, sind die Produktionskapazitäten schrittweise und vorsichtig aufzubauen.

Darauf legt Herr Kessler die Resultate seiner Analyse dar. Die wichtigsten Kunden der Obelix AG im EU Raum befinden sich in den Regionen Stuttgart und Warschau. Da sowohl die Investitionen als auch die Löhne in der Agglomeration Warschau wesentlich tiefer sind als im Raum Stuttgart, wurden nur Produktionsmöglichkeiten im Grossraum

Warschau gesucht. Aufgrund der Prognosen gemäss Abbildung 12.3 und unter Berücksichtigung der Rahmenbedingungen von Herrn Signer möchte Herr Kessler ab 2013 über eine Kapazität von 60'000 Maschinenstunden verfügen. Damit wird gegenüber der pessimistischen Prognose des EU Auftragsvolumens eine Kapazitätsreserve von 10'000 Maschinenstunden geschaffen. Im Falle des Eintretens der optimistischen Auftragsprognose wäre die Kapazität hingegen bereits 2013 voll ausgeschöpft. Ausgehend von diesen Überlegungen unterbreitet Herr Kessler der Geschäftsleitung nun drei bis spätestens Ende 2012 realisierbare Varianten:

(1) Kauf und Sanierung einer vorhandenen Industrieliegenschaft mit einem Grundstück von 4'500 m². Die Industrieliegenschaft kostet EUR 2.1 Mio. Für die Sanierung müssten weitere EUR 1.9 Mio. investiert werden. Sie verfügt knapp über den Raum, um die Kapazität von 60'000 Maschinenstunden zu schaffen. Allerdings muss auf zwei Stockwerken produziert werden, was nicht ideal ist. Erweiterungsmöglichkeiten gibt es nicht.

(2) Kauf eines Industrieareals von 20'000 m²: Das Industrieareal von 20'000 m² kostet EUR 5 Mio. Für den Bau einer Fabrik von 10'000 m² müssen weitere EUR 7 Mio. investiert werden. In der einstöckigen Fabrik lässt sich die benötigte Kapazität unterbringen. Falls die 10'000 m² Reserve nicht benötigt werden, lassen sie sich nach Ansicht von Herrn Kessler problemlos wieder verkaufen.

(3) Kauf eines Industrieareals von 10'000 m² mit der Option des Kaufs von weiteren 10'000 m² innerhalb von 3 Jahren: Das Industrieareal von 10'000 m² kostet EUR 2.5 Mio. Für den Bau einer Fabrik von 10'000 m² müssen, gleich wie in der zweiten Variante, EUR 7 Mio. investiert werden. Das angrenzende Grundstück von 10'000 m² kann bis Mitte 2015 für EUR 2.5 Mio. dazugekauft werden.

Nach der Vorstellung der drei Varianten präsentiert Herr Kessler den Sitzungsteilnehmern den Entscheidungsbaum gemäss **Abbildung 12.4** Herr Kessler erläutert ihn wie folgt:

- Der Baum beginnt mit einem Entscheidungsknoten auf der linken Seite. Die Äste bilden die drei bereits erläuterten Investitionsvarianten im Grossraum Warschau.
- Die Konsequenzen aller drei Varianten hängen von der Entwicklung des Bestellungseingangs in der EU ab. Deshalb hat Herr Kessler bei

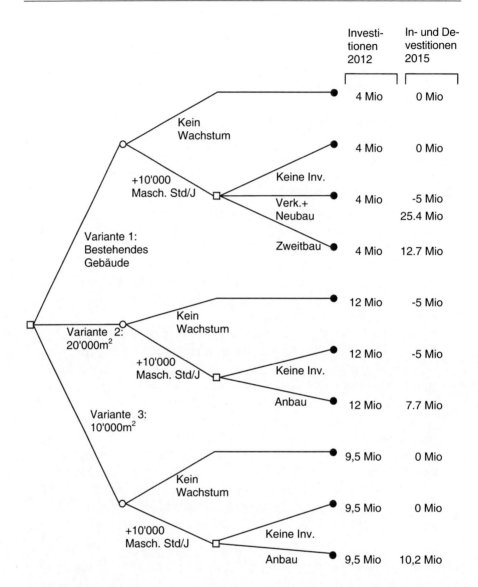

□ = Entscheidungsknoten
○ = Ereignisknoten
● = abgezinste Investitionen und Devestitionen in EUR

Abbildung 12.4: Entscheidungsbaum von Herrn Kessler

allen drei Ästen einen Ereignisknoten mit einem jährlichen Wachstum von 10'000 Maschinenstunden in den kommenden Jahren und mit einer Stabilisierung des Bestellungseingangs auf den sehr wahrscheinlich 2012 erreichten 50'000 Maschinenstunden. Im Falle eines jährlichen Auftragswachstums im Umfang von 10'000 Maschinenstunden ist die Kapazität von 60'000 Maschinenstunden bereits im ersten Betriebsjahr voll ausgelastet. Nach Ansicht von Herrn Kessler müsste ein weiteres Wachstum 2014 und 2015 über die Kapazitätsreserve im Schweizer Werk und/oder über Unterakkordanten abgedeckt werden. Spätestens Ende 2014 müsste im Wachstumsszenarium entschieden werden, ob und wenn ja in welchem Umfang die Produktionskapazitäten in Warschau erweitert werden sollen.

- Falls die Produktionskapazität 2015 ausgeweitet wird, sieht Herr Kessler eine Verdoppelung vor. Im Jahre 2016 würden von der Kapazität von 120'000 Maschinenstunden deren 90'000 genutzt.

- Da die Obelix AG bisher konsequent ihr Leitbild befolgte und nie in betriebsfremde Liegenschaften investierte, ist für Herrn Kessler klar, dass im Falle der Stagnation die Landreserve von 10'000 m² in Variante 2 im Jahre 2015 zu verkaufen ist. Ferner ist bei Wahl der Variante 3 im Stagnationsszenarium die bis Mitte 2015 befristete Kaufoption nicht auszuüben.

- Für das Jahr 2015 erwartet Herr Kessler deutlich gestiegene Grundstückpreise. Er rechnet mit EUR/m² 500. Zudem ist von einer Bauteuerung von 10% auszugehen.

- Im Falle des Wachstumsszenariums ist anfangs 2015 über das weitere Vorgehen zu entscheiden. Falls 2012 Variante 1 gewählt wird, besteht die Möglichkeit eines Neubaus bei gleichzeitigem Verkauf der 2012 erworbenen Liegenschaft. Ein Verkauf der Liegenschaft im Jahr 2015 würde aufgrund des Anstiegs der Grundstückkosten in dieser Lage einen Preis von EUR 5 Mio. erzielen. Der Neubau einer Liegenschaft mit ausreichender Kapazität würde die Obelix AG EUR 15.4 Mio. plus ein Grundstück für EUR 10 Mio. kosten. Eine zweite Möglichkeit besteht darin, die Liegenschaft zu behalten und 2015 eine zweite Liegenschaft zu erstellen und an zwei Standorten zu produzieren. Für den zweiten Standort muss mit Grundstückkosten in Höhe von EUR 5 Mio. und Baukosten von EUR 7.7 Mio. gerechnet werden. Im Falle der Wahl von Variante 2 oder von Variante 3 im Jahre 2012 kann 2015 angebaut werden. Dabei fallen Baukosten von je EUR 7.7 Mio. und für die Variante 3 zusätzlich die Grundstückkosten von EUR 2.5 Mio. an. Schliesslich kann 2015 unabhängig von der 2012 gewählten Variante auf eine Erweiterung der Produktionskapazität verzichtet werden. Diese Lösung ist anzuvisieren, wenn die Margen der EU Aufträge ungenügend sind.

- Als Konsequenzen der Varianten hat Herr Kessler bisher nur die Investitionsausgaben aufgeführt. Die erste Spalte zeigt die Investitionen 2012 und die zweite Spalte die Investitionen und Devestitionen 2015. Herr Kessler macht darauf aufmerksam, dass die Zahlen nicht miteinander vergleichbar sind. Dies, weil sie sich teilweise auf eine Kapazität von 60'000 und teilweise auf eine Kapazität von 120'000 Maschinenstunden beziehen.

Herr Signer dankt Herrn Kessler für seine Erläuterungen. Er findet den vorgelegten Entscheidungsbaum übersichtlich und ist der Ansicht, dass die Geschäftsleitung aufgrund der darin enthaltenen Zahlen eine Grundsatzentscheidung fällen kann. Die anschliessende Diskussion ergibt folgende Resultate:

- Die Geschäftsleitung ist aufgrund der bisherigen Entwicklung und der in den vergangenen Jahren erworbenen Marktkenntnisse der Ansicht, dass das Wachstumsszenarium wahrscheinlicher ist als das Stagnationsszenarium. Dies spricht gegen die Variante 1, auch wenn sie 2012 zu den mit Abstand kleinsten Investitionsausgaben führt. Da 2012 keine festen Optionen für eine Erweiterung 2015 erworben werden, kann ein Neubau unter gleichzeitiger Devestition auch teurer zu stehen kommen als die im Entscheidungsbaum ausgewiesenen EUR 20.4 Mio. Auch der Zweitbau kann zu höheren Ausgaben führen als die eingesetzten EUR 12.7 Mio. Zudem hat die Produktion an zwei Standorten erhebliche betriebliche Nachteile.

- Die anderen zwei Varianten sind aus betrieblicher Sicht gleichwertig. Beide verfügen zudem über Wachstumsreserven. Da die Variante 3 gegenüber der Variante 2 im Jahre 2012 mehr als 20% tiefere Ausgaben verursacht, wird sie bevorzugt.

- Die Geschäftsleitung beauftragt Herrn Kessler, die Variante 3 weiterzuverfolgen und so rasch wie möglich ein Detailprojekt und den Vertragsentwurf für den Grundstückkauf vorzulegen.

13 Informationsbeschaffungsentscheidungen

13.1 Informationsbeschaffungsentscheidungen als Metaentscheidungen

Der Aktor hat im Rahmen der Bewältigung eines Entscheidungsproblems stets mit Problemen auf zwei Ebenen zu kämpfen:

- Einerseits hat er sich mit dem entdeckten Problem auseinanderzusetzen: Es gilt das Problem zu verstehen, Lösungsvarianten zu finden, diese zu bewerten und schliesslich zu entscheiden.
- Andererseits fallen vielfältige Metaaufgaben an: Die Problembewältigung ist zeitlich und inhaltlich zu planen, Personen sind in die Problembearbeitung einzubeziehen und zu koordinieren und andere Personen sind über den Problemlösungsprozess und die erzielten Fortschritte zu informieren. Ein weiteres Problem auf der Metaebene, mit dem sich der Aktor beschäftigen muss, ist die Frage, ob auf der Basis der bestehenden Informationen mit der Problembearbeitung weitergefahren oder ob der Informationsstand verbessert werden soll.

Bereits in der Problemanalyse lassen sich intern und vor allem extern Informationen in unterschiedlichem Detaillierungsgrad und mit unterschiedlicher Verlässlichkeit beschaffen. Aber auch in der Ausarbeitung der Varianten kann in der Informationsbeschaffung verschieden weit gegangen werden. Am klarsten stellt sich jedoch die Metaentscheidung der Beschaffung oder Nicht-Beschaffung zusätzlicher Informationen bei der Bewertung der Varianten: Soll aufgrund der vorliegenden Konsequenzen entschieden werden oder sind zusätzliche Mittel in die Variantenbeurteilung zu investieren?

Je mehr in die Informationsbeschaffung investiert wird, desto grösser ist die Wahrscheinlichkeit, dass gute Problemlösungsvarianten gefunden werden und die beste unter ihnen ausgewählt wird. Mit der Beschaffung zusätzlicher Informationen sind jedoch auch zusätzliche Kosten verbunden. Zudem verlängert sie den Problembewältigungsprozess und verzögert damit die Entscheidung. Es hängt dabei sehr von der Art der Problemstellung ab, ob der zweitgenannte Nachteil stark ins Gewicht fällt oder nicht.

Ob zusätzliche Informationen beschafft werden sollen oder nicht, ist grundsätzlich einfach zu beantworten: Ihre Beschaffung ist immer sinnvoll, wenn ihr Zusatznutzen ihre Zusatzkosten überwiegt. Ist dies nicht der Fall, sollte auf das Einholen zusätzlicher Informationen verzichtet werden. Eine derart allgemein gehaltene Empfehlung nützt allerdings dem Aktor im konkreten Fall kaum etwas. In den nachfolgenden Abschnitten wird deshalb diese Grundregel konkretisiert.

13.2   Empfehlungen zum Treffen von Informationsbeschaffungsentscheidungen

Die wohl bekanntesten Überlegungen zum Treffen von Informationsbeschaffungsentscheidungen stammen von Bayes. Sie werden in **Vertiefungsfenster 13.1** vorgestellt. Da die Ideen von Bayes auf einer ganzen Reihe von teilweise restriktiven Bedingungen basieren, sind sie allerdings in den wenigsten Fällen direkt anwendbar. Sie werden deshalb anschliessend verallgemeinert und, kombiniert mit eigenen Erfahrungen, zu generellen Empfehlungen zum Treffen von Informationsbeschaffungsentscheidungen weiterentwickelt.

Vertiefungsfenster 13.1: Ermittlung des Wertes zusätzlicher Informationen durch Bayes

Um zu konkreten Empfehlungen zu gelangen, basiert Bayes seine Überlegungen auf einer Reihe teilweise sehr restriktiver Annahmen. Nachfolgend wird versucht, diese zusammenzufassen:

(1) Eine erste Einschränkung besteht darin, dass sich alle Überlegungen von Bayes stets an der einwertigen Entscheidung unter Risiko orientieren (vgl. Weibel, 1978, S. 11). Bayes geht somit davon aus, dass sich der Aktor nur an einem Entscheidungskriterium orientiert und mit mehreren Umweltszenarien konfrontiert ist, deren Eintretenswahrscheinlichkeiten er kennt.

(2) Bayes geht zudem davon aus, dass der Aktor die Varianten, die Umweltszenarien und ihre Eintretenswahrscheinlichkeiten sowie die Konsequenzenwerte kennt und aufgrund dieser Ausgangslage eigentlich entscheiden könnte. Er behandelt die Frage, ob aufgrund der vorliegenden Entscheidungsmatrix entschieden

werden soll, oder ob es sich lohnt, die Entscheidung zu vertagen und durch die Beschaffung zusätzlicher Informationen die
Qualität der Entscheidungsmatrix zu verbessern. Mit dieser Fo-
kussierung auf die Entscheidungsmatrix verzichtet Bayes darauf, sich mit der Beschaffung zusätzlicher Informationen in der
Analysephase und in der Phase der Erarbeitung der Varianten
zu beschäftigen.

(3) Die Überlegungen von Bayes zur Beschaffung zusätzlicher Informationen betreffen ausschliesslich die Eintretenswahrscheinlichkeiten der verschiedenen Umweltszenarien. Hingegen ergeben die zusätzlichen Investitionen in Informationen keine ge-
naueren Konsequenzenwerte (vgl. von Nitzsch, 2002, S. 220
ff.).

(4) Die vierte Prämisse betrifft die vom Aktor angewendete Entscheidungsmaxime. Bayes geht davon aus, dass der Aktor die
Maxime des Erwartungswertes verwendet, um seine unsicheren
Konsequenzenwerte zu den Gesamtkonsequenzen der Varianten zu aggregieren (vgl. Weibel, 1978, S. 20). Wie in Kapitel 9
gezeigt wurde, ist die Anwendung dieser Maxime jedoch nicht
unproblematisch.

(5) Eine weitere Annahme besteht darin, dass ausschliesslich Probleme mit den zwei Varianten "etwas tun oder nichts tun" betrachtet werden (vgl. Weibel, 1978, S. 21).

(6) Schliesslich verzichtet Bayes darauf, die Zeitdimension in seine
Überlegungen einzubeziehen. Er klammert damit die aus praktischer Sicht wichtige Frage der Auswirkungen eines Hinaus-
schiebens der Entscheidung aus.

Der von Bayes verfolgte Weg zur Lösung des Informationsbeschaf-
fungsproblems besteht in der Berechnung des Erwartungswertes
bei Informationsbeschaffung und in ihrem Vergleich mit dem bereits
bekannten Erwartungswert der besten Variante ohne Informationsbeschaffung. Wie der Erwartungswert bei Informationsbeschaffung
zu berechnen ist, wird anhand eines Beispiels von von Nitzsch
(2002, S. 220 ff.) dargelegt. Bei der Darstellung wird auf die Verwendung der von Bayes eingeführten und durch von Nitzsch übernommenen speziellen Begriffe verzichtet. Um die Lesbarkeit zu verbessern, wird zudem versucht, mit einem Minimum an Symbolen
auszukommen.

Im Beispiel steht ein Unternehmen vor der Entscheidung, ein neues Produkt einzuführen oder nicht. **Abbildung 13.1** zeigt die Entscheidungsmatrix des Aktors.

Kriterien, Szenarien und Wahrscheinlichkeiten / Varianten	Erfolg in Mio. EUR	
	Einführung erfolgreich	**Einführung nicht erfolgreich**
	Wahrscheinlichkeit 0,6	**Wahrscheinlichkeit 0,4**
Produkt einführen	+ 200	- 50
Produkt nicht einführen	0	0

Abbildung 13.1: Entscheidungsmatrix als Ausgangslage

Der Maxime des Erwartungswertes zufolge sollte das Produkt unbedingt eingeführt werden: Der Erwartungswert beträgt nämlich EUR 100 Mio. gegenüber dem Erwartungswert Null bei Verzicht auf die Einführung.

Da bei Produkteinführung mit einer Wahrscheinlichkeit von 0,4 ein Verlust von 50 Mio. € eintritt, nimmt der Aktor bei einer Produkteinführung ein nicht unerhebliches Risiko auf sich. Dies kann ihn dazu veranlassen, zusätzliche Informationen zu beschaffen und damit das in der Entscheidung steckende Risiko zu reduzieren. Im Beispiel hat der Aktor die Möglichkeit, für EUR 2 Mio. eine Studie erstellen zu lassen. Sie wird die Einführung empfehlen oder davon abraten. Bezüglich der Treffsicherheit einer solchen Studie weiss der Aktor folgendes (vgl. von Nitzsch, 2002, S. 220):

- Eine erfolgreiche Einführung kann mit 90% Wahrscheinlichkeit vorausgesehen werden. Lediglich in 10% der erfolgreichen Einführungen rät die Studie davon ab.

- Eine nicht erfolgreiche Einführung lässt sich sogar mit 95% Wahrscheinlichkeit prognostizieren. Nur in 5% der nicht erfolgreichen Einführungen empfiehlt die Studie die Einführung.

Der Aktor hat damit zum heutigen Zeitpunkt neu drei Varianten:

1. Er kann die Produkteinführung beschliessen.
2. Er kann auf eine Produkteinführung verzichten.
3. Er kann die Sachentscheidung vertagen und vorerst die Studie in Auftrag geben.

Falls er die dritte Variante wählt, wird er nach Vorliegen der Studie und damit auf der Basis eines besseren Informationsstandes zwischen den Varianten 1 und 2 wählen.

Abbildung 13.2 zeigt den Entscheidungsbaum des um die Marktstudie erweiterten Entscheidungsproblems. Die Abbildung gibt nicht nur einen Überblick über die Problemstruktur, sondern auch über die vorhandenen und noch fehlenden Informationen. Wie der Entscheidungsbaum zeigt, fehlt insbesondere der zur Entscheidung notwendige Erwartungswert der Studie. Dieser wiederum lässt sich nur berechnen, wenn die noch fehlenden Wahrscheinlichkeiten ermittelt werden können.

Die Wahrscheinlichkeiten, dass die Marktstudie die Produkteinführung empfiehlt resp. von der Produkteinführung abrät, lassen sich wie folgt ermitteln:

- Der Aktor weiss, dass die Produkteinführung mit einer Wahrscheinlichkeit von 0,6 erfolgreich und mit einer Wahrscheinlichkeit von 0,4 nicht erfolgreich ist.
- Der Aktor weiss ferner, dass die Studie mit einer Wahrscheinlichkeit von 0,9 eine erfolgreiche und mit einer Wahrscheinlichkeit von 0,95 eine nicht erfolgreiche Produkteinführung prognostizieren kann.
- Diese beiden Informationen werden nun in **Abbildung 13.3** miteinander verknüpft. Wie die Abbildung zeigt, wird die Studie mit einer Wahrscheinlichkeit von 0,56 die Produkteinführung empfehlen und mit einer Wahrscheinlichkeit von 0,44 davon abraten.

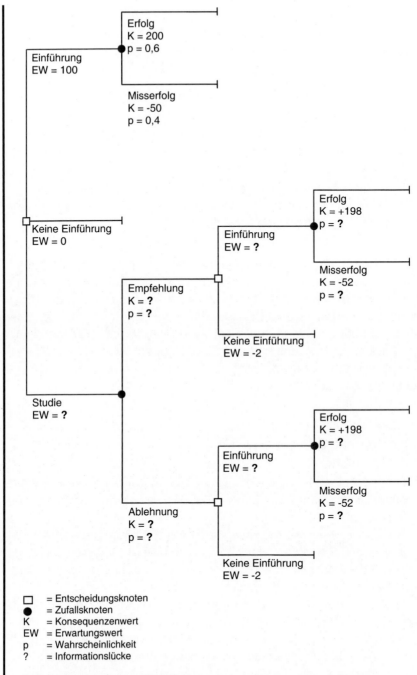

Abbildung 13.2: Entscheidungsbaum mit Informationslücken
(in Anlehnung an von Nitzsch, 2002, S. 221)

Markt-studie \ Produkteeinführung	**Einführung erfolgreich**	**Einführung nicht erfolgreich**	**Summe**
Studie empfiehlt Einführung	Liegt richtig 0,9	Liegt falsch 0,05	—
	0,6 x 0,9 = 0,54	0,4 x 0,05 = 0,02	0,56
Studie rät von Einführung ab	Liegt falsch 0,1	Liegt richtig 0,95	—
	0,6 x 0,1 = 0,06	0,4 x 0,95 = 0,38	0,44
Summe	1	1	—
	0.6	0.4	1

Alle Zahlen = Wahrscheinlichkeiten

Abbildung 13.3: Berechnung der Wahrscheinlichkeiten empfehlender und ablehnender Studien
(in Anlehnung an von Nitzsch, 2002, S. 222)

Damit sich der Erwartungswert der Studie und damit der dritten Entscheidungsvariante berechnen lässt, sind nun noch vier weitere Wahrscheinlichkeiten zu berechnen:

- Wahrscheinlichkeit einer erfolgreichen Produkteinführung auf der Basis einer empfehlenden Studie.
- Wahrscheinlichkeit einer nicht erfolgreichen Produkteinführung auf der Basis einer empfehlenden Studie.
- Wahrscheinlichkeit einer erfolgreichen Produkteinführung auf der Basis einer ablehnenden Studie.

- Wahrscheinlichkeit einer nicht erfolgreichen Produkteinführung auf der Basis einer ablehnenden Studie.

Wie **Abbildung 13.4** zeigt, erfolgt die Berechnung dieser vier Wahrscheinlichkeitswerte, indem je die in ihrem Urteil richtigen und falschen Studien zu allen empfehlenden resp. abratenden Studien in Relation gesetzt werden (vgl. von Nitzsch, 2002, S. 222).

Produkte-einführung / Marktstudie	**Einführung erfolgreich**	**Einführung nicht erfolgreich**	**Summe**
Studie empfiehlt Einführung	0.54	0.02	0.56
	0.54 / 0.56 = 0,964	0.02 / 0.56 = 0.036	1
Studie rät von Einführung ab	0.06	0.38	0.44
	0.06 / 0.44 = 0.136	0.38 / 0.44 = 0.864	1
Summe	0.6	0.4	1
	—	—	—

Alle Zahlen = Wahrscheinlichkeiten

Abbildung 13.4: Berechnung der Wahrscheinlichkeiten erfolgreicher und nicht erfolgreicher Produkteinführungen bei empfehlenden und ablehnenden Studien
(in Anlehnung an von Nitzsch, 2002, S. 222)

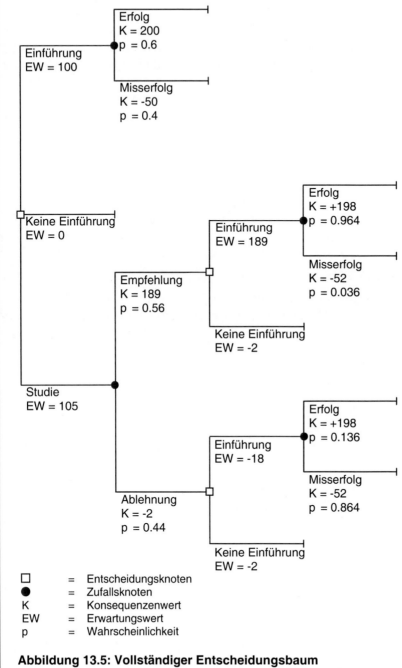

Einführung
EW = 100

Erfolg
K = 200
p = 0.6

Misserfolg
K = -50
p = 0.4

Keine Einführung
EW = 0

Studie
EW = 105

Empfehlung
K = 189
p = 0.56

Einführung
EW = 189

Erfolg
K = +198
p = 0.964

Misserfolg
K = -52
p = 0.036

Keine Einführung
EW = -2

Ablehnung
K = -2
p = 0.44

Einführung
EW = -18

Erfolg
K = +198
p = 0.136

Misserfolg
K = -52
p = 0.864

Keine Einführung
EW = -2

☐	=	Entscheidungsknoten
●	=	Zufallsknoten
K	=	Konsequenzenwert
EW	=	Erwartungswert
p	=	Wahrscheinlichkeit

Abbildung 13.5: Vollständiger Entscheidungsbaum
(in Anlehnung an von Nitzsch, 2002, S. 223)

Auf der Basis der sechs ermittelten Wahrscheinlichkeitswerte lässt sich nun der Entscheidungsbaum von rechts nach links durchrechnen. Wie **Abbildung 13.5** zeigt, ergibt sich für den Fall, dass die Studie eine Produkteinführung empfiehlt, ein Erwartungswert für die Produkteinführung von EUR 189 Mio. gegenüber einem Erwartungswert von EUR -2 Mio. bei einem Verzicht auf die Markteinführung. Der Aktor wird also in diesem Fall das Produkt einführen. Rät die Studie hingegen von einer Produkteinführung ab, ist der Erwartungswert EUR -18 Mio., wenn die Produkteinführung trotzdem erfolgt. Dieser erwartete Verlust steht wiederum EUR -2 Mio. Erwartungswert bei einem Einführungsverzicht gegenüber. Der Aktor wird folglich in dieser Situation auf eine Produkteinführung verzichten. Auf der Basis einer Produkteinführung bei empfehlender Studie und eines Einführungsverzichtes bei einer abratenden Studie kann nun der Erwartungswert der Studie selber berechnet werden:

EUR 189 Mio. • 0,56 + (EUR -2 Mio.) • 0,44 = EUR 105 Mio.

Es lohnt sich somit für den Aktor, EUR 2 Mio. in die Studie zu investieren und die Entscheidung über die Produkteinführung erst auf der Basis des Studienresultates zu fällen (vgl. von Nitzsch, 2002, S. 223).

Zusammenfassend lässt sich sagen, dass Bayes einen Ansatz entwickelt hat, mit dem im Risikofall unter Beachtung der eingangs dargestellten Anwendungsvoraussetzungen der Erwartungswert von Informationsbeschaffungsmassnahmen ermittelt werden kann. Der Ansatz basiert dabei auf der Annahme, dass der Aktor die Verlässlichkeit der allenfalls zu beschaffenden Informationen in Form von Wahrscheinlichkeiten abschätzen kann (vgl. von Nitzsch, 2002, S. 227 ff.).

Ist ein Aktor im Laufe der Bearbeitung eines Entscheidungsproblems mit der Frage der Beschaffung zusätzlicher Informationen konfrontiert, empfiehlt es sich, der Reihe nach die vier Überlegungen gemäss **Abbildung 13.6** anzustellen (vgl. Kühn/Kreuzer, 2006).

Detaillierte Überlegungen über Kosten und Nutzen der Beschaffung zusätzlicher Informationen erscheinen erst dann sinnvoll, wenn der Aktor zumindest eine Vorgehensweise zur Informationsbeschaffung

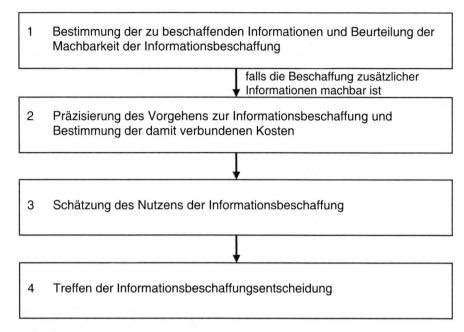

Abbildung 13.6: Verfahren zum Treffen von Informationsbeschaffungsentscheidungen

sieht und wenn die Zeitverhältnisse entsprechende Massnahmen erlauben. Es lohnt sich deshalb, zunächst in Schritt 1 in grober Weise die
"Machbarkeit" der Informationsbeschaffung zu beurteilen:

- Zu diesem Zweck sind als erstes die Informationen zu umschreiben,
  die benötigt werden. So kann zum Beispiel im Rahmen der Problemanalyse das Bedürfnis nach quantitativen Informationen über den
  Markt bestehen. Oder es müssen zur Bestimmung der Konsequenzen die Wirkungen von Preisänderungen auf die Nachfrage prognos-
  tiziert werden.

- Auf der Basis der grob umschriebenen Informationsbedürfnisse ist
  anschliessend zu überlegen, ob überhaupt eine Vorgehensweise
  existiert, um die relevanten Informationen zu beschaffen und wieviel
  Zeit für die Beschaffung eingesetzt werden muss. Die für die Informationsbeschaffung aufzuwendende Zeit spielt insbesondere in zwei
  Situationen eine Rolle: Die Zeitverhältnisse sind erstens wichtig,
  wenn die Entscheidung innerhalb einer durch äussere Umstände
  bestimmten Frist zu treffen ist. Man denke zum Beispiel an Entscheidungen über zeitlich befristete Akquisitionsofferten bei Firmen-

käufen. Die Informationsbeschaffungszeit ist zweitens bedeutsam, wenn ein Gefahrenproblem zu eskalieren droht und deshalb rasch gehandelt werden muss. Man denke zum Beispiel an ein Qualitätsproblem bei einem bereits seit einiger Zeit vertriebenen Massenkonsumgut. Es kann somit durchaus vorkommen, dass die "Machbarkeit" der Informationsbeschaffung negativ beurteilt werden muss, weil keine Vorgehensweise existiert oder weil die Zeitverhältnisse die Informationsbeschaffung nicht zulassen.

Falls Massnahmen zur Beschaffung zusätzlicher Informationen überhaupt machbar erscheinen, sind in einem zweiten Schritt die hierfür einzusetzenden Methoden und ihre Kosten festzulegen. Unter Umständen müssen dazu zuerst die zu beschaffenden Informationen konkretisiert werden. Dies, weil oft die Datenarten für die Wahl der Datenbeschaffungsmethode und damit für die Kosten der Datenbeschaffung relevant sind. So kann zum Beispiel die präzisere Erfassung des Marktes über eine Quantifizierung der Produktgruppen und/oder der Kundensegmente geschehen. Für die Bestimmung der quantitativen Bedeutung der Produktgruppen existieren häufig Sekundärdaten, und es genügt deshalb für deren Beschaffung im Allgemeinen eine wenig aufwändige Recherche. Präzise und fundierte Daten zu Kundensegmenten sind dagegen oft nur mit Hilfe einer auf einer grossen Stichprobe beruhenden Feldforschung zu ermitteln. Dies ist mit deutlich höheren Kosten und natürlich auch mit einer entsprechenden zeitlichen Verzögerung verbunden.

Der in Schritt 3 zu evaluierende Nutzen der Informationsbeschaffung hängt im Wesentlichen von zwei Dingen ab:
- Von der Bedeutung der Konsequenzen einer Fehlentscheidung.
- Von der möglichen Verbesserung der Entscheidungsqualität durch die beschafften Informationen.

Im Allgemeinen lassen sich die Auswirkungen einer Fehlentscheidung zumindest in ihren Grössenordnungen bestimmen. Als Annäherung genügt die Beantwortung der Frage, ob die Differenz zwischen einer guten und einer schlechten Problemlösung in einigen 10'000, in einigen 100'000 oder in einigen Millionen EUR liegt. Dagegen ist es im Allgemeinen sehr schwierig, die durch die Informationsbeschaffung ermöglichte Verbesserung der Entscheidungsqualität zu beurteilen. Der Aktor sollte jedoch wenigstens grob abschätzen können, ob die

Informationsbeschaffung eine wesentliche Verbesserung seines Problemverständnisses erlaubt oder nicht. Nur wenn ersteres der Fall ist, lohnt es sich, die Idee der Beschaffung zusätzlicher Informationen weiter zu verfolgen.

In der abschliessenden Entscheidung in Schritt 4 geht es um ein Abwägen des Nutzens und der Kosten der Informationsbeschaffung. Wie gezeigt, kann der Informationsnutzen normalerweise nur als "Grössenordnung" ermittelt werden. Dazu werden die Folgen einer Fehlentscheidung geschätzt. Der so ermittelte approximative Informationsnutzen wird mit den meist präzis schätzbaren Kosten der Informationsbeschaffung verglichen. Im Allgemeinen wird man sich für eine Informationsbeschaffung entscheiden, wenn die Folgen einer Fehlentscheidung die Informationsbeschaffungskosten sehr deutlich übertreffen.

14 Kollektiventscheidungen

14.1 Kollektiventscheidungen und ihre Bedeutung in Unternehmen

Unter dem Begriff der Kollektiventscheidung werden sehr unterschiedliche Phänomene zusammengefasst. Sie lassen sich in Anlehnung an Brauchlin (1990, S. 250 ff.) und von Nitzsch (2002, S. 61) anhand von drei Kriterien in Kategorien unterteilen. **Abbildung 14.1** zeigt diese Morphologie der Kollektiventscheidung. Wie die Abbildung ebenfalls zeigt, stehen bei Kollektiventscheidungen in Unternehmen drei Ausprägungen im Vordergrund:

- Kollektiventscheidungen in Unternehmen befassen sich mit Gruppen von drei bis ca. 20 Personen.
- Es handelt sich bei den hier interessierenden Gruppen um formell gebildete Kollektive mit einer klaren Zuordnung von Aufgaben, Kompetenzen und Verantwortlichkeiten. Das Spektrum solcher formeller Gruppen ist sehr breit: Es kann sich dabei beispielsweise um einen Verwaltungsrat, eine Konzernleitung, eine Spartenleitung, einen Lenkungsausschuss eines Projektes oder eine Kommission handeln.
- Bezüglich der Zielsysteme der Gruppenmitglieder wird von einer Übereinstimmung in den wesentlichsten Punkten ausgegangen. Hingegen wird keine realitätsferne vollständige Deckungsgleichheit der Sollvorstellungen angenommen. Es werden vielmehr Differenzen in einzelnen Zielen und Unterschiede in der Interpretation einzelner Ziele zugelassen.

In den vergangenen Jahrzehnten ist in Unternehmen eine Tendenz zu Kollektiventscheidungen zu beobachten. Hinter diesem Phänomen stehen verschiedene Ursachen:

- Die Konzentration in der Wirtschaft führt dazu, dass es immer weniger Unternehmen gibt, die einem Einzelnen gehören und in denen dann folglich ein Einzelner "das Sagen hat". Existieren mehrere wichtige Eigentümergruppen, so sind diese meist im Verwaltungsrat vertreten und damit an den wesentlichen Entscheidungen beteiligt. Handelt es sich um eine Publikumsgesellschaft, wählt die Generalversammlung einen Verwaltungsrat, der oft nicht nur die Eigentümer, sondern auch andere Stakeholder der Gesellschaft repräsentiert.

Dimensionen	Ausprägungen			
Zahl der beteiligten Personen	Dyade; 2 Personen	**Gruppe; 3 bis ca. 20 Personen**		Organisierte Gebilde; ca. 20 bis mehrere Mio. Personen
Art des Kollektivs	**Formelles Kollektiv**		Informelles Kollektiv	
Ziel-vorstellungen	Völlig überein-stimmend	**In den wesent-lichsten Punk-ten überein-stimmend**	In einzelnen wesentlichen Punkten diver-gierend	Völlig divergierend

Fett = für Kollektiventscheidungen im hier verstandenen Sinn wesentlich

Abbildung 14.1: Dimensionen und Ausprägungen von Kollektiventscheidungen
(in Anlehnung an Brauchlin, 1990, S. 250 ff. und von Nitzsch, 2002, S. 61)

- Es besteht auch in Unternehmen ein zunehmender "Wunsch, einer Vielzahl von Personen die Möglichkeit zu gewähren, sich am Ent-scheidungsprozess zu beteiligen" (Brauchlin, 1990, S. 154). Dieser Wunsch ist letztlich Ausfluss der politischen Idee der Demokratie.
- Der Wunsch eines Einzelnen, an einer Entscheidung beteiligt zu sein, kann auf Prestigestreben zurückgeführt werden. Zudem wird durch die Beteiligung am Entscheidungsprozess die Möglichkeit ge-boten, den eigenen Interessen zum Durchbruch zu verhelfen (vgl. Brauchlin, 1990, S. 254).
- Die zunehmende Verbreitung von Kollektiventscheidungen in der Wirtschaft wird zudem häufig damit begründet, dass sie zu besseren Entscheidungen führen würden. Ob dies zutrifft, ist allerdings frag-lich. Entscheidungsgremien haben gegenüber Einzelpersonen nicht nur Vorteile, sondern auch gewichtige Nachteile.

14.2   Zielsysteme und Entscheidungsverhalten von Gruppen als Rahmenbedingungen von Kollektiventscheidungen

14.2.1 Zielsysteme von Gruppen

Bereits wenn es sich beim Aktor um eine Einzelperson handelt, sind die Vorstellungen bezüglich des Sollzustandes nicht völlig präzis und können Widersprüche enthalten. Besteht der Aktor aus einem Kollektiv, wird die Situation noch schwieriger, da zwischen den Mitgliedern des Kollektivs normalerweise Unterschiede in den Auffassungen bestehen (vgl. Eisenhardt/Zbaracki, 1992, S. 27). **Abbildung 14.2** zeigt das Zielsystem eines aus drei Personen zusammengesetzten Aktors. Folgende Bemerkungen erscheinen zur Grafik notwendig:

- Es müssen nicht zwingend alle Ziele der Gruppe von allen Mitgliedern verfolgt werden. So werden zum Beispiel überdurchschnittliche Löhne und Sozialleistungen nur von A und eine überdurchschnittliche Eigenkapitalrentabilität wird nur von B und C angestrebt.
- Auch die Vorstellungen bezüglich des konkreten Inhalts eines Ziels sind nie völlig deckungsgleich. So sind sich beispielsweise alle drei Personen einig, dass eine hohe Qualität ein wichtiges Ziel ist. Für eine von ihnen bedeutet dies neben einer sorgfältigen Fertigung und einer minutiösen Endkontrolle auch die ausschliessliche Verwendung von Spitzenmaterialien. Für die zweite Person ist eine hohe Qualität auch gegeben, wenn Standardmaterialien verwendet werden, solange diese sorgfältig verarbeitet und die fertigen Produkte gründlich kontrolliert werden. Für die dritte Person manifestiert sich Qualität schliesslich nicht nur in den Produkten, sondern sie umfasst auch die Beratung und einen ausgebauten After Sales-Service.
- Es sind Widersprüche zwischen den Zielen der verschiedenen Mitglieder des Kollektivs denkbar. Das von A verfolgte Ziel überdurchschnittlicher Löhne und Sozialleistungen steht zumindest teilweise in Widerspruch zum Ziel von B und C, eine überdurchschnittliche Eigenkapitalrentabilität zu erzielen.
- Daneben kommen im kollektiven Zielsystem auch widersprüchliche Zielvorstellungen der einzelnen Personen vor. A, B und C verfolgen mit den Zielen "Konzentration auf Westeuropa" und "deutlich überdurchschnittliches Wachstum" zwei Ziele, die im Widerspruch stehen können.

- Schliesslich existieren unterschiedlich präzise Vorstellungen bezüglich des genauen Inhalts der einzelnen Ziele.

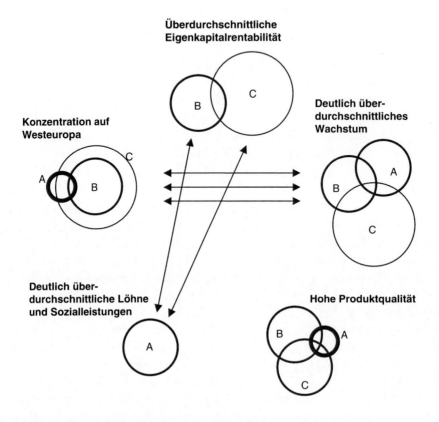

A, B, C = Personen, die gemeinsam den Aktor bilden

⟷   = Widerspruch

◉   = Sehr präzise Zielvorstellung

◎   = Mehr oder weniger präzise Zielvorstellung

○   = Unpräzise Zielvorstellung

Abbildung 14.2: Beispiel eines Zielsystems eines aus mehreren Personen zusammengesetzten Aktors

14.2.2 Entscheidungsverhalten von Gruppen

Die Übertragung von Entscheidungen an Gruppen führt zu einem anderen Entscheidungsverhalten als es Einzelpersonen zeigen. Da es sich bei Gruppenentscheidungen um ein vielschichtiges Phänomen handelt und empirische Untersuchungen sich auf Einzelaspekte konzentrieren, ist es schwierig, einen Überblick über die Auswirkungen von Kollektiventscheidungen zu geben. **Abbildung 14.3** versucht trotzdem, diese Übersicht zu schaffen. Die Verfasser sind sich jedoch bewusst, dass ihre Darstellung unvollständig bleibt und zudem jede der aufgeführten Ursache-Wirkungs-Beziehungen kontrovers diskutiert werden kann.

Es ist empirisch belegt, dass Mitglieder einer Gruppe nach Konformität streben. Die Gruppenmitglieder sind dafür bereit, ihre Wertvorstellungen und Zielsetzungen anzupassen. Wenn die Harmonie in der Gruppe einem Gruppenmitglied extrem wichtig erscheint, kann es sogar vorkommen, dass es mehr oder weniger bewusst Fakten übersieht oder verfälscht. **Vertiefungsfenster 14.1** stellt ein Experiment von Asch vor, das die erstaunliche Tatsache belegt, dass nicht nur Werte und Ziele, sondern auch Fakten der Gruppenkonformität geopfert werden (vgl. von Nitzsch, 2002, S. 63).

Das Streben nach Konformität betrifft meistens nur die Äusserungen und das Verhalten, nicht jedoch die Einstellungen und das Denken. In diesem Fall wird von Compliance gesprochen. Es ist aber denkbar, dass die Gruppe langfristig sogar Einstellungen und Denken ändert und damit eine Akzeptanz (= Acceptance) der Gruppennormen durch die einzelnen Mitglieder entsteht (vgl. von Nitzsch, 2002, S. 63 f.).

Die Gruppenzugehörigkeit führt nicht nur zum Wunsch nach Homogenität, sondern ergibt auch Veränderungen im Verantwortungsbewusstsein des einzelnen Gruppenmitglieds. Der Einzelne kann sich hinter der Gruppe verstecken; "die Gruppensituation führt zu diffusen Verantwortlichkeiten. Das einzelne Gruppenmitglied fühlt sich nicht alleinverantwortlich, sondern lediglich mitverantwortlich" (Brauchlin, 1990, S. 261).

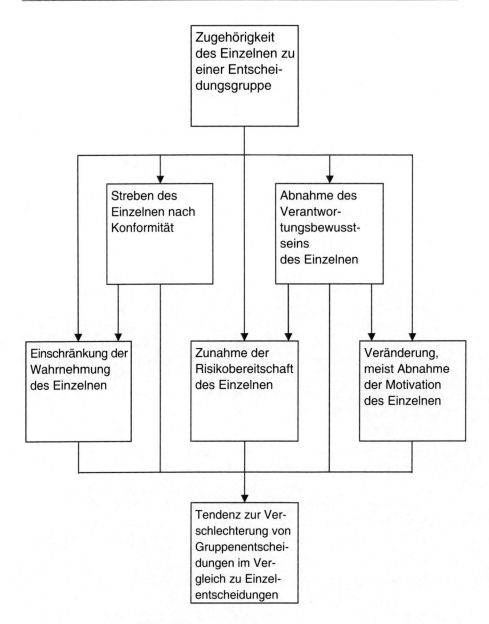

→ = Ursache-Wirkungs-Beziehung

Abbildung 14.3: Tendenziell schlechtere Entscheidungen einer Gruppe gegenüber einem Einzelnen

Vertiefungsfenster 14.1: Experiment von Asch zum Konformitätsstreben von Gruppenmitgliedern
(Text basiert auf von Nitzsch, 2002, S. 63 f.)

Im Experiment von Asch (1955, S. 31 ff.) mussten Testpersonen die Länge einer vorgegebenen Linie mit der Länge von drei Referenzlinien A, B und C vergleichen und angeben, welcher der drei Vergleichslinien sie entspricht. Da sich die drei Vergleichslinien in ihrer Länge klar unterschieden, war die Aufgabe einfach zu lösen und ergab in den Einzeltests eine Fehlerquote von nur 0,7%.

Anschliessend wurden die Testpersonen in Gruppen von sieben Personen integriert. Die Testperson sass jeweilen an sechster Stelle und die Urteile wurden offen kommuniziert. Auf sechs Durchgänge, in denen die Komplizen der Übungsleitung die richtige Antwort gaben, folgten zwölf Durchgänge, in denen sie alle die gleiche falsche Referenzlinie nannten. Obschon die Aufgabe im Gruppenrahmen immer noch genau gleich einfach zu lösen gewesen wäre, stieg die Quote der falschen Antworten auf 37% und 75% der Testpersonen machten mindestens einmal einen Fehler.

Eine dritte Auswirkung der Gruppe besteht in Einschränkungen der Wahrnehmung der Realität der Entscheidungssituation durch die Gruppenmitglieder. Dieses für die Entscheidungsfindung unter Umständen fatale Phänomen hat im Wesentlichen drei Gründe (vgl. von Nitzsch, 2002, S. 75 f.):

- Das bereits diskutierte Streben nach Konformität führt dazu, dass gewisse unangenehme Fakten gar nicht vorgebracht werden. Damit wird der Informationsstand der Entscheidungsträger tiefer gehalten als er sein könnte. Besonders schlimm ist dabei die Tatsache, dass im Lagebild die negativen Elemente fehlen und es oft gerade diese sind, welche die Entscheidung massgeblich beeinflussen würden.
- Das Konformitätsstreben führt zudem dazu, dass in Gruppendiskussionen zustimmende Voten überwiegen. Dies wiederum ergibt eine zu grosse Selbstsicherheit der Gruppenmitglieder. Der Einzelne geht davon aus, dass sich "so viele Menschen nicht irren können" (von Nitzsch, 2002, S. 75).
- Schliesslich "neigen Gruppenmitglieder dazu, Aussagen von Personen aus der eigenen Gruppe höher zu bewerten als von Personen

ausserhalb der Gruppe. Dieser Ingroup-Bias verhindert sozusagen automatisch die Wahrnehmung nicht gruppenkonformer, dissonanter Meinungen" (von Nitzsch, 2002, S. 75).

Eine vierte Konsequenz von Gruppenentscheidungen ist eine höhere Risikobereitschaft. Dieser Risk-Shift-Effect ist einerseits das Resultat der Gruppenverantwortung an Stelle von Einzelverantwortungen. Andererseits haben die Personen mit einer hohen Risikoneigung in der Diskussion in der Regel ein grösseres Gewicht als die risikoscheuen Gruppenmitglieder (vgl. Brauchlin, 1990, S. 261; von Nitzsch, 2002, S. 75).

Schliesslich beeinflusst die Gruppe die Motivation der Gruppenmitglieder (vgl. von Nitzsch, 2002, S. 67 ff.).

- Eine hohe Kohäsion der Gruppe kann anspornend wirken und damit die Motivation des Einzelnen steigern.
- Häufiger ist jedoch das Gegenteil: Unbewusst oder bewusst wird die Motivation aufgrund der Gruppenzugehörigkeit reduziert. Die Kollektivverantwortung führt dazu, dass die Gruppenmitglieder unbewusst ihre Einsatzbereitschaft reduzieren. Dieses Phänomen wird als soziales Faulenzen (social Loafing) bezeichnet. Einzelne Gruppenmitglieder können sich jedoch auch bewusst wie Trittbrettfahrer verhalten und die anderen arbeiten lassen. Dieses als free Riding bezeichnete Verhalten kann langfristig die Motivation der anderen Gruppenmitglieder negativ beeinflussen: Um nicht ausgenutzt zu werden, können die anderen Mitglieder ihre Anstrengungen nämlich auch bewusst reduzieren und damit einen sogenannten Sucker-Effect zeigen.

Im Zusammenhang mit dem Entscheidungsverhalten von Gruppen stellt der Zusammenbruch der Swissair ein interessantes Beispiel dar. Die im Anschluss vorgenommenen Analysen zeigen, dass das Entscheidungsverhalten des Verwaltungsrates einen wesentlichen Einfluss auf die negative Entwicklung des Konzerns ausgeübt hat:

- Unangenehme Fragen stellen und abweichende Auffassungen äussern war offensichtlich verpönt und deshalb unüblich.
- Die Tatsache, dass mehrere Mitglieder bei wichtigen Entscheidungen wie zum Beispiel dem Kauf der LTU abwesend waren oder die

Sitzung vorzeitig verliessen, zeigt, dass sich einzelne Verwaltungs-ratsmitglieder nur beschränkt persönlich verantwortlich fühlten.

▪ Ungenügende Informationen über die mit einer Akquisition verbun-denen Verpflichtungen zum Zeitpunkt der Entscheidung wurden von den Untersuchungsbehörden mehrfach belegt. Aber auch über die effektiven Rückflüsse der Akquisitionen im Vergleich zu den Plan-zahlen wurde der Verwaltungsrat nicht genügend informiert.

▪ Dass die verfolgte Hunter-Strategie risikoreich war, ist im Nachhinein offensichtlich geworden. Es ist zumindest nicht auszuschliessen, dass die vergleichsweise hohe Risikobereitschaft des Swissair-Verwaltungsrates auf den für Kollektiventscheidungen typischen "Risk-Shift-Effect" zurückzuführen ist.

▪ Die Motivation und das Involvement der Verwaltungsratsmitglieder sind im Nachhinein schwer zu beurteilen. Es wird jedoch davon aus-gegangen, dass diesbezüglich grosse Unterschiede bestanden.

Es stellt sich zum Schluss des Unterabschnittes die schwierige Frage, was getan werden kann, um die negativen Effekte der Gruppe auf das Entscheidungsverhalten möglichst einzudämmen. Die Verfasser sehen zwei Ansatzpunkte:

▪ Es muss sichergestellt werden, dass alle Fakten auf den Tisch kommen. Neben der Entwicklung einer Kultur, die abweichende Auf-fassungen zulässt, kann dies auch durch "Spielregeln" gefördert werden. So kann beispielsweise eingeführt werden, dass sich die Gruppenmitglieder vor der Sitzung zu gewissen Fragen äussern oder dass sie vor Sitzungsbeginn Probleme nennen müssen, die diskutiert werden sollten.

▪ Das Verantwortungsbewusstsein der einzelnen Gruppenmitglieder ist möglichst zu verstärken. Dies kann beispielsweise dadurch erfol-gen, dass protokolliert wird, wer was gestimmt hat. Eine andere Möglichkeit besteht darin, dass die Gruppe bestimmte Entschei-dungsprobleme an Untergruppen oder sogar an Einzelmitglieder de-legiert.

14.3 Regeln zum Treffen von Kollektiventscheidungen

14.3.1 Unterschiedliche individuelle Präferenzordnungen als Ausgangspunkt

Die nachfolgend vorgestellten Regeln zum Treffen von Kollektiventscheidungen betreffen nur den letzten Schritt im Entscheidungsprozess, in welchem die beste Variante gewählt wird. Sie kommen zudem nur zur Anwendung, wenn die Gruppe sich in den vorangehenden Phasen des Entscheidungsprozesses nicht gefunden hat. Das Konformitätsstreben der Gruppenmitglieder führt dazu, dass sich Gruppen normalerweise im Laufe der Bearbeitung des Entscheidungsproblems auf eine Variante einigen und damit keine Schlussabstimmung mehr notwendig ist. Nur in einer Minderheit der Fälle besitzen die Gruppenmitglieder von Beginn weg unterschiedliche Präferenzen oder entwickeln solche während der gemeinsamen Problembearbeitung. Sie bilden den Ausgangspunkt der nachfolgend vorgestellten Regeln zum Treffen kollektiver Entscheidungen. Der Abschnitt setzt sich somit mit einem Problem auseinander, das in der Unternehmenspraxis nicht sehr häufig vorkommt. Wenn es jedoch auftritt, hat es eine grosse Tragweite. Es ist nämlich nicht nur wichtig, dass die Gruppe bezüglich des Problems zu einer klaren und guten Entscheidung kommt. Von der Art und Weise, wie die Entscheidung getroffen wird, hängt oft auch das weitere Einvernehmen der Gruppe ab.

Die Präferenzordnung eines Mitglieds ist die Reihenfolge in welcher es die Varianten wählen würde, wenn es allein entscheiden könnte. Besitzt die Gruppe die zwei Varianten a und b, kann das Mitglied X

- a gegenüber b vorziehen
- b gegenüber a vorziehen
- a und b als gleichwertig ansehen

Das Gruppenmitglied X hat somit zwischen drei möglichen Präferenzordnungen zu wählen. Stehen der Gruppe jedoch drei verschiedene Varianten offen, ergeben sich bereits 13 mögliche Präferenzordnungen, zwischen denen das Mitglied X wählen muss (vgl. Bamberg/Coenenberg, 2002, S. 25 ff.; Rommelfanger/Eickemeier, 2002, S. 192 f.).

Besteht das Entscheidungsgremium aus drei Mitgliedern X, Y und Z, so bestehen bei zwei Varianten bereits 27 mögliche Entscheidungskonstellationen resp. 27 mögliche Präferenzordnungsprofile:

- X, Y und Z können a gegenüber b vorziehen
- X und Y können a gegenüber b vorziehen, während Z b gegenüber a vorzieht
- etc.

Bei drei Entscheidungsvarianten a, b und c und drei Gruppenmitgliedern steigt die Zahl der denkbaren Entscheidungskonstellationen resp. Präferenzordnungsprofile auf 13^3 = 2'197 (vgl. Bamberg/Coenenberg, 2002, S. 252; Rommelfanger/Eickemeier, 2002, S. 193 f.).

Ausgangspunkt jeder Kollektiventscheidung sind die individuellen Präferenzordnungen der Gruppenmitglieder resp. das sogenannte Präferenzordnungsprofil der Gruppe. In der Kollektiventscheidung geht es nun darum, aus den individuellen Präferenzordnungen der Gruppenmitglieder eine kollektive Präferenzordnung der Gruppe zu machen oder zumindest die aus Sicht der Gruppe beste Variante zu bestimmen. Dazu bedarf es Regeln. Bevor jedoch mit der Präsentation möglicher solcher Regeln begonnen wird, werden zuerst die Anforderungen definiert, denen diese Regeln vernünftigerweise genügen sollten.

14.3.2 Anforderungen an Regeln zur Bildung kollektiver Präferenzordnungen

Arrow definiert vier Anforderungen, die ein vernünftiges und demokratisches Regelsystem zur Aggregation der individuellen Präferenzordnungen zur kollektiven Präferenzordnung erfüllen sollte (vgl. Arrow, 1963, S. 22 ff., Bamberg/Coenenberg, 2002, S. 255 ff.; Rommelfanger/Eickemeier, 2002, S. 198 f.):

1. Das Regelsystem sollte für jede denkbare Konstellation von individuellen Präferenzordnungen resp. für jedes denkbare Präferenzordnungsprofil eine kollektive Präferenzordnung ergeben. Wie gezeigt wurde, existieren bei drei Gruppenmitgliedern, die über drei Varianten zu entscheiden haben, bereits 2'197 mögliche Präferenzordnungsprofile. Die erste Anforderung besagt nun, dass ein Regelsys-

tem für jedes dieser Profile eine kollektive Präferenzordnung ergeben muss.

2. Die zweite Anforderung besteht darin, dass die Bevorzugung einer Variante a gegenüber einer Variante b durch alle Gruppenmitglieder zu einer kollektiven Präferenzordnung führen muss, die ebenfalls a gegenüber b vorzieht.

3. Die dritte Forderung von Arrow besagt, dass wenn zwei Präferenzordnungsprofile in Bezug auf zwei Varianten a und b übereinstimmen, auch die beiden kollektiven Präferenzordnungen in Bezug auf a und b übereinstimmen müssen. Dies bedeutet, dass irgendwelche anderen Unterschiede der Präferenzordnungsprofile keinen Einfluss auf die Rangierung von a und b in den beiden kollektiven Präferenzordnungen haben dürfen. **Vertiefungsfenster 14.2** enthält ein Beispiel zu dieser etwas schwer verständlichen Anforderung der sogenannten Unabhängigkeit von irrelevanten Varianten.

4. Schliesslich untersagt die vierte Anforderung die Diktatur durch ein einzelnes Mitglied. Wenn jede Präferenz des Mitgliedes X automatisch auch Bestandteil der kollektiven Präferenzordnung würde, hätte X eine diktatorische Stellung. Die Präferenzen der anderen Gruppenmitglieder würden unter dieser Bedingung nur noch bezüglich der Varianten eine Rolle spielen, bei denen X indifferent ist.

Vertiefungsfenster 14.2: Unabhängigkeit von irrelevanten Varianten als Anforderung an Regelsysteme zur Bildung kollektiver Präferenzordnungen
(Text basiert auf Bamberg/Coenenberg, 2002, S. 256 f.)

Die Forderung der Unabhängigkeit von irrelevanten Varianten (Independence of irrelevant alternatives) bedeutet, dass wenn zwei Präferenzordnungsprofile in Bezug auf zwei Varianten übereinstimmen, auch die beiden kollektiven Präferenzordnungen in Bezug auf die zwei Varianten übereinstimmen müssen. Unterschiedliche Präferenzen der beiden Präferenzordnungsprofile in Bezug auf andere Varianten dürfen daran nichts ändern.

Abbildung 14.4 zeigt zwei Präferenzordnungsprofile von je drei Personen in Bezug auf drei Varianten a, b und c. Wie der Abbildung entnommen werden kann, stimmen die beiden Präferenzordnungs-

	Präferenz-ordnungs-profile	1. Präferenz-ordnungsprofil			2. Präferenz-ordnungsprofil		
Individuelle Präferenz-ordnungen		X	Y	Z	U	V	W
1. Präferenz		a	a	c	c	c	b
2. Präferenz		b	b	b	a	a	a
3. Präferenz		c	c	a	b	b	c

X, Y und Z = Mitglieder einer ersten Entscheidungsgruppe
U, V und W = Mitglieder einer zweiten Entscheidungsgruppe
a, b und c = Varianten

Abbildung 14.4: Zwei Präferenzordnungsprofile von drei Personen in Bezug auf drei Varianten
(in Anlehnung an Bamberg/Coenenberg, 2002, S. 156)

Profile in Bezug auf die Varianten a und b überein: Je zwei Gruppenmitglieder bevorzugen a gegenüber b, während das dritte Gruppenmitglied b gegenüber a vorzieht.

Arrow stellt nun an das Regelsystem zur Bildung der kollektiven Präferenzordnung die Anforderung, dass die kollektiven Präferenzordnungen in beiden Fällen in Bezug auf a und b gleich sein müssen. Da in beiden Präferenzordnungsprofilen zwei der drei Gruppenmitglieder a gegenüber b vorziehen, können zum Beispiel auch die beiden kollektiven Präferenzordnungen a gegenüber b vorziehen. Da sich die drei Gruppenmitglieder in Bezug auf a und b jedoch nicht einig sind, ist auch denkbar, dass die kollektiven Präferenzordnungen eine Indifferenz von a und b enthalten.

Mit der Forderung der Unabhängigkeit von irrelevanten Varianten schliesst Arrow lediglich aus, dass in der einen kollektiven Präferenzordnung zum Beispiel a gegenüber b bevorzugt wird und in der anderen kollektiven Präferenzordnung zum Beispiel die beiden Varianten als gleichwertig betrachtet werden.

Es ist einleuchtend, dass alle vier Anforderungen gleichzeitig erfüllt sein sollten, damit ein Aggregationsmechansimus vernünftig und demokratisch ist. Es ist nun aber Arrow - unterstützt durch die Beiträge anderer Forscher - der Nachweis gelungen, dass nur für den Spezialfall von zwei Varianten ein Aggregationsmechanismus existiert, der alle vier Forderungen gleichzeitig erfüllt. Der Aggregationsmechansimus für diesen Spezialfall ist zudem sehr einfach; es handelt sich nämlich um die Mehrheitsentscheidung. Stehen hingegen drei oder mehr Varianten zur Auswahl, gibt es keinen Aggregationsmechanismus, der alle vier vernünftigen und demokratischen Anforderungen gleichzeitig zu erfüllen vermag (vgl. Bamberg/Coenenberg, 2002, S. 257 f.).

14.3.3 Klassische Regeln zur Bildung der kollektiven Präferenzordnung oder zur Bestimmung der vom Kollektiv präferierten Variante

Im vorangehenden Unterabschnitt wurde festgestellt, dass es keinen Aggregationsmechanismus gibt, der die vier Vernunft und Demokratie repräsentierenden Forderungen von Arrow gleichzeitig erfüllt. Trotzdem existieren in Unternehmen zahlreiche Gremien, die gemeinsame Aufgaben, Kompetenzen und Verantwortungen haben und deshalb Kollektiventscheidungen zu fällen haben. Nachfolgend werden deshalb Regelsysteme vorgestellt, die zwar nicht alle Forderungen von Arrow erfüllen, die aber trotzdem die Entscheidungsfindung in Gruppen ermöglichen. Die Regelsysteme unterscheiden sich danach, ob sie

- eine kollektive Präferenzordnung der Varianten herstellen oder
- bloss die von der Gruppe präferierte Variante bestimmen.

Eine einfache Methode ist die einfache Mehrheit: Jedes Gruppenmitglied gibt eine Stimme ab und es wird diejenige Varianten gewählt, die am meisten Stimmen erhält. Befinden sich zwei Varianten auf Rang 1, entscheidet der Vorsitzende. Eine andere Regel für diesen Fall besteht darin, dass zuerst eine zweite Abstimmung nur über diese beiden auf Rang 1 stehenden Varianten stattfindet und erst bei erneuter Stimmengleichheit der Vorsitzende entscheidet.

Die Methode der einfachen Mehrheit ist leicht verständlich und führt zu einer Entscheidung. Sie hat den Nachteil, dass sie nur die präferierte

Variante ergibt und nichts über die Präferenzordnung der übrigen Alternativen sagt. Stellt sich nachträglich die ausgewählte Variante als nicht realisierbar heraus, muss die Abstimmung wiederholt werden.

Selbstverständlich ist es auch denkbar, die absolute Mehrheit oder sogar Einstimmigkeit zu verlangen. Dies hat jedoch den Nachteil, dass oft keine Entscheidung getroffen werden kann und das Problem vertagt wird. Es ist deshalb in Unternehmen unüblich, die absolute Mehrheit oder Einstimmigkeit zu verlangen. Um aber Zufallsentscheidungen zu verhindern, kann hingegen bei Abstimmungen und Wahlen ein bestimmtes Anwesenheitsquorum verlangt werden.

Einen anders gearteten Vorschlag unterbreitet Borda. Er schlägt vor, dass jedes Mitglied der Gruppe der schlechtesten Variante einen Punkt, der zweitschlechtesten Variante zwei Punkte usw. gibt. Bei fünf Varianten würde die beste Variante entsprechend fünf Punkte erhalten. Die kollektive Präferenzordnung lässt sich nun ermitteln, indem von jeder Variante die Punkte addiert werden und die Varianten nach ihren Punktezahlen geordnet werden (vgl. Bamberg/Coenenberg, 2002, S. 263 f.; Rommelfanger/Eickemeier, 2002, S. 195 f.). Das Vorgehen ist einfach und bestimmt nicht nur die beste Variante, sondern ergibt eine Präferenzordnung. Es ist deshalb eigentlich verwunderlich, dass es in Unternehmen nicht häufiger zur Anwendung gelangt.

Wiederum ein anderer, in der Praxis häufig beschrittener Weg ist der Paarvergleich. Er beginnt mit der Gegenüberstellung von zwei Varianten. Die siegreiche Variante wird einer dritten Variante gegenübergestellt usw. Gewählt ist diejenige Variante, die in der letzten Abstimmung siegt (vgl. Bamberg/Coenenberg, 2002, S. 265 f.; Rommelfanger/Eickemeier, 2002, S. 196).

Falls eine Variante existiert, die aus Sicht einer Mehrheit der Entscheidungsgruppe allen anderen Varianten überlegen ist, wird diese beim Paarvergleich auch siegen. Falls jedoch keine solche absolut überlegene Variante existiert, hängt es vom Zufall resp. vom Vorsitzenden ab, welche Variante gewählt wird. Dies wurde bereits vor über 200 Jahren durch Condorcet entdeckt. **Vertiefungsfenster 14.3** beschreibt dieses sogenannte Wählerparadoxon nach Condorcet.

Vertiefungsfenster 14.3: Wählerparadoxon nach Condorcet
(Text basiert auf Bamberg/Coenenberg, 2002, S. 253 ff.)

Abbildung 14.5 zeigt das dem Wählerparadoxon zugrunde liegende Präferenzordnungsprofil von drei Personen in Bezug auf drei Varianten. Wie der Abbildung entnommen werden kann

- bevorzugen X und Z die Variante a gegenüber der Variante b,
- bevorzugen X und Y die Variante b gegenüber der Variante c und
- bevorzugen Y und Z die Variante c gegenüber der Variante a.

Individuen Individuelle Präferenzordnungen	X	Y	Z
1. Präferenz	a	b	c
2. Präferenz	b	c	a
3. Präferenz	c	a	b

X, Y und Z = Mitglieder der Entscheidungsgruppe
a, b und c = Varianten

Abbildung 14.5: Das dem Wählerparadoxon von Condorcet zugrunde liegende Präferenzordnungsprofil

Wird nun zuerst zwischen a und b abgestimmt, siegt a. Diese Variante wird anschliessend gegenüber c unterliegen, womit c gewählt ist. Wird jedoch zuerst zwischen b und c gewählt, wird b bevorzugt. Anschliessend wird b gegenüber a unterliegen und a ist gewählt. Möchte der Vorsitzende jedoch, dass die Variante b siegt, muss er den ersten Paarvergleich zwischen a und c durchzuführen. In diesem Paarvergleich wird nämlich c siegen, das anschliessend gegenüber b unterliegt.

Die Schlussfolgerung aus dem Wählerparadoxon von Condorcet ist einfach: Falls keine absolut überlegene Variante besteht, ist es Zufall oder in der Macht des Vorsitzenden, welche Variante gewählt wird. Werden die Varianten, die im Paarvergleich zur Abstimmung gelangen ausgelost, so ist die siegreiche Variante ein Zufallsresultat. Kann der Vorsitzende die Reihenfolge bestimmen, wird die von ihm präferierte Variante siegen, falls er die Präferenzen der Gruppenmitglieder kennt und die Abstimmungsreihenfolge richtig ansetzt.

14.3.4 Komplexere Verfahren zur Bildung der kollektiven Präferenzordnung

Zum Schluss werden zwei komplexere Ansätze zur Bildung einer kollektiven Präferenzordnung vorgestellt. Es handelt sich zum einen um den Ansatz der Präferenzintensitäten von Blin/Whinston (1974, S. 28 ff.) und zum anderen um den Analytischen Hierarchischen Prozess von Saaty (vgl. z.B. 1980).

Der Vorschlag von Blin/Whinston (1974, S. 28 ff.) ermittelt auf der Basis der individuellen Präferenzordnungen die sogenannten Präferenzintensitäten der Gruppe bezüglich der verschiedenen Varianten. Anschliessend wird auf dieser Grundlage die kollektive Präferenzordnung erstellt. **Vertiefungsfenster 14.4** stellt diesen auf der Fuzzy Logic basierenden Ansatz anhand eines Beispiels vor.

Vertiefungsfenster 14.4: Ansatz der Präferenzintensitäten von Blin und Whinston
(Text basiert auf Rommelfanger/Eickemeier, 2002, S. 207 ff.)

Eine aus zehn Personen bestehende Gruppe soll vier LKW-Modelle a bis d rangieren. **Abbildung 14.6** zeigt das Präferenzordnungsprofil der Gruppe.

Wie der Abbildung entnommen werden kann, präferieren zum Beispiel alle zehn Gruppenmitglieder a gegenüber b, während nur sechs a gegenüber c präferieren. Auf dieser Art von Analyse des Präferenzordnungsprofils lässt sich nun die Matrix der Präferenzintensitäten der Gruppe gemäss **Abbildung 14.7** erstellen.

Individuen Präferenzen	Q	R	S	T	U	V	W	X	Y	Z
1. Präferenz	a	d	d	d	a	c	d	d	a	d
2. Präferenz	b	c	c	c	b	a	a	a	d	a
3. Präferenz	d	a	a	a	d	b	c	c	c	b
4. Präferenz	c	b	b	b	c	d	b	b	b	c

Q, R ... Z   = Mitglieder der Entscheidungsgruppe
a, b, c und d = Varianten

Abbildung 14.6: Präferenzordnungsprofil bezüglich der vier LKW-Modelle

(in Anlehnung an Rommelfanger/Eickemeier, 2002, S. 210)

Wird präferiert gegenüber Variante	a	b	c	d
a	-	10 : 0	6 : 4	4 : 6
b	0 : 10	-	3 : 7	3 : 7
c	4 : 6	7 : 3	-	1 : 9
d	6 : 4	7 : 3	9 : 1	-

a, b, c und d = Varianten

Abbildung 14.7: Präferenzintensitäten der Gruppe

Im nächsten Schritt werden nun alle Präferenzordnungen bestimmt, die mit der höchsten Präferenzintensität kompatibel sind. Die höchste Präferenzintensität besteht von a gegenüber b mit 10:0. Damit sind zwölf Präferenzordnungen kompatibel:

(a > b > c > d), (a > b > d > c), (a > c > b > d),
(a > c > d > b), (a > d > b > c), (a > d > c > b),
(c > a > b > d), (c > a > d > b), (c > d > a > b),
(d > a > b > c), (d > a > c > b), (d > c > a > b)

Darauf werden aus den zwölf Präferenzordnungen diejenigen ausgewählt, die auch mit der zweithöchsten Präferenzintensität kompatibel sind. Sie betrifft den Vorzug von d gegenüber c mit 9:1 und führt dazu, dass von den zwölf Präferenzordnungen sechs ausscheiden. Es bleiben folgende sechs Präferenzordnungen im Rennen:

(a > b > d > c), (a > d > b > c), (a > d > c > b),
(d > a > b > c), (d > a > c > b), (d > c > a > b)

Die nächste Präferenzintensitätsstufe besteht mit 7:3 sowohl für c gegenüber b als auch für d gegenüber b. Bei simultaner Berücksichtigung beider Präferenzintensitäten verbleiben drei Präferenzordnungen im Rennen:

(a > d > c > b), (d > a > c > b), (d > c > a > b)

Auch die vierthöchste Präferenzintensitätsstufe existiert zweimal: a wird gegenüber c und d gegenüber a mit der Intensität von 6:4 bevorzugt. Da nur noch das Präferenzprofil

(d > a > c > b)

simultan auch diese zwei Präferenzintensitäten berücksichtigt, wird es zum Präferenzprofil der Gruppe.

Dass das Prozedere von Blin und Whinston vernünftig ist, zeigt **Abbildung 14.8** In der Abbildung wird für alle 24 möglichen Präferenzordnungen die dahinter stehende Summe der Präferenzintensitäten ermittelt. Es zeigt sich, dass die gewählte Präferenzordnung die höchste Präferenzintensitätssumme aufweist

Präferenz-ordnungen	Präferenzintensitäten hinter den Präferenzordnungen	Summen der Präferenzintensitäten
a>b>c>d	1,0 + 0,6 + 0,4 + 0,3 + 0,3 + 0,1	2,7
a>b>d>c	1,0 + 0,4 + 0,6 + 0,3 + 0,3 + 0,9	3,5
a>c>b>d	0,6 + 1,0 + 0,4 + 0,7 + 0,1 + 0,3	3,1
a>c>d>b	0,6 + 0,4 + 1,0 + 0,1 + 0,7 + 0,7	3,5
a>d>b>c	0,4 + 1,0 + 0,6 + 0,7 + 0,9 + 0,3	3,9
a>d>c>b	0,4 + 0,6 + 1,0 + 0,9 + 0,7 + 0,7	4,3
b>a>c>d	0,0 + 0,3 + 0,3 + 0,6 + 0,4 + 0,1	1,7
b>a>d>c	0,0 + 0,3 + 0,3 + 0,4 + 0,6 + 0,9	2,5
b>c>a>d	0,3 + 0,0 + 0,3 + 0,4 + 0,1 + 0,4	1,5
b>c>d>a	0,3 + 0,3 + 0,0 + 0,1 + 0,4 + 0,6	1,7
b>d>a>c	0,3 + 0,0 + 0,3 + 0,6 + 0,9 + 0,6	2,7
b>d>c>a	0,3 + 0,3 + 0,0 + 0,9 + 0,6 + 0,4	2,5
c>a>b>d	0,4 + 0,7 + 0,1 + 1,0 + 0,4 + 0,3	2,9
c>a>d>b	0,4 + 0,1 + 0,7 + 0,4 + 1,0 + 0,7	3,3
c>b>a>d	0,7 + 0,4 + 0,1 + 0,0 + 0,3 + 0,4	1,9
c>b>d>a	0,7 + 0,1 + 0,4 + 0,3 + 0,0 + 0,6	2,1
c>d>a>b	0,1 + 0,4 + 0,7 + 0,6 + 0,7 + 1,0	3,5
c>d>b>a	0,1 + 0,7 + 0,4 + 0,7 + 0,6 + 0,0	2,5
d>a>b>c	0,6 + 0,7 + 0,9 + 1,0 + 0,6 + 0,3	4,1
d>a>c>b	**0,6 + 0,9 + 0,7 + 0,6 + 1,0 + 0,7**	**4,5**
d>b>a>c	0,7 + 0,6 + 0,9 + 0,0 + 0,3 + 0,6	3,1
d>b>c>a	0,7 + 0,9 + 0,6 + 0,3 + 0,0 + 0,4	2,9
d>c>a>b	0,9 + 0,6 + 0,7 + 0,4 + 0,7 + 1,0	4,3
d>c>b>a	0,9 + 0,7 + 0,6 + 0,7 + 0,4 + 0,0	3,3

Fett = Von der Gruppe gewählte Präferenzordnung

Abbildung 14.8: Summen der Präferenzintensitäten der 24 denkbaren Präferenzordnungen

Der Analytische Hierarchische Prozess von Saaty (vgl. z.B. 1980) stellt eine Methodik dar, die es erlaubt, komplexe Entscheidungssituationen zu modellieren und die Handlungsmöglichkeiten zu bewerten. Das Verfahren wurde für die Bewältigung komplexer Probleme entwickelt und ist nicht ausschliesslich auf Kollektiventscheidungen ausgerichtet. Es eignet sich jedoch wegen des systematischen und in jeder Phase transparenten Vorgehens speziell gut für Kollektiventscheidungen und kommt auch häufig in Gruppenentscheidungen zur Anwendung. **Vertiefungsfenster 14.5** stellt das Verfahren von Saaty vor und erläutert, weshalb es sich für Kollektiventscheidungen besonders eignet.

Vertiefungsfenster 14.5: Analytischer Hierarchischer Prozess von Saaty
(Text basiert auf Dellmann/Grünig, 1999, S. 33 ff.)

Der Analytische Hierarchische Prozess (= AHP) wurde von Saaty Ende der 60er und anfangs der 70er Jahre entwickelt (vgl. z.B. Saaty, 1980). Der AHP stellt eine Methodik dar, "die es auf systematische Weise gestattet, auch komplexe Entscheidungssituationen zu strukturieren, und die Handlungsmöglichkeiten .. zu bewerten. ... Das Verfahren des AHP entstand im Rahmen der Lösung eines praktischen Problems und wurde im Laufe der ... Jahre durch eine axiomatisierte Theorie untermauert. Es hat sich in den Jahren seiner Entwicklung zu einem flexibel einsetzbaren Instrument praktischer Entscheidungsunterstützung ausgebildet. In einer Vielzahl von Anwendungen ... in Wirtschaft, Verwaltung und Politik sowie in vielen anderen Gebieten hat der AHP seine Feuerprobe bestanden" (Dellmann/Grünig, 1999, S. 34). Die Methode des AHP ist sowohl in Entscheidungen einzelner Personen als auch in Kollektiventscheidungen einsetzbar und wird auch in beiden Situationen tatsächlich angewendet.

Die Begriffskomponenten geben Auskunft über die Merkmale der Methodik:

- "Analytisch" bezeichnet zunächst die Aufgliederung des Entscheidungsziels in Kriterien. Die zur Auswahl stehenden Varianten können sowohl in Bezug auf quantitative als auch auf qualitative Kriterien miteinander verglichen werden. Dabei erfolgen die

Ermittlung von Kriteriengewichten und die Alternativenbewertung auf mathematischem Weg.

- "Hierarchisch" bezieht sich auf die Darstellungsform der Kriterien, Umweltzustände und Alternativen. Diese sind beim AHP stets in verschiedenen hierarchischen Ebenen angeordnet.

- "Prozess" bringt zum Ausdruck, dass sich die Lösung komplexer Entscheidungsprobleme in einer systematischen Abfolge von Teilschritten vollzieht.

Die AHP-Technik kann in fünf Verfahrensschritte gegliedert werden. Diese werden nachfolgend kurz beschrieben.

1. In Schritt 1 sind die Elemente des Modells festzulegen. Es geht dabei um die Definition der entscheidungsrelevanten Variablen. Hierzu zählen neben dem obersten Bewertungs- resp. Entscheidungsziel die Entscheidungskriterien, die Umweltzustände und die Handlungsalternativen. Um eine Entscheidung zu ermöglichen, müssen mindestens zwei Varianten zur Auswahl stehen.

2. Darauf ist in Schritt 2 die Problemstruktur als Hierarchie darzustellen. Während an der Spitze der Hierarchie immer das oberste Bewertungsziel steht, befinden sich auf der untersten Hierarchiestufe stets die zu bewertenden Varianten. Auf den dazwischen liegenden Ebenen sind die Haupt- und die Subkriterien sowie - falls notwendig - die Umweltzustände anzuordnen. Mit Ausnahme der Hierarchiespitze umfasst jede Stufe mindestens zwei Elemente. Elemente untergeordneter Ebenen stehen dabei mit Elementen übergeordneter Ebenen in Beziehung. **Abbildung 14.9** zeigt eine solche Hierarchie.

3. Gegenstand von Schritt 3 bildet die Ermittlung von Prioritäten. Als Priorität wird die relative Bedeutung resp. Einflussstärke von Elementen in Bezug auf ein übergeordnetes Element bezeichnet. Prioritäten werden soweit möglich auf Ratioskalen gemessen. Bei quantitativen Daten, die nur auf einer Intervallskala gemessen werden können (z.B. Temperatur), und bei qualitativen Daten (z.B. Schönheitsempfinden) sind die Prioritäten mit Hilfe eines Paarvergleichs zu bestimmen. Dabei werden die relativen Präferenzen, die sich durch einen paarweisen Vergleich von Elementen in Bezug auf ein übergeordnetes Element ergeben, in einer quadratischen Matrix abgebildet. Als Bewertungsgrundlage dient die sogenannte Saaty-Skala, die in **Abbildung 14.10** dargestellt

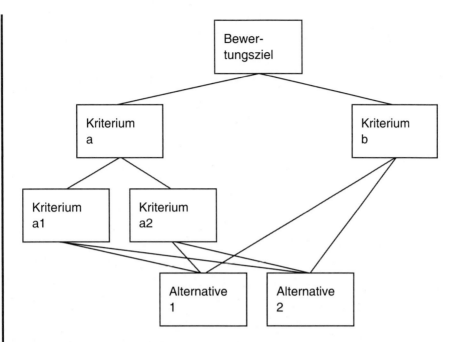

Abbildung 14.9: Beispiel für eine Hierarchie mit vier Ebenen

ist. Die Skala umfasst die Werte 1 bis 9 sowie deren Reziprok-werte. Sofern die Prioritäten mit Hilfe von Paarvergleichen bestimmt wurden, ist deren Konsistenz zu prüfen. Ist sie unzureichend, gilt es die Bewertung zu wiederholen. Sobald eine konsistente Paarvergleichsmatrix vorliegt, sind anschliessend die Eigenvektoren dieser Matrix zu bestimmen. Dies wird durch Transformation der absoluten numerischen Werte in normalisierte Werte (d.h. die Summe der Werte entspricht 1) erreicht. Auf diese Weise können Daten unterschiedlichster Skalen miteinander verknüpft werden.

4. Die in Schritt 4 zu ermittelnden Overall-Prioritäten stellen das Rechenergebnis der AHP-Methode dar. Die Overall-Prioritäten bringen die relative Vorziehenswürdigkeit der Alternativen zum Ausdruck. Zu den Overall-Prioritäten gelangt man durch fortgesetztes Ausmultiplizieren und Aufsummieren der Prioritäten von der obersten zur untersten Hierarchieebene.

Wert	Definition	Erläuterung
1	Gleiche Bedeutung	Zwei Elemente sind zur Erfüllung eines übergeordneten Kriteriums gleichbedeutend
3	Etwas höhere Bedeutung	Ein Element wird dem anderen geringfügig vorgezogen
5	Wesentlich höhere Bedeutung	Ein Element wird dem anderen stark vorgezogen
7	Viel höhere Bedeutung	Ein Element wird dem anderen sehr stark vorgezogen
9	Sehr viel höhere Bedeutung	Die Vorziehenswürdigkeit eines Elementes ist von grösstmöglichem Ausmass

Abbildung 14.10: Saaty-Skala

5. Mit der Sensitivitätsanalyse in Schritt 5 lässt sich die Stabilität der Lösung überprüfen. Dabei wird untersucht, wie stark das Ergebnis im Hinblick auf die Variation einzelner Einflussstärken reagiert

Das Verfahren von Saaty eignet sich aus drei Gründen besonders gut für Gruppenentscheidungen:

- Durch die gemeinsame Modellierung des Problems in den Schritten 1 und 2 entsteht eine gemeinsame Sichtweise des Problems. Alle Gruppenmitglieder können in Schritt 1 die aus ihrer Sicht wichtigen Elemente des Problems - Varianten, Entscheidungskriterien und Umweltzustände - einbringen. Auch die Verknüpfung der Elemente in Schritt 2 kann in der Gruppe vorgenommen werden. Allerdings ist hier die zwingende Vorschrift zu beachten, dass das oberste Bewertungsziel an der Spitze und die Varianten zuunterst angeordnet werden müssen.
- Die in Schritt 3 stattfindende Festlegung der Kriteriengewichte, Bewertung der Umweltzustände und Beurteilung der Varianten erfolgt systematisch und transparent. Das durch die Methodik vorgeschriebene systematische Vorgehen verhindert, dass die Gruppe die Orientierung verliert. Die Transparenz bewirkt, dass

die Gruppenmitglieder ihre Beurteilungen offen legen müssen und sich damit nicht hinter dem Kollektiv verstecken können. Unterschiedliche Einschätzungen werden offen gelegt und können ausdiskutiert werden. Anstatt verschiedene Bewertungen zu besprechen, kann auch einfach das geometrische Mittel der Einzelurteile ermittelt werden. Dies ist allerdings suboptimal, weil sich mit der Besprechung unterschiedlicher Urteile meist qualitative Verbesserungen an der Variantenbewertung erzielen lassen.

- Schliesslich legt die AHP-Methodik inkonsistente Einzel- und Gruppenurteile offen und verlangt ihre Revision. Damit ist unter Umständen ein erheblicher Qualitätsgewinn in der Entscheidung verbunden. Allerdings erfordert es einiges Fingerspitzengefühl, wenn der Gruppenleiter einzelne Mitglieder auf Widersprüche in ihren Beurteilungen hinweisen und um eine erneute Bewertung bitten muss.

Im Unterabschnitt 14.2.2 über das Entscheidungsverhalten von Gruppen wurden zum Schluss Massnahmen empfohlen, welche es den Gruppenmitgliedern erschweren oder verunmöglichen, sich hinter den anderen zu verstecken. Die Anwendung der AHP-Methode von Saaty stellt eine solche Massnahme dar.

15   Schluss

"Decision making is only one of the tasks of an executive. It usually takes but a small fraction of his or her time. But to make the important decisions is the specific executive task. Only an executive makes such decisions"(Drucker, 2001, S. 19).

Das Zitat von Drucker, mit dem die Einleitung des Buches begann, soll auch am Anfang der Schlussbemerkungen stehen: Es ist Drucker zuzustimmen, dass Entscheidungen treffen eine bedeutungsvolle, wenn nicht sogar die bedeutungsvollste Führungsaufgabe darstellt. Unter Umständen hängen das Überleben und der langfristige Erfolg von der richtigen Entscheidung ab.

Die Ausführungen im Buch haben jedoch auch klar gezeigt, dass Entscheidungen treffen eine schwierige Aufgabe darstellt. Die wichtigen Entscheidungen sind meist komplex und stellen deshalb hohe Ansprüche an den Aktor. Es ist die Hoffnung der Verfasser, dass das vorliegende Buch hilft, die analytischen Herausforderungen erfolgreich zu meistern.

Komplexe Probleme bearbeiten und die richtigen Entscheidungen treffen ist jedoch nicht nur eine intellektuelle Herausforderung. Oft geht es in den anstehenden Entscheidungen um sehr viel. Die Führungskraft steht entsprechend unter psychischem Druck. Erfolgreich ist in einer solchen Situation nur, wer Ruhe und einen kühlen Kopf bewahrt. Dazu kann das vorliegende Buch leider nichts beitragen.

Glossar

Aktor = Person oder Personengruppe, welche die >Entscheidung trifft. Im zweiten Fall wird von >Kollektiventscheidung gesprochen.

Algorithmus >Entscheidungsverfahren

Allgemeines Entscheidungsverfahren >Entscheidungsverfahren

Alternative >Variante

Alternativenraum >Lösungsraum

Analytisches Entscheidungsverfahren >Entscheidungsverfahren

Deskriptive Entscheidungstheorie >Entscheidungstheorie

Einwertige Entscheidung = >Entscheidungsproblem, in welchem der >Aktor zur Beurteilung der >Varianten nur ein >Entscheidungskriterium verwendet. Von einer einwertigen Entscheidung wird auch gesprochen, wenn der Aktor zur Beurteilung zwar mehrere Entscheidungskriterien verwendet, diese jedoch in einem arithmetischen Verhältnis zueinander stehen.

Einzelkonsequenz >Konsequenz

Entscheidung = Letzter Schritt der Bearbeitung eines >Entscheidungsproblems, in welchem die beste >Variante gewählt wird.

Entscheidungsbaum = Entscheidungsbäume sind Grafiken zur Darstellung von >Entscheidungssequenzen. Entscheidungsbäume beginnen immer mit einem Entscheidungsknoten und weisen anschliessend weitere Entscheidungsknoten und Situations- resp. Zufallsknoten auf.

Entscheidungskriterium = Da >Ziele oft vage formuliert sind, müssen sie konkretisiert werden, bevor sie in einer >Entscheidung zur Bewertung von >Varianten eingesetzt werden können. Die konkrete Ausformulierung eines Ziels im Hinblick auf die Bewertung der Varianten in einer speziellen Entscheidung wird Entscheidungskriterium genannt. Meist müssen mehrere Entscheidungskriterien definiert werden, um die Wirkungen der Varianten in Bezug auf ein Ziel messen zu können.

Entscheidungslogik >Entscheidungstheorie

Entscheidungsmatrix = Matrix, die alle relevanten Informationen über eine zu treffende >Entscheidung enthält. Meist sind auf der Vertikalen die >Varianten aufgeführt. Die horizontale Dimension zeigt die >Entscheidungskriterien resp. >Konsequenzenarten und/oder die >Umfeldszenarien. In den Feldern der Matrix befinden sich die einzelnen >Konsequenzen.

Entscheidungsmaxime = Entscheidungsmaximen sind Regeln, mit deren Hilfe die einzelnen >Konsequenzen der >Varianten zu ihren >Gesamtkonsequenzen zusammengefasst werden können. Entscheidungsmaximen setzen somit voraus, dass der >Aktor die Varianten und ihre Konsequenzen kennt. Es gibt Entscheidungsmaximen zur Überwindung der Mehrwertigkeit, zur Überwindung der Unsicherheit und zur Überwindung der Ungewissheit.

Entscheidungsproblem = Ein Problem ist eine Abweichung des Istzustandes von einer Sollvorstellung respektive von einem oder mehreren >Zielen. Daraus ergibt sich ein Entscheidungsproblem, wenn der >Aktor über mindestens zwei >Varianten zur Verkleinerung oder vollständigen Eliminierung der Abweichung verfügt.

Entscheidungsprozess >Entscheidungsverfahren

Entscheidungssequenz = Eine Entscheidungssequenz liegt vor, wenn eine heute getroffene >Entscheidung in Zukunft Möglichkeiten oder Notwendigkeiten für weitere Entscheidungen eröffnet. Dabei sind die in den zukünftigen Entscheidungen offen stehenden >Varianten und/oder die sich daraus ergebenden >Konsequenzen abhängig von der heute gewählten Variante. Entscheidungssequenzen werden meist mit Hilfe von >Entscheidungsbäumen dargestellt.

Entscheidungstheorie = Zusammenfassung der Erkenntnisse der betriebswirtschaftlichen Forschung zur Entscheidungsfindung. Die Entscheidungstheorie lässt sich in die Entscheidungslogik, die deskriptive respektive explikative Entscheidungstheorie und die präskriptive Entscheidungstheorie unterteilen.

Entscheidungsvariable = Eine Variable, die der Aktor beherrscht und deren Wert er festlegen kann. Normalerweise verfügt ein >Aktor in einem Entscheidungsproblem über mehrere Entscheidungsvariablen mit je einem vorgegebenen Spektrum von Ausprägungen. Die Entscheidungsvariablen und ihre Ausprägungen bestimmen den >Lösungsraum und bilden die Grundlage für die Formulierung von >Varianten.

Entscheidungsverfahren = System von intersubjektiv nachvollziehbaren Regeln der Informationsbeschaffung und -verarbeitung. Die Entscheidungsverfahren lassen sich nach der inhaltlichen Breite der damit bearbeitbaren >Entscheidungsprobleme in allgemeine und spezielle unterteilen. Nach der Lösungsqualität kann zwischen analytischen Entscheidungsverfahren respektive Algorithmen und heuristischen Entscheidungsverfahren unterschieden werden. Erstere ergeben eine optimale Lösung besitzen allerdings restriktive Anwendungsbedingungen. Die zweitgenannten Verfahren führen in der Regel nur zu einer brauchbaren Lösung. Sie haben dafür den Vorteil, dass sie nur wenige oder keine Anwendungsbedingungen besitzen.

Explikative Entscheidungstheorie >Entscheidungstheorie

Formale Rationalität >Rationale Entscheidung

Gesamtkonsequenz = Im Falle einer >mehrwertigen Entscheidung und/oder im Falle einer >Risikoentscheidung oder >Ungewissheitsentscheidung ergibt jede >Variante mehrere >Konsequenzen. Diese können mit Hilfe von >Entscheidungsmaximen zur Gesamtkonsequenz der Variante zusammengefasst werden.

Handlungsmöglichkeit >Variante

Heuristische Prinzipien = Denktricks, die Problemlöser anwenden, um komplexe Probleme lösbar zu machen. Heuristische Prinzipien bilden eine wichtige Grundlage heuristischer >Entscheidungsverfahren. Ein wichtiges heuristisches Prinzip ist z.B. die Problemfaktorisation. Es empfiehlt, eine komplexe Problemstellung in Teilprobleme zu zerlegen, die parallel und/oder nacheinander gelöst werden können.

Heuristisches Entscheidungsverfahren >Entscheidungsverfahren

Kollektiventscheidung = Entscheidung, welche mehrere Personen gemeinsam treffen. Die Entscheidungsfindung ist in einer Kollektiventscheidung komplizierter, weil die daran beteiligten Personen unterschiedliche, manchmal stark divergierende >Zielsysteme haben. Zudem beurteilen unterschiedliche Personen die Zielerreichung der zur Diskussion stehenden >Varianten unterschiedlich. Es braucht deshalb Regeln, um die individuellen Präferenzordnungen zu einer kollektiven Präferenzordnung zu aggregieren. Arrow hat Anforderungen an einen solchen Aggregationsmechanismus formuliert und nachgewiesen, dass nur ausnahmsweise alle Anforderungen gleichzeitig erfüllt sind.

Konsequenz = Die relevanten Folgen einer >Variante werden als Konsequenzen bezeichnet. Die >Entscheidungskriterien geben die relevanten >Konsequenzenarten vor. Falls mehrere >Umfeldszenarien denkbar sind, müssen die Konsequenzen für jedes dieser Umfeldszenarien ermittelt werden.

Konsequenzenart = Die Konsequenzenart ist eine Kategorie von >Konsequenzen. Welche Konsequenzenarten in einem >Entscheidungsproblem relevant sind, hängt von den >Entscheidungskriterien ab.

Konsequenzenwert >Konsequenz

Lösungsraum = Der Lösungsraum eines >Entscheidungsproblems wird durch die >Entscheidungsvariablen und ihre Ausprägungen definiert. Die zur Problemlösung erarbeiteten >Varianten sollten diesen Lösungsraum möglichst gut abdecken.

Mehrstufige Entscheidung >Entscheidungssequenz

Mehrwertige Entscheidung = >Entscheidungsproblem, in welchem der >Aktor zur Beurteilung der >Varianten mehrere, nicht in einem arithmetischen Verhältnis zueinander stehende >Entscheidungskriterien verwendet.

Präskriptive Entscheidungstheorie >Entscheidungstheorie

Problementdeckungssystem = Teil des betrieblichen Informationssystems, das unter anderem oder ausschliesslich der Entdeckung von >Entscheidungsproblemen dient.

Problemindikator = Variable, deren Veränderung auf ein >Entscheidungsproblem hinweisen kann. Zentraler Baustein eines >Problemdeckungssystems.

Rationale Entscheidung = Es gibt zwei divergierende Verständnisse darüber, wann eine Entscheidung rational ist. Die substantielle Rationalität verlangt, dass die verfolgten Ziele richtig resp. rational sein müssen und der Entscheidungsprozess zudem rational ablaufen muss. Die formale Rationalität verlangt hingegen bloss, dass der Entscheidungsprozess rational ist. Da >Ziele nach allgemeiner Auffassung subjektive Werthaltungen darstellen, gibt es keine richtigen und falschen Ziele und damit auch keine substantielle Rationalität. Die Betriebswirtschaftslehre orientiert sich deshalb an der formalen Rationalität.

Risikoentscheidung >Unsichere Entscheidung

Sequentielle Entscheidung >Entscheidungssequenz

Sichere Entscheidung = >Entscheidungsproblem, in welchem das Umfeldverhalten und die Umfeldentwicklung sicher vorausgesagt werden können und deshalb auch die >Konsequenzen der >Varianten sicher voraussagbar sind.

Spezielles Entscheidungsverfahren >Entscheidungsverfahren

Substantielle Rationalität >Rationale Entscheidung

Szenarium >Umfeldszenarium

Umfeldszenarium = Falls die zukünftigen Werte der >unkontrollierbaren Situationsmerkmale in einem >Entscheidungsproblem nicht sicher vorausgesagt werden können, ergeben sich mehrere denkbare Umfeldszenarien. Sie beeinflussen zumindest einen Teil der >Konsequenzen der >Varianten. Je nachdem, ob für die Umfeldszenarien Eintretenswahrscheinlichkeiten angegeben werden können oder nicht, ergibt sich eine >unsichere Entscheidung oder eine >Ungewissheitsentscheidung.

Ungewisse Entscheidung = >Entscheidungsproblem, in welchem das Umfeldverhalten und die Umfeldentwicklung nicht sicher vorausgesagt werden können. Der >Aktor muss deshalb von mehreren möglichen >Umfeldszenarien ausgehen, denen er – im Gegensatz zur >Unsicheren Entscheidung – keine Eintretenswahrscheinlichkeiten zuordnen kann. In einer Ungewissheitsentscheidung haben die >Varianten zumindest teilweise unsichere >Konsequenzen.

Unkontrollierbares Situationselement >Unkontrollierbares Situationsmerkmal

Unkontrollierbares Situationsmerkmal = Variable, die der >Aktor nicht beeinflussen kann, die aber einen Einfluss auf die >Konsequenzen der >Varianten in einer >Entscheidung ausübt. Häufig kann der Aktor den zukünftigen Wert des unkontrollierbaren Situationsmerkmals nicht voraussagen, sondern muss von mehreren möglichen Werten ausgehen. Die unsicheren unkontrollierbaren Situationsmerkmale werden in diesem Fall zu >Umfeldszenarien zusammengefasst.

Unkontrollierbare Situationsvariable >Unkontrollierbares Situationsmerkmal

Unsichere Entscheidung = >Entscheidungsproblem, in welchem das Umfeldverhalten und die Umfeldentwicklung nicht sicher vorausgesagt werden können. Der >Aktor muss deshalb von mehreren möglichen >Umfeldszenarien ausgehen, denen er – im Gegensatz zur >Ungewissheitsentscheidung – Eintretenswahrscheinlichkeiten zuordnen kann. In einer Entscheidung unter Unsicherheit haben die >Varianten zumindest teilweise unsichere >Konsequenzen.

Variante = Eine Variante ist eine Möglichkeit des >Aktors um ein >Entscheidungsproblem zu lösen. Eine Variante stellt eine Kombination von je einer Ausprägung der >Entscheidungsvariablen dar.

Ziel = Ein Ziel ist ein gewünschter und deshalb angestrebter Zustand. Ziele sind oft nicht völlig präzis, sondern nur vage umschrieben. Normalerweise verfügt der >Aktor über mehrere Ziele und besitzt damit ein >Zielsystem. Die Ziele bilden die Basis für die Entdeckung von >Entscheidungsproblemen und für das Treffen von >Entscheidungen.

Zielsystem = Ein >Aktor verfolgt in der Regel mehrere >Ziele gleichzeitig und besitzt damit ein Zielsystem. Es bildet die Basis für die Entdeckung von >Entscheidungsproblemen und für das Treffen der >Entscheidungen. Das Zielsystem ist selten völlig präzis, sondern meist nur vage formuliert. Es kann sogar Widersprüche enthalten.

Sachwortverzeichnis

Literaturverzeichnis

Anderson, D., Sweeney, D., Williams, A. (2008): Statistics for Business and Economics, 10. Auflage, Mason

Arrow, K. (1963): Social Choice and Individual Values, New York etc.

Asch, S. (1955): Opinions and Social Pressure, in: Scientific American, Nr. 5/1955, S. 31-35

Bamberg, G. (1993): Entscheidungsbaumverfahren, in: Wittman, W., Kern, W., Köhler, R. et al. (Hrsg.): Handwörterbuch der Betriebswirtschaft, Teilband 1, 5. Auflage, Stuttgart 1993, S. 886-896

Bamberg, G., Coenenberg, A. (2002): Betriebswirtschaftliche Entscheidungslehre, 11. Auflage, München

Bazerman, M., Moore, D. (2009): Judgment in Managerial Decision Making, 7. Auflage, Hoboken

Bertsimas, D., Freund, M. (2004): Data, Models and Decisions; The Fundamentals of Management Science, Belmont

Bitz, M. (1981): Entscheidungstheorie, München

Blin, J., Whinston A. (1974): Fuzzy Sets and Social Choice, in: Journal of Cybernetics, Nr. 3/1974, S. 28-36

Brauchlin, E., (1990): Problemlösungs- und Entscheidungsmethodik, 3. Auflage, Bern

Buzzell, R., Gale, B. (1989): Das PIMS-Programm, Wiesbaden

Capgemini (Hrsg.) (2004): Business Decisiveness Report, London

Copeland, T., Tufano, P. (2004): Komplexe Entscheidungen leicht gemacht, in: Harvard Business Manager, Juni/2004, S. 74-87

Dellmann, K., Grünig, R. (1999): Die Bewertung von Gesamtunternehmensstrategien mit Hilfe des Analytischen Netzwerk Prozesses resp. des Analytischen Hierarchischen Prozesses, in: Grünig, R., Pasquier, M. (Hrsg.): Strategisches Management und Marketing, Bern, Stuttgart und Wien, S. 33-56

Drucker, P. (2001): The Effective Decision, in: Harvard Business School Press (Hrsg.): Harvard Business Review on Decision Making, Boston, S. 1-19

Eisenführ, F., Weber, M. (2003): Rationales Entscheiden, 4. Auflage, Berlin etc.

Eisenhardt, K., Zbaracki, M. (1992): Strategic Decision Making, in: Strategic Management Journal, special issue, Winter/1992, S. 17-37

Feigenbaum, E., Feldman, J. (1963): Artificial Intelligence; Introduction, in: Feigenbaum, E. Feldmann, J. (Hrsg.): Computers and Thought, New York etc., S. 1-10

Fischer, J. (1981): Heuristische Investitionsplanung, Berlin

Gäfgen, G. (1974): Theorie der wirtschaftlichen Entscheidung, 3. Auflage, Tübingen

Grant, R. (2010): Contemporaty Strategy Analysis, 7. Auflage, Massachusetts

Grünig, R. (1990): Verfahren zur Überprüfung und Verbesserung von Planungskonzepten, Bern und Stuttgart

Grünig, R. (2002): Planung und Kontrolle, 3. Auflage, Bern, Stuttgart und Wien

Grünig, R., Kühn, R. (2011): Methodik der strategischen Planung, 6. Auflage, Bern, Stuttgart und Wien

Gygi, U. (1982): Wissenschaftsprogramme in der Betriebswirtschaftslehre, Zofingen

Hedley, B. (1977): Strategy and the Business Portfolio, in: Long Range Planning Nr. 1/1977, S. 9-15

Heinen, E. (1976): Grundlagen betriebswirtschaftlicher Entscheidungen, 3. Auflage, Wiesbaden

Hungenberg, H. (1999): Problemlösung und Kommunikation, München und Wien

Jennings, D., Wattam, S. (1998): Decision Making, 2. Auflage, Harlow etc.

Joiner (Hrsg.) (1995): Cause-and-effect diagram, Madison

Kahneman, D., Tversky, A. (1982): The Psychology of Preferences, in: Scientific American, Nr. 1/1982, S. 136-142

Kaufmann, A., Fustier, M., Devret, A. (1972): Moderne Methoden der Kreativität, München

Klein, H. (1971): Heuristische Entscheidungsmodelle; Neue Techniken des Programmierens und Entscheidens für das Management, Wiesbaden

Köhler, R. (1978): Forschungsobjekte und Forschungsstrategien, in: Die Unternehmung, Nr. 3/1978, S. 181-196

Krelle, W. (1968): Präferenz- und Entscheidungstheorie, Tübingen

Kühn, R. (1969): Möglichkeiten rationaler Entscheidung im Absatzsektor unter besonderer Berücksichtigung der Unsicherheit der Information, Bern

Kühn, R. (1978): Entscheidungsmethodik und Unternehmungspolitik; Methodische Überlegungen zum Aufbau einer betriebswirtschaftlichen Spezialdisziplin, erarbeitet am Gegenstandsbereich der Unternehmungspolitik, Bern und Stuttgart

Kühn, R., Grünig, R. (1986): Aktionsforschung und ihre Anwendung in der praktischen-normativen BWL, in: Die Unternehmung, Nr.2 1986, S. 118-133

Kühn, R., Kreuzer, M. (2006): Marktforschung, Bern, Stuttgart und Wien

Kühn, R., Pfäffli, P. (2010): Marketing, Analyse und Strategie, 13. Auflage, Zürich

Kühn, R., Walliser, M. (1978): Problementdeckungssystem mit Frühwarneigenschaften, in: Die Unternehmung, Nr.3/1978, S. 223-243

Laux, H. (2002): Entscheidungstheorie, 5. Auflage, Berlin etc.

Little, J. (1970): Models and Managers: The Concept of a Decision Calculus, in: Management Science, Nr. 8/1970, S. B-466 - B-485

Minsky, M. (1961): Steps Toward Artificial Intelligence, in: Proceedings of the Institute of Radio Engineers, January/1961, S. 8-30

Morieux, Y. (2011): Smart Rules: Six Ways to Get People to Solve Problems without you, in: HBR, September 2011, S. 78-85

Nöllke, M. (2012): Kreativitätstechniken, 6. Auflage, Freiburg

Parfitt, J. Collins, B. (1968): The Use of Consumer Panels for Brand-Share Prediction, in: Journal of Marketing Research, May/1968, S. 131-145

Pfohl, H., Braun, G. (1981): Entscheidungstheorie: klassische Konzepte und Fuzzy-Erweiterungen, Landsberg am Lech

Porter, M. (1991): Towards a Dynamic Theory of Strategy, in: Strategic Management Journal, special issue, Winter/1991, S. 95-117

Raffée, H., Fritz, W. (1990): Unternehmensführung und Unternehmenserfolg - Grundlagen und Ergebnisse einer empirischen Untersuchung; Management Know-how Papier M10, Mannheim

Ramsey, F. (1931): The Foundations of Mathematics and other Logical Essays, New York

Robbins, S., De Cenzo, D., Coulter, M. (2011): Fundamentals of Management, 7. Auflage, Boston etc.

Rommelfanger, H., Eickemeier S. (2002): Entscheidungstheorie; Klassische Konzepte und Fuzzy-Erweiterungen, Berlin etc.

Rühli, E. (1988): Unternehmungsführung und Unternehmungspolitik 2. Auflage, Bern etc.

Russo, J., Schoemaker P. (1990): Decision Traps; Ten Barriers to Brilliant Decision-Making and How to Overcome Them, New York etc.

Saaty, Th. (1980): The Analytic Hierarchy Process, New York etc.

Sanders, R. (1999): The Executive Decision-making Process, Westport

Simchi-Levi, D., Kaminsky, P. Simchi-Levi, E. (2009): Designing and managing the supply chain, 3. Auflage, Boston etc.

Simon, H. A. (1966): The Logic of Heuristic Decision Making, in: Rescher, N. (Hrsg.): The Logic of Decision and Action, Pittsburgh, S. 1-35

Simon, H. A., Newell, A. (1958): Heuristic Problem Solving; The Next Advance in Operations Research, in: Operations Research, Jan.-Febr./1958, S. 1-10

Sombart, W. (1967): Die drei Nationalökonomien, 2. Auflage, Berlin

Stelling, J. N. (2005): Betriebliche Zielbestimmung und Entscheidungsfindung, ttp://www.htwm.de/ww/teachware/profst/zue.pdf, 22.04. 2005, S. 1-44

Streim, H. (1975): Heuristische Lösungsverfahren; Versuch einer Begriffsklärung, in: Zeitschrift für Operations Research, 1975, S. 143-162

Stringer, E. (2007): Action Research, 3. Auflage, Los Angeles etc.

Thommen, J.-P. (2002): Betriebswirtschaftslehre, 5. Auflage, Zürich

von Nitzsch, R. (2002): Entscheidungslehre: wie Menschen entscheiden und wie sie entscheiden sollten, Stuttgart

Weibel, B. (1978): Bayes`sche Entscheidungstheorie, Bern

Wöhe, G. (1996): Einführung in die Allgemeine Betriebswirtschaftslehre, München

Yin, R. (2003): Case Study Research, 3. Auflage, Thousand Oaks etc.

Zwicky, F. (1966): Entdecken, Erfinden, Forschen im morphologischen Weltbild, München und Zürich

Printed by Books on Demand, Germany